西窑头村志

XIYAOTOU CUNZHI

《西窑头村志》编纂委员会 编

主编 李建录

山西出版传媒集团

山西人民出版社

图书在版编目（CIP）数据

西窑头村志 /《西窑头村志》编纂委员会编；李建录主编 -- 太原：山西人民出版社，2020.3
ISBN 978-7-203-11084-2

Ⅰ．①西… Ⅱ．①西… ②李… Ⅲ．①村史—河津 Ⅳ．①K292.54

中国版本图书馆CIP数据核字(2019)第231998号

西窑头村志

编　　　者：	《西窑头村志》编纂委员会
主　　　编：	李建录
责任编辑：	王新斐
复　　审：	贾　娟
终　　审：	秦继华
装帧设计：	陈　婷
出　版　者：	山西出版传媒集团·山西人民出版社
地　　　址：	太原市建设南路21号
邮　　　编：	030012
发行营销：	0351-4922220　4955996　4956039　4922127（传真）
天猫官网：	https://sxrmcbs.tmall.com　电话：0351-4922159
E-mail：	sxskcb@163.com　发行部
	sxskcb@126.com　总编室
网　　址：	www.sxskcb.com
经　销　者：	山西出版传媒集团·山西人民出版社
承　印　厂：	山西基因包装印刷科技股份有限公司
开　　本：	889mm × 1194mm　1/16
印　　张：	25.5
字　　数：	400千字
印　　数：	1—1500套
版　　次：	2020年3月　第1版
印　　次：	2020年3月　第1次印刷
书　　号：	ISBN 978-7-203-11084-2
定　　价：	198.00元

如有印装质量问题请与本社联系调换

西窑头村在河津市位置图

西窑头村俯瞰图

西窑头文化活动中心剪彩仪式上的锣鼓表演

西窑头文化活动中心剪彩仪式上的舞蹈表演

西窑头文化活动中心剪彩仪式上的武术表演

新建的西窑头住宅小区

运城市市长朱鹏在西窑头村调研新农村建设及灰陶琉璃园区建设

西窑头住宅小区小景

运城市委常委、河津市委书记鞠振、河津市原市长赵建喜在西窑头村灰陶琉璃园区调研

河津原市委书记胡宝『九九重阳节』在西窑头村看望百岁老人齐素兰

各级领导参加西窑头村文化活动中心剪彩仪式

西窑头村全体党员赴延安参观学习，接受红色革命教育

民国九年（1920年）西窑头国民学校学生毕业合影

《西窑头村志》编纂委员会全体成员

《西窑头村志》编纂组全体成员

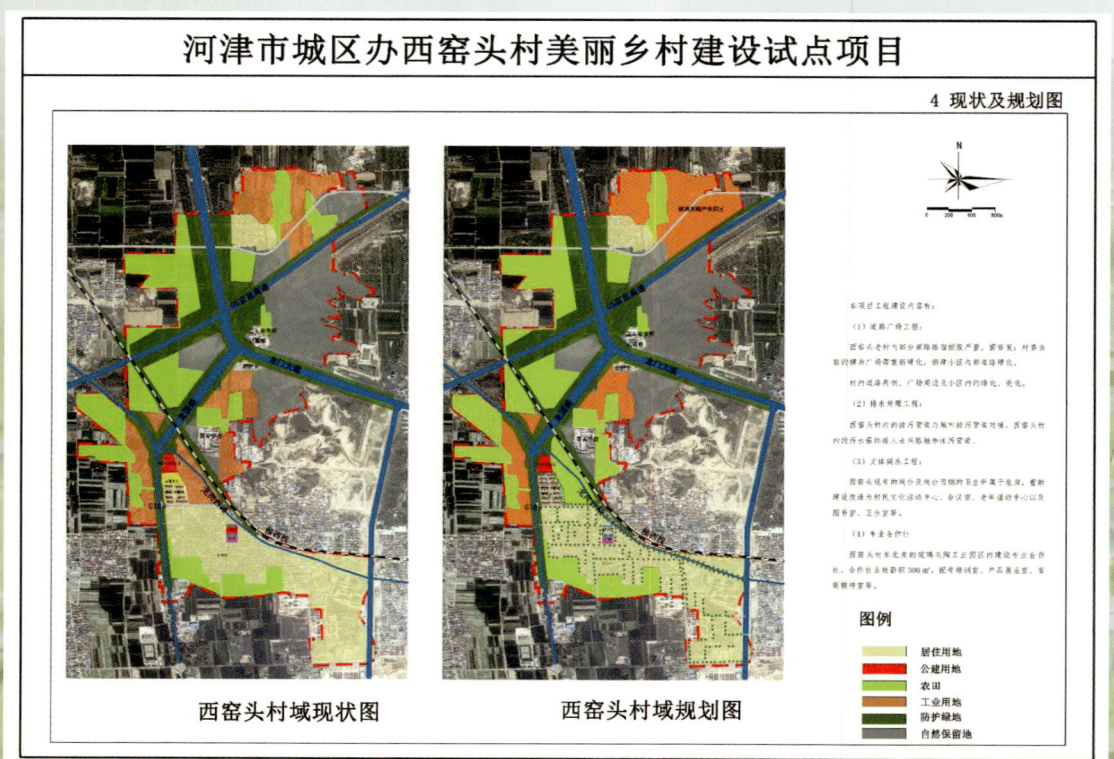

西窑头村新面貌

西窑头村新面貌

河津市鑫泰琉璃灰陶有限公司

河津市创新古艺建材有限公司

西窑头村新面貌

以史为鉴 追根溯源

王殿题

运城市委常委、常务副市长王殿民题词

《西窑头村志》编纂委员会

主　　任：周根生
委　　员：周茂杰　周乃民　周　勇　侯天民　郝武斌　安丽娜　周少庭

《西窑头村志》编纂组

主　　编：李建录
成　　员：周文建　赵虎锁　周文谦　侯建伟　侯金良　周少庭
特约审稿：任罗乐　赵印立
封面题签：李太阳
摄　　影：李建录　周少庭

凡 例

一、本志以习近平新时代中国特色社会主义思想为指导，坚持辩证唯物主义和历史唯物主义观点，实事求是地全面记述西窑头村自然、社会各方面的历史和现状，力求突出时代和本村特色。

二、本志所记上至文明的发端，下至2018年底。

三、本志横排门类、纵述始末、以事为经、以时为纬。

四、本志民国以前采用历史纪年，中华人民共和国成立以后用公元纪年。

五、本志计量单位采用国家现行公制计量单位，少数用旧制。

六、人物小传以生年长幼为序。

七、文学作品以咏窑头村的人、事为主。

八、本志的资料来源除正式出版的各种史书、家谱注明出处外，其余档案、统计资料、社会调查，不一一注明出处。

九、本志的序、概述、村名来历及后记，沿袭传统称呼——窑头村。1—19章中文字表述为"西窑头村"。

目　录

序一	001
序二	001
序三	001
概述	001

第一章　建置沿革 ……………………………………………… 004

　　第一节　位置境域 …………………………………………… 004

　　第二节　历史归属 …………………………………………… 005

　　第三节　村名来历 …………………………………………… 006

　　第四节　村庄变迁 …………………………………………… 010

第二章　自然资源 ……………………………………………… 016

　　第一节　水文气象 …………………………………………… 016

　　第二节　自然灾害 …………………………………………… 018

第三章　人口姓氏 ……………………………………………… 023

　　第一节　人口变化 …………………………………………… 023

　　第二节　姓氏 ………………………………………………… 024

　　第三节　本村姓氏来源 ……………………………………… 024

　　第四节　计划生育 …………………………………………… 028

第四章 村级组织 ... 030
第一节 中国共产党西窑头村组织 ... 030
第二节 村级行政管理机构 ... 050

第五章 群团组织 ... 061
第一节 共青团 ... 061
第二节 妇女联合会 ... 062
第三节 农会及贫下中农协会 ... 063
第四节 县（市）人大代表、政协委员 ... 064
第五节 老年协会 ... 066
第六节 民兵组织及复退军人 ... 067

第六章 新农村建设 ... 072
第一节 民宅建设 ... 072
第二节 公共设施建设 ... 074

第七章 农业、水利、畜牧、林业 ... 083
第一节 农业 ... 083
第二节 农田水利基本建设 ... 094
第三节 农业机械化 ... 101
第四节 科学种田 ... 104
第五节 畜牧、养殖业 ... 105
第六节 林业 ... 107

第八章 农村管理体制变革 ... 111
第一节 土改时期 ... 111
第二节 从初级社到高级社 ... 112
第三节 高级社 ... 112
第四节 人民公社 ... 113

第五节	两次吃食堂	114
第六节	"文化大革命"时期	115
第七节	家庭联产承包责任制施行	116

第九章 企业、建筑、运输、商贸、饮食服务 … 119

第一节	工业、手工业	119
第二节	建筑业	133
第三节	运输业	134
第四节	商业	140
第五节	饮食服务业	144
第六节	饲料加工、养殖场	145
第七节	其他服务业	146

第十章 教育 … 147

第一节	传统私塾	147
第二节	学前教育	148
第三节	小学教育	150
第四节	中学教育	157
第五节	农业中学	161
第六节	农民业余教育	161
第七节	红专学校	162
第八节	河津市武校	163

第十一章 文化、艺术、体育 … 180

第一节	文化	180
第二节	艺术	244
第三节	体育	253

第十二章	有线广播、电视、电话	255
第一节	广播	255
第二节	电视	257
第三节	电话	258
第十三章	医疗卫生	261
第一节	环境卫生	261
第二节	村级卫生保健机构	263
第十四章	文物古迹	269
第一节	古庙	269
第二节	惜字楼	273
第三节	魁星阁	274
第四节	姑姑庵	275
第五节	塔	275
第六节	祠堂	276
第七节	古戏台	278
第八节	沟、坡	279
第九节	宗子疙瘩	281
第十五章	民情风俗	282
第一节	二十四节气内容及释意	282
第二节	传统节日	287
第三节	新俗节	292
第四节	婚嫁	297
第五节	生育习俗	304
第六节	过生日、走寿、认干亲	306
第七节	丧葬	308

第十六章	传说、轶事、史实及民间俗语、故事、歌谣、谜语	314
第一节	传说、轶事	314
第二节	民间俗语、故事、歌谣、谜语	336

第十七章	人物	350
第一节	古代名人	350
第二节	近现代人物	351
第三节	新中国成立后本村任股级以上干部及中级职称以上技术人员	357

第十八章	村规民约	361
第一节	2000年左右的村规民约	361
第二节	新修订后的村规民约	363

第十九章	大事记	366
附 录		371
后 记		378

序　一

在幅员辽阔、历史悠久的中国，说到"河津"恐怕知晓者寥寥，但提起"龙门"，那可就举世闻名了！

"黄河西来决昆仑，咆哮万里触龙门！"就是诗仙李白游寓龙门时，写下的千古名句。

《孟子》载："当尧之时，天下犹未平，洪水横流，泛滥于天下。"禹遵舜命，全力治水。十三年沐甚雨、栉疾风，三过家门而不入，水患始平。

佐助大禹治水，毕其功于一役的正是"改堵塞之法为疏导之法，顺乎自然，因势利导……破开龙门，凿通三门，引水归道，安定九州"之所在地——古耿龙门，今之河津。

河津，一片古老神奇的土地！

2017年一个偶然的机会，我被省委派到河津市工作。我感到，能够踏着大禹的足迹，在河津这块热土履职尽责，无比幸运，无上荣光。岁月如梭，转瞬已经两年有余。这两年多时间，我踏遍了河津的山山水水，特别是几乎走遍了河津的每一个乡村。窑头村是我十分关注的一个灰陶琉璃文化村，曾多次入村调研。不久前"中国古陶瓷学会2019年年会暨河津窑与宋元窑业技术交流学术研讨会"和"灰陶琉璃技术高峰论坛"在河津市召开，设在窑头村的"龙门灰陶琉璃文化产业园"是一个参观点。我再次走进窑头村，进一步了解到"窑头"这个村名，几乎与河津的灰陶琉璃发展渊源齐名。

窑头村既是河津灰陶琉璃产业的发源地，也是目前河津灰陶琉璃产业的一张靓丽名片。时下有首唱红的歌曲——《天下琉璃》,歌词中这样写道:"天下琉璃数山西,山西琉璃看河津,河津琉璃出窑头。"这就不能不让人对窑头村刮目相看了。会后,窑头村的退休干部李建录,送来他主编的一部《西窑头村志》书稿,邀我写序,我欣然接受,正好可以先睹为快,更深入地了解窑头村的历史风貌。

挑灯细读书稿,可以见出编纂人员的用心、用力、用情之深,确实下了真功夫。他们用了近三年时间,栉风沐雨、洗碑索迹、调查走访、秉笔直书。较为全面、系统、翔实、准确地挖掘、整理、记述了窑头村2000多年的历史变迁和民情风俗,方方面面,无所不及。内容丰富,特点突出,图文并茂,给人以很多启迪。

启迪之一:乡村振兴,要有支柱产业。一个村有一个村安身立命的基础。窑头村从秦以来烧砖制瓦,生产灰陶琉璃制品,赓续绵延,千年不绝,且越做越大。这个村的砖筑过长城;这个村的琉璃瓦当进了北京故宫、沈阳故宫;这个村的灰陶琉璃制品漂洋过海到了美国、日本等十余个国家。仅灰陶琉璃这一产业收入高达上亿元。这一产业养育了窑头村民千余年。正所谓:"瓦为纸砚砖作笔,写就千年窑头村""泥巴成就百万富翁"。所以我想,河津的每个乡村都应该确立自己的支柱产业,树立自己的专业品牌,这是乡村振兴的首要任务。

启迪之二:乡村振兴,要注重兴学育人。百年大计,人才为本。窑头村从1949年至2019年,70年间,培养了近500名大中专学生。其中有50名研究生,13名博士生。特别是近年来莘莘学子高榜屡中。2016年、2017年,周仕达以山西省文科状元、周宇柯以670分的高分,相继考入北京大学;2019年又有15名学生考入天津大学、山东大学、中国人民公安大学等10余所知名学府。从2012年起,村党支部、村委会,每年给考入本科的大学生发放500元奖学金予以鼓励。现在的窑头村,政坛有栋梁、商界出精英。清华骄子周永杰效力华为集团;北大才女周晓菲笔耕光明报社;米雪生的耿诚商贸有限公司在河津经营得风生水起、红红火火。所以,兴学育人才是脱贫致富奔小康的根本所在。

启迪之三:乡村振兴,要坚持文化兴村。乡村振兴,文化赋能。文化是一个村生生不息的血脉和灵魂，是涵养社会主义核心价值观的重要源泉。村志浓墨重彩地记述了窑头村古今门额题字、楹联及释意；记述了取名要领、辈谱和村里有典故、有内涵的人名范例；记述了家规、族约、家训对村风民风的影响。还与时俱进地修改完善村规民约，成立老年协会、红白理事会、书画社，特别是把长期实践中形成的独特的灰陶琉璃文化发扬光大。所以，窑头村获得"运城市文明村""山西省美丽示范村"称号，顺理成章，理所当然。包括这本村志的编纂，也起到以文化点亮乡村，助推乡村振兴的积极作用。

启迪之四：乡村振兴，要以史为鉴。中华民族编纂、运用方志的传统源远流长。方志的内容，兼含地理、历史、自然、社会的所有信息，可以说是包罗万象。古代官员任职一方，甚至还未到任，首先要详细阅读地方志书，以史为鉴，确立自己的施政纲领，谋划自己的任职方略。过去这一任务大都由当地的"乡贤"完成。乡贤在传统意义上是某一地域才德突出的人，乡贤文化是中国传统文化中非常宝贵的力量，撰修方志、考察文物、记录民俗、歌颂家乡，乡贤都一向是一个地方最忠实的文化守护者。他们或口耳相传、或诉诸笔端，守护地方文化根脉、书写中华文明姿采。其实，在时下，河津就有许多像《西窑头村志》主编李建录这样的文化人。从他们的文字，足以见其字字真情、感其拳拳之心。我想，完全可以把这些不计名利、无私奉献、孜孜以求、默默耕耘的文化人，归于新时代的"新乡贤"群体。编纂村志，其事当为，其路且长。希望有更多的村庄、有更多这样的新乡贤予以效仿，写出更多、更优秀的村志来。

村志还详细记述了新中国成立后窑头村发生的翻天覆地的变化。可以说，窑头村的变化，也是河津变化的一个缩影。1947年河津解放，1978年改革开放，1994年撤县设市，特别是党的十八大以来，河津的发展步入了快车道。两年来，新一届市委认真学习贯彻习近平新时代中国特色社会主义思想和党的十九大精神，团结带领全市干群，坚持"党建统领、五转一新"的总体思路，以"走进新时代、建设大运城，勠力促转型、打造副中心"为总抓手，改革创新、埋头苦干、担当作为、攻坚克难，党建品牌越擦越亮、转型之路越走越宽、生态立市战鼓铿锵、改革开放再创新局、城建决战如火如荼、幸福指数全面刷新，奏响了各领域工作最强音，古耿大地处处欣欣向荣、各项事业一派生机勃勃。

编制实施《美丽河津城市发展战略规划》《河津城乡总体规划》，城市焕然一新，农村面貌巨变。城区内街道加宽延长、街灯更换亮堂，夜幕下的河津城，灯火辉煌，璀璨夺目；龙门广场提质改造、北城公园秀美壮观；新建的"黄河梦""黄河风""龙门""十二生肖"等黄河文化主题雕塑，大气、名气、文气、洋气，匠心独运；合理布局的新公厕、停车场，见缝插针的休闲活动小广场、小绿地，成为城市的一道靓丽风景；城市居民统一供暖基本覆盖；中小学、幼儿园提升改造；数字化城市有序推进。绿色、便捷、和谐、文明、宜居的城市新环境，让市民们心情舒畅、欢欣鼓舞。

像窑头村这样乡村振兴的势头也不可小觑：满眼新居落成，举目秀美壮观；高楼鳞次栉比，新居熠熠生辉。家家新房荫翠绿，户户楼宇扬新欢。朝飞暮换，碧瓦青砖；琉璃屋脊，烟波画卷；屋宇相望，宅通永巷。呼儿唤女嬉戏，鸡鸣犬吠相闻；村头树木葱茏，村外阡陌纵横。花草繁茂，茎叶连绵；春华秋实，田园风光。

龙门、康家庄、米家关、西辛封、伯王、马家庄等一批国家、省、市级文明、卫生、美丽乡村相继涌现。农民生活殷实、富裕，家用电器一应俱全。电视、电话、摩托车早已普及；宽带网络、小轿车进入寻常百姓家。大村、小村的文体活动广场，早晚可见新时代的农民，男男女女舞姿翩翩，幸福二字就写在河津人的脸上。

更让人喜出望外的是从大禹身上传承下来，数千年滋养、濡染、融进河津人血液，注入河津人骨髓的"勤劳睿智、自强不息；质直好义、勇为人先；不甘寂寞、爱拼敢创"的性格，催生了河津人倾力打造"两河强市、中原名城、华夏铝都、开放高地"的无限激情；奏响了新时代"生态立市""工业强市""文化兴市"的变奏曲。使无数回乡创业青年精神抖擞、梦想成真。假以时日，憧憬河津大地：春有鸟语花香、夏有习习凉风、秋有瓜果飘香、冬有玉洁冰清。清晨散步伴粼粼波光、夜下絮语观朗朗明月。俯瞰是一幅画、聆听是一曲歌、默写是一首诗。一个开放、智慧、绿色、文明、幸福的美丽新河津，就在我们的前方！

"黄河落日走东海，万里写入胸怀间。"

品读村志，顾往撄今，感慨良多：五千年中华文明，承载了无数河津儿女不朽传奇；黄河水滚滚东去，淘不尽沧桑岁月依稀往事；吕梁山傲然云岭，遮不住金戈铁马远古回声……忆往昔，人杰地灵养育龙门代代英豪；看今朝，群鲤竞跃谱写河津崭新华章；望未来，古耿大地风展红旗美丽如画！

"山高水长，物象万千；非有老笔，清壮可穷。"

衷心希望窑头村以及河津所有的农村都能早日建成小康村，广大村民都能过上更加幸福美满的新生活！

是为序。

鞠振

运城市委常委、河津市委书记

序 二

国有国史，村有村志。

窗前灯下，仔细阅读《西窑头村志》的页页文稿，受益颇丰，感慨良多！

《西窑头村志》以习近平新时代中国特色社会主义思想为指导，坚持辩证唯物主义和历史唯物主义观点，实事求是地全面记录了西窑头村千余年来的悠久历史和基本村情，重点记述了中华人民共和国成立后，特别是改革开放以来该村群众在党支部和村委会的带领下，顺时应变、深化改革、艰苦创业，坚持社会主义方向走共同富裕道路的历程。全书横排门类、纵论始末、以事为经、以时为纬。书中所有的记载与论述都言之有据、引用确凿，有着较高的史料价值。

西窑头村是龙门大地形成较早的古村落之一。由于这里土壤结构的特殊和水资源的丰沛，从秦代开始，这片热土便逐渐聚集了不少烧砖制瓦的工匠，他们"堑崖建窑烧砖制瓦谋生计，依岭挖洞休憩居住求生存"，久而久之便形成一个群居之地。到元末明初人聚户增，"窑头村"便应运而生。两千余年来，这里烧制砖瓦，生产灰陶琉璃制品，赓续绵延，越做越大，产品不仅行销全国，还远销日本、美国、新加坡、澳大利亚等十多个国家，年产值达1.2亿元。吕氏琉璃还被列入国家级"非物质文化遗产"名录。本志以大量的篇幅，详尽记述了这一历史过程。从中使人们看到了"秦砖汉瓦"在龙门大地产生、发展、流变、升华的历史轨迹。感知到"宁、侯、周、米、吕"五姓族民，在这块热土上的聚居、繁衍和生息的漫长过程。也明白了这个村落的人民，不避俗，不追雅，始终坚守着"窑头"这个既不文也不雅的村名的良苦用心。正是由于这个既不文也不雅的村名，才使得人们感受到了更多的泥土气息，才使得人们"听得见乡音、闻得出乡味、记得住乡愁"。也使得人们体会到

"乡愁"这个字眼并不深奥，它实际上就是一种家国情怀，一种文脉绵延，一种精神回归。

"乡村振兴，文化同行"。从本村志中可以看到，西窑头村的干部群众正在积极践行着这一时代命题。他们在尊师重教，兴学育人的同时，以"文化广场"和"文化活动中心"为抓手，大力发掘乡村文化建设，延续具有本土特色的历史文脉，传承窑头人吃苦耐劳、顺时应变、勇于创新的精神。他们还与东窑头村联手，努力打造"山西省灰陶琉璃文化村"，建设"灰陶琉璃文化园"。与此同时，村志也记录了一名名精英学子走出家门，为社会做出奉献：周永杰，清华大学毕业后从业于华为集团；周晓菲，北京大学毕业后从业于光明日报社；周仕达，2016年全国高考以山西省文科状元的身份录入北京大学就读……所有这些无不引起社会的瞩目。

乡风是维系中华民族文化基因的重要纽带，乡风文明是实施乡村振兴战略的"五大要素"之一。传统的乡规民约在很大的程度上与文明乡风具有一致性，对于乡村社会治理和精神文明建设具有重要的意义。我国最早辑录的乡规民约是北宋时期的《吕氏乡约》，被誉为"以道德建设为中心的全面构筑乡村自然经济的蓝图"。本村志用一个章节的篇幅搜集辑录了本村的乡规民约，并详细表述了本村的古今门额题字、对联以及村民取名范字的依据、出处和释意，以传统向善的家风影响村风，用积极向上的村风带动社会风气，既弘扬了传统文化，又潜移默化地影响了一代代村民。还使人们感受到，在西窑头村民的心目中，家和国永远是一体的，家是最小国，国是千万家，只要家风正，就会政风清、民族兴。这也是本村志的一个特色，在我读到的村志中少有这样的记述。

村志还配发了大量的历史图片。这些图片形象直观地展现了许许多多难得一见的旧时情景，几乎每一幅图片，都记录着一个生动的故事，都蕴含着一份家国情怀，都有着一种潜移默化、润物无声的作用。

《西窑头村志》保存了历史，记录了当代，传承了文明，它的出版对激发年轻一代的创业热情、增强当地人民群众的文化自信，激励他们不忘初心、奋力前行，有着十分积极的意义。特别应当看到的是，今年是新中国成立70周年，70年砥砺奋进，我们的国家发生了翻天覆地的变化，中华民族迎来了从站起来、富起来到强起来的伟大飞跃。在这样的大形势下，此书的出版更有着特别的社会意义。

"直笔著信史，彰善引风气"。《西窑头村志》的主编李建录先生，曾长期担任乡镇书记、市政协常委、农工委主任，熟悉农村变革情况，对农业、农村、农民有着深厚的感情。他勤勉、善思、笃行，退而不休，全力著述。这部村志是他与编纂组的同志们经历了近三年时间的搜集、沉淀，潜心编纂的心血之作。李建录先生家与我家称得上世交，本书第11章第1节收录的《关岳庙记》碑文的撰文并书丹者周自道，即是我的祖父，经理人李茂枝即是李建录的曾祖父。"文化大革命"中此碑面临毁逝之际，李建录之父李明轩以抢救文物的精神，星夜挑灯用蝇头小楷将碑文抄录珍存，李建录曾将此抄件复印赠我，我对李茂枝、李明轩、李建录祖孙几代人深厚的文化情结，心存敬意！我在2008年与2014年应河津市政协之邀，先后回家乡撰著《人文河津》和《河津地域文化通览》两书时，也曾得到李建录先生的热情帮助。《西窑头村志》结稿后，李建录先生与编委会的周少庭同志受村党支部书记周根生的委托，专程来太原邀请我写篇序言，我虽汗颜笔拙，却难辞盛情，何况追根溯源，一笔写不出两个周字。遂以上述片言浅见献于《西窑头村志》一书，权作我对该书学习思考的感言而已。

祝愿西窑头村人民，乘时代的东风，朝着幸福宜居的"现代田园城"目标奋力前行！

周敬飞

山西省人民政府文史研究馆馆员、《中国地域文化通览·山西卷》主编

序 三

  一本沉甸甸的《西窑头村志》书稿，置于案头数日，嘱余作序，荷笔彷徨；反复披览，逐章赏析；心潮澎湃，感慨万端："居今识古，其载籍乎！"

  我出生于20世纪30年代末，窑头村是我生于斯、长于斯、读书启蒙于斯的故乡。1956年，17岁的我惜别家乡，远赴金城兰州工作，此后，囿于公务系身，近50年再也没有充裕的时光和精力亲近这片热土了。

  50年，于宇宙不过一瞬间，于我却实所谓"少小离家老大回，乡音无改鬓毛衰……"当读到这本厚重的村志书稿时，萦系于我脑海的是："人生到处知何似，应似飞鸿踏雪泥。"无论在外事业有成、春风得意；还是生意兴隆、财源广进。无论远走他乡、求学发展；还是恪尽职守、勤勉为政。此时此刻，无一例外，思乡之情，油然而生——悠悠天宇旷，切切故乡情！

  抚今追昔，千载一时。

  盛世修志，自古皆然。但对窑头村而言，更有着不同平凡的意义。窑头村始于秦汉，盛于明清。北枕紫金峻岭，南襟汾河滩涂，东依河津老城，西贯国之大道。因窑而得名。有着2000多年的历史，可以说是一个千年古村落。但历经王朝更迭、时移世易，从来没有编纂过村志。中华人民共和国成立后，历届村领导班子牢记："为官一任，造福一方"的使命，艰苦奋斗、开拓创新、政绩卓著、有口皆碑。近年来，尤其是党的十八大以来，西窑头村党支部、村委会更是带领全村人民，按照中央提出的"产业兴旺、生态宜居、乡风文明、治理有效、生活富裕"的"乡村振兴"20字总要求，立足本村实际，确立"两心、一轴、四片区"的村域发展总体布局。遵循"科学规划、分步实施、因地制宜、集约用地"的原则，在不放松农业的基础上，狠抓灰陶琉璃特色产业集群、规模、环保发展。改革创新、奋发有为、共谋发展、大展宏图。经济繁荣、政治稳定，村民安居乐业、村容村貌巨变，各项事业取得了可喜成绩。

2017年春节，西窑头村党支部、村委会一班人，志存高远，与时俱进。倾心精神文明，着力文化建设，决定编纂《西窑头村志》。有识之士积极响应，广大村民热情支持，遂组成以支部书记周根生、时任村委主任周斌为正副组长的"村志编纂领导组"，聘请退休干部李建录等7位同志为编写组成员。这班人，以修志为己任，栉风沐雨、夙兴夜寐、上下求索、秉笔直书。历时近三年时间，编纂完成了这部上迄村事发端的秦汉时期，下至改革开放的鼎盛年代（2018年），跨越2000余年，内容丰富、史料翔实、特点突出、启迪后人，洋洋洒洒数十万言的皇皇长卷。即将付梓的这本《西窑头村志》，填补了窑头村千余年无志书的空白，可以说是窑头村民数十代人梦寐以求的一件大事、喜事、盛事，实在可喜可贺，功莫大焉！

"一志识窑头，阅尽千余年。"方志的功效就是留住历史，鉴往知来。翻开这本村志，我们可以看到栉沐了千年的风雨浸润、沧桑流变；历经了白云苍狗的时代更迭、盛衰轮替。"古庙尚存唐故事，断碑犹有宋文章"。窑头村的历史风貌、民风演化、乡贤仕宦、石雕碑刻，禹王庙高高耸立，关岳庙巍巍壮观，大圣塔拔地而起，文昌阁壮丽辉煌……庙有神、阁有文、祠堂有先祖牌位。哪怕是曲径幽深的小巷胡同、古典婉约的戏台楼阁。这诸多古迹都为窑头村平添过几分光彩，彰显了几多文化的厚重。只可惜"六朝文物草连空，天淡云闲今古同"，世事更迭、战火焚燃、天灾人祸。到了20世纪70年代末，村里只能看到禹王庙弯曲的坡道，大圣塔侵蚀的废墟，过厅舞台的断壁残垣……到今天，往日的那些辉煌只存在于人们的口头传说中、老人们的记忆里了。再往后，也只能从写进这本村志的文字中，打捞那些耿耿乡贤、悠悠乡愁，且行且吟且珍惜！

一方水土养一方人，水土孕育文化。千百年来，窑头村民在长期的社会生产、生活实践中，积淀、形成了一种独特的文化——灰陶琉璃文化。这一文化早已融入了窑头人的血液，嵌进了窑头人的集体记忆，凝铸成了窑头人特有的"勤劳勇敢、自强不息、朴实厚诚、勇于任事"的精神基因和文化气质，任时光流逝，仍世代传承。这才是智慧的窑头人守住和呵护的根脉灵魂、底蕴风骨！

"江山代有才人出，各领风骚数百年。"一代人有一代人的使命，一代人有一代人的故事，一代人有一代人的生活、生存方式，一代人有一代人的创造发明。当然一代人也有一代人的不足和局限，而历史正是在突破这一个一个的历史局限中向前发展的。正因为如此，我们尤当对这本村志刮目相看；尤当在有限的历史资料中，发掘无限的历史信息和社会资源，使之更好地为历史作证，为现实师鉴，为创新点题，为发展服务。历史的步伐也会在后人接续前行的一个一个的脚印中前进。正如习近平总书记讲的"只有坚持从历史走向未来，从延续民族的文化血脉中开拓前进，我们才能做好今天的事业。"

继往开来，一时千载。

回望过去，才能明白历史的厚重。面对着窑头村这片"抓一把泥土都能攥出文明汁液来"的黄土地，窑头人还有什么理由不感到自豪；还有什么理由没有自信；还有什么理由不坚守住这个听得见乡音、闻得出乡味、记得住乡愁的朴实村名呢？

"中国人民自古就明白世界上没有坐享其成的好事，要幸福就要奋斗。"窑头村民更知晓"一日之计在于晨，一生之计在于勤""勤俭持家，耕读传家"的硬道理。

"居今之世，志古之道，所以自镜也。"

回顾历史是为了启迪今天，昭示明天。走进"习近平中国特色社会主义新时代"，窑头村民积千年历史而薄发，乡村振兴、方兴未艾；百业正举，上下同心。扬鞭奋蹄"灰陶琉璃文化村"指日可待；开拓创新"宜居美丽新窑头"炉火正红！

"耕读传家、勤俭持家"——窑头人的传家之宝。

"朴实厚诚、勇于任事"——窑头人的立身之本。

"勤劳勇敢、自强不息"——窑头人的精神支柱。

"瓦缶胜金玉，布衣傲王侯"——窑头人的底蕴风骨。

午夜一灯，晨窗千字。思近怀远，品读千年！

是为序。

李庆禄

兰州市自来水公司原党委书记、总经理、高级政工师

概　述

　　天地形胜，村以盛民；生生不息，文明传焉！

　　悠悠窑头，源远流长。始于秦汉，盛于明清。北枕紫金峻岭，层峦叠嶂；南襟汾河滩涂，地阔天宽；东依河津老城，紫气霞光；西贯国之大道，四衢八通①。禹王庙居高临下，钟天地造化之灵气，福播四民；大圣塔昂首耸立，涵日月星辰之光华，庇佑苍生；关岳庙雄踞村北，融春秋忠义之神韵，万众共仰；魁星阁挺立村南，汲山川江河之精华，文脉恒昌。奶奶庙、尼姑庵、观音庙、老祠堂……古迹斑斑、岁月苍苍；思绪缥缈、感慨端端。

　　遥思远古，本属遐荒；赖我先民，辟土开疆。何谓窑头？一目了然：烧砖制瓦，因窑得名；傍窑而建，安身立命；以窑而兴，世代传承。这里民情务实而进取，斯地俗尚节俭而勤勉。前人披荆斩棘、锄月耕云，遍退不毛之地，衣食渐给，生齿日增，聚之为村；继者筚路蓝缕、风餐露宿，坚守烧砖制瓦，生计自成，日富月昌，乐业安居。星星之火，可以燎原。自此以降，人兴业旺②。斗转星移，历经春秋更迭；日月轮回，阅尽人间沧桑。"洪武赶散"③，宁家人去巷犹存：尚宁干止、和气致祥④；侯家胡同堪壮观：北辰拱翠、南极流辉⑤；周家大巷起园林：钟灵毓秀、爽气常萦⑥。米家后来展宏图：紫气东来、西接瑞峰⑦。窑头开埠至此，信知先人血汗不负、人间乐土可期。借地之利，展己所长。因窑而昌，光耀祖宗地；以窑而兴，际会风云天。瓦缶胜金玉，布衣傲王侯。惟窑有功，于斯为大，诚可信也！

改革开放，如沐春风；今之窑头，古韵新声。重振"秦砖汉瓦"之雄风，尽展灰陶琉璃其光彩。灰陶产业同行饮誉，琉璃团队业内领先；握金钥而自强，趁风举而帆扬；因灰陶名播宇内，借琉璃威扬海外。经济腾飞，村貌巨变；春融万物，和谐发展。

壮哉窑头！物华天宝，并非虚饰之言；地灵人杰，莫作自夸之柄；百代夙愿，换千载之一新。为官一任，造福一方；选贤任能，邑兴可期。新思路确立发展规划，大手笔绘就创新蓝图。盛世常怀新气象，春风不负好年华。干部志存高远，村民踏实苦干。启宏图于盛世，开伟业于当前。业绩堪自夸，收入超亿元。老村新区，相辅相成；农工商贸，相得益彰。节物风流，人情和畅。安居而乐业，村兴而民康。满眼新居落成，举目秀美壮观；高楼鳞次栉比，新居熠熠生辉。家家新房荫翠绿，户户楼宇扬新欢。朝飞暮换，碧瓦青砖；琉璃屋脊，烟波画卷；屋宇相望，宅通永巷。呼儿唤女嬉戏，鸡鸣犬吠相闻；村头树木葱茏，村外阡陌纵横。花草繁茂，茎叶连绵；春华秋实，田园风情。"碧水佳波"泳馆，绿漫波光，温泉水暖；"文化活动"中心，清音绕梁，好戏正酣。喜观新建舞台：钢筋石柱、框架结构，飞檐斗拱、千秋豪健，巍巍壮观、雄踞耿邑；琉璃屋脊、筒瓦包沟，雕梁画栋、百代辉煌，亭亭玉立、姿倾群芳。乐见文化广场：宽阔平坦、宜操宜练，绿草茵茵、名花艳艳，景色如画、环境幽雅；华灯初放、霓虹闪烁，歌欢舞曼、行拳击剑，如痴如醉、怡性陶然！

幸哉窑头！古时辐辏宝地，钟灵毓秀；方今鱼跃龙门，地灵人杰。尊师重教，兴学育人。重诗书劳作，兼文武双雄。宜农宜工宜商，为政为学为经。上承先人之潜德幽光，自强不息，递传千年盛名；下启来者之聪明睿智，与时俱进，谱写万世华章。淮海战役侯安家战功显赫，抗美援朝周正科归国载誉。侯氏吕氏，陶艺传家，申遗问鼎[8]；窑头村民，泥巴成就，百万富翁。政坛有栋梁，商界出精英。清华骄子周永杰，效力华为集团；北大才女周晓菲，笔耕光明报社。十年寒窗，莘莘学子，高榜屡中；丙申岁次，文科状元[9]，鳌头独占。窑头儿女多奇志，厚积薄发、豪气干云；窑头经济振翅飞，长风破浪、直挂云帆。进入新时代，窑头村政通人和、经济繁荣，乡村振兴、方兴未艾。百业正举，上下同心：扬鞭奋蹄，"灰陶琉璃文化村"指日可待；开拓创新，"宜居美丽新窑头"炉火正红！

注：（原文《窑头赋》刊登于2018年1月17日《山西日报》，这里有改动。）

①2018年底测绘数据显示，西窑头村域范围315.37公顷，村庄建设用地74.3公顷。

②2018年底，全村总人口为2902人，不含在外人员和出嫁女子。

③原指明朝初年，把江南人口迁徙到苏北的历史事件。这里指洪武年间全国人口大迁徙，包括山西洪洞大槐树移民。窑头宁家巷最早建成，就是在这次强制性大移民时整体移出的。

④是原宁家巷东头过厅舞台门额题字和西头照壁题字。

⑤侯家胡同建成后的景况描绘，也是南北向门额题字遗存。

⑥原周家巷东头关门额题字和西头过厅舞台门额题字。

⑦后来居上的米家巷原东西大门门额题字。

⑧指侯氏灰陶、吕氏琉璃先后申报运城市和国家级"非物质文化遗产"名录成功。

⑨指2016年全国高考中窑头村周仕达以山西省文科状元的佳绩考入北京大学。

第一章 建置沿革

第一节 位置境域

西窑头村位于山西省河津市城区西端，龙岗西路与108国道交汇处，距市区3千米。处于东经110°40′25″至东经110°40′53″，北纬35°35′10″至北纬35°35′49″之间。南北袤709米，东西广1200米。地处汾河谷地，地貌属冲湖平原区一级阶地，平均海拔402.5米左右，最高点在村北禹王庙顶，海拔429米；最低点在村南米家巷沙壕入汾河滩出口，海拔376米。

西窑头村北依紫金岭，南接汾河滩，东北隔龙岗西路与东窑头村为邻，东边与西关、杨家巷接壤，西边隔108国道与三迁村相望。距老村北约2千米的军家坡底有西窑头新村，是20世纪60年代中期，党支部、革委会按照"远地近种，方便耕作"的思路规划形成的一个自然村，也称第八生产队，总面积80余亩，龙门大道在村西、村南环绕，交通便利。1949年西窑头村共194户，925人；2018年底共685户，2902人。村域范围315.37公顷，村庄建设用地74.3公顷。

第二节　历史归属

　　西窑头村在西周属冀国、耿国。战国时属魏国皮氏邑。秦时河津设县，名皮氏，属河东郡。西汉新朝天凤元年（14年），改皮氏为延平县。东汉复名皮氏，仍属河东郡。北魏太平真君七年（446年）改皮氏为龙门县，属东雍州正平郡。隋开皇三年（583年），龙门郡废，邑属绛州。开皇十六年（596年）改属蒲州。大业初属河东郡。唐武德元年（618年）属泰州。二年为泰州治。五年，析置万春县。贞观十七年（643年）州废，并万春入龙门，属绛州。元和初改属河中府。宋宣和二年（1120年），改龙门为河津县。金初属河中府，贞祐三年（1215年）改属荣州。元初荣州废，邑属河中府。明属蒲州，村属永绥坊。清初属蒲州，村属永绥里，雍正二年（1724年），改属绛州。中华民国时期属河东道，民国八年（1919年）全县分3个区，村属第一区。

　　1947年4月，河津解放，属吕梁军分区，村仍属第一区管辖。1949年3月，属陕甘宁边区新绛专署。9月复归山西省，属运城专署。1953年全县划为41个乡及一个城关镇，村属窑头乡。1954年，运城与临汾两专署合并为晋南专署，县、乡、村随之。1956年3月，全县合并为17个乡，村属城关乡。1958年，全县成立4个人民公社，村属卫星人民公社城关管理区。是年12月河津县与稷山县合并，卫星公社更名为河津公社，村隶属关系不变。1961年12月，河津恢复县建制，全县划为12个公社，村属城市公社，与东窑头合称窑头生产大队，后变更为西窑头生产大队，村委会改为管委会。1967年，管委会改为革命委员会。1980年，革命委员会改为生产大队。1984年4月，改人民公社为乡（镇），村属城关镇，改生产大队为村民委员会。1994年，河津撤县建市，村隶属关系不变。2002年，城关镇改为城区街道，村隶属关系不变。

第三节 村名来历

欲知一村史，必先问其村名。村名可以说是一个村最早也是最重要的文化符号。构成村名来历的因素很多，但"窑头村"因窑而得名，却是不争的事实。

毋庸讳言，窑头村的村名并不雅致含蓄，也无典故可稽。但却朴实无华，一目了然。若把窑头的村名渊源与砖瓦的历史相提并论，那么比其他任何史料编纂，甚或杜撰的村名轶事，也许可以提供更贴切、更可靠、更真实、更意味深长的信史。

窑头是一个因窑而兴、傍窑而建的古村落。要厘清它的历史渊源，需要先了解一个词语——"秦砖汉瓦"。砖出现于封建社会初期。战国时期的建筑遗址中就有"条砖""方砖"。砖瓦陶器早在商周时期就已成雏形。到了秦汉已十分成熟，广泛使用。最早的用途当是盖遮风避雨的房舍。后来延伸到修驰道、筑城郭、建寺庙、起园林等各种建筑物上。特别是秦始皇筑长城御匈奴，大兴土木营造覆压三百里的阿房宫，促使这一产业迅速扩展，产品广泛应用。

窑头村位于秦时期皮氏县城（今太阳村）东北约1公里与宋时期的河津老城西北约1公里的交汇处。背依紫金岭，南襟汾河滩。且在皮氏古城通往禹门渡口和河津老城通往禹门渡口的通衢要道。由于这样的地理位置，加之当时诸侯国众多，兴建寺庙、佛塔盛行。建城、筑郭、修庙、建寺、垒塔，无疑都需要大量的砖瓦。窑头这个地方土源深厚、水源充足、交通便利，自然成了烧砖制瓦的理想场所。因之，这里聚集了不少烧砖制瓦的工匠。这些人堑崖建窑，烧砖制瓦谋生计；依岭挖洞休憩居住求生存。甚而就地娶妻生子繁衍后代，为了生活蛰居此地。于是，锄月耕云，遍退不毛之地。久而久之便自然形成了一个群居之地（几十年来，村里人修筑公路、铁路，建房挖土时，发现过许多古烧窑遗址以及古砖瓦陶瓷器碎片）。起初这里并不叫窑头村，只是买卖砖瓦、交易往来的交割地，一个场所的代名词。朝代更迭，春秋转换，到了元末明初，这里人聚户增，"窑头村"便应运而生。宁氏一族，最早在这里定居繁衍，初具规模，建成了宁家巷。宁家巷东西走向，东巷头大门额题字"尚宁干止"，西巷头照壁题字"和气致祥"。到了明洪武年间，宁姓族人因全国强制性大移民而整体迁出，但宁家人去巷犹存。明嘉靖年间侯氏一族，先从樊村芦庄移至老县城内侯家巷，后因人口众多又移居窑头村，建起了侯家胡同。侯家胡同南北走向，南北大门额分别为"南极流辉""北辰拱翠"。明末、清初周姓一族由京畿迁入，建起了周家巷。周家巷东西走向，巷东头关门额为"钟灵毓秀"，巷西头过厅舞台门额为"爽气常萦"。继而又有米姓一族由米家关迁入，建起了米家巷。米家巷东西走向，东西大门额分别为"紫气东来""西接瑞峰"。吕姓一族从葫芦滩迁来，形成了一个自然村。使得这里真正成了一个拥有上百户，千余口人的大村。

按说侯、周、米三族均系官宦后裔，读书人家，后又发展成为村里的三大主要族群。把"窑头"这个土里土气的名字改个文雅含蓄的村名也未尝不可，为什么还叫窑头呢？可能与这里的老住户以烧砖制瓦为业，怕影响了生计有关系。那此后数百年未改村名，沿用至今，又是为何呢？事实证明，还是与这个村的砖瓦灰陶琉璃产业息息相关。

一个村有一个村安身立命的基础。窑头村从秦以来两千余年烧砖制瓦，生产灰陶琉璃制品，赓续绵延，千年不绝；且越做越大，由原来简单的烧砖制瓦，到后来的烧制灰陶器皿、陶瓷产品、琉璃制品，产品种类越来越丰富。20世纪八九十年代，几乎家家点火、处处冒烟。生产砖瓦、滴水、脊兽、壶、罐、盆等日用品。十余年来，家数虽有所减少，但规模越来越大（年产砖2亿块，瓦1亿余片，灰陶琉璃制品1.5亿件）、质量越来越高（远近闻名，慕名购买。尤其是侯氏、吕氏祖传琉璃，独具一格，供不应求）、品种越来越多（生活用品，古建材料，新型建筑材料，公园用材，观赏用龙、狮、麟、鱼、马、凤、雀等应有尽有，种类多达数百种）、窑型越来越先进（地埋窑—马蹄窑—轮窑—倒烟窑—推板窑—隧道窑）、所用燃料越来越环保（柴火—木柴—煤炭—焦炭—煤气—天然气）、用途越来越广泛（房屋、路桥、公园、寺庙、碑塔、照壁各种建筑)。试想，把窑头村有史以来烧制的砖垒起来，足可以筑一道新长城。虽然现在已无法知晓古长城上哪一块砖是窑头人制作，尧庙、舜帝陵哪一片瓦是窑头人提供，但大家都知道，从窑头村后的"禹王庙"向东，直到城北村的"天神庙"，包括现在唯一保存的"真武庙"在内的九座庙宇，都是窑头村民赶着羊群驼着砖送上去的。河津老城的砖瓦主要是窑头人提供的。包括太原晋祠、运城关帝庙、永济普救寺、洪洞广胜寺、苏三监狱、晋城皇城相府、大同的各类古建，乃至北京、沈阳的故宫，都有窑头人的心血和汗水。到现在为止，窑头村的砖、瓦、灰陶琉璃制品、器皿，遍及全国各地，乃至日本、新加坡、澳大利亚、美国等十余个国家。可以毫不夸张地说，哪里有建筑，哪里就有窑头人生产的砖瓦灰陶琉璃制品。所以，"窑头"这个名虽不雅，却是千古流传至今的村名，真是名副其实、顺理成章。

一方水土养一方人，水土孕育文化。千百年来，窑头的砖历尽了朝代更迭、硝烟战火的烟熏火烤；窑头的瓦历尽了沧桑变换、世事兴衰的风吹雨打，历久弥新。窑头村民从最初的烧砖制瓦遮风避雨，自给自足，到当成商品养家糊口；从形成产业发家致富，到把这一产业变成服务社会，建设美丽家园的理想。在长期的历史实践中，已形成一种文化——灰陶琉璃文化。这一文化也已融入窑头人的血液，嵌进了窑头人的集体记忆，凝合成了窑头人"勤劳勇敢、自强不息、朴实厚诚、勇于任事"的精神资源。真可谓，"千古不变是窑头，万年永存是精神。"惟窑有功，于斯为大，诚可信也！

面对着窑头村这片"抓一把泥土都能攥出文明汁液"来的黄土地，窑头村人还有什么理由不感到自豪；还有什么理由没有自信；还有什么理由不坚守住这个听得见乡音、闻得出乡味、记得住乡愁的朴实村名呢?！

追溯到这里，可以说窑头村村名的来龙去脉便一清二楚了。那缘何又有了东西窑头之分呢？

古语云："天下大势，合久必分，分久必合。"王朝更迭，时移世易，这是规律。东西窑头鸡犬之声相闻，原本就是一个村子。或因了历史变迁，或因了地形变化，或因了人口增加。几经分合，详情已无案可稽（主要是因民国时期河津没有县志，窑头村更无村志）。目前，"西窑头村"村名最早可追溯到明代——永绥坊，清代——永绥里亦有西窑头村（有据可查的是民国初年的"关岳庙碑文"和"河津西窑头国民学校全体纪念摄影"的老照片文字）。20世纪50年代初（1953—1961年），确有三次分合，证据确凿，人所共知。

　　合也好，分也罢。两村的地缘文化、大多数村民的从业性质都较为趋同，两村人从古至今都从事着砖瓦灰陶琉璃生产。可以毫不夸张地说，这一产业养育了东西窑头世世代代数千村民。灰陶琉璃已成为两村的支柱产业。仅这一项，东窑头年产值达1亿元，西窑头达1.2亿元。目前，在东西窑头砖瓦、灰陶琉璃厂直接上班的就达2000余人，还不算延伸到原料加工、产品销售、运输、餐饮等行业间接就业的人。现在，东西窑头两村干部村民，正在凝心聚力，全力打造"山西省灰陶琉璃文化村"。建设"灰陶琉璃文化园区。"东西窑头两村的关系历来亲近融洽，来往密切。更让人难以忘怀的是从清末民初到20世纪70年代末，两村人同饮一井水，共用一井绳。两村子女结亲的不在少数。因了时下建设中心村，小村并大村的大趋势，假以时日，两村合二为一，又有何不可。东窑头、西窑头都是窑头，有谁还去刨根问底，是东窑头还是西窑头呢？！

　　"安居而乐业、村兴而民康。""咬定青山不放松"，一个民殷村富、繁荣美丽的新窑头将会呈现在世人面前。"窑头"这个村名也会叫响全省，闻名全国！

（原文《窑头的砖瓦》刊登在2017年3月1日《山西日报》上，这里有改动。）

侯氏一族明嘉靖年间迁居窑头村时的石雕遗迹

第四节　村庄变迁

西窑头同中国广大乡村一样，千百年来随着社会变革、经济发展的时代脉搏，或快或慢地发生着变化。

一、明至民国初期，窑头村发展较快，变化较大

由于窑头村土地宽阔、水源充足、交通便利，加之有烧砖制瓦的传统工艺。所以，从元末明初到民国初年，窑头村不仅建成了三条大巷，一条胡同，不少房屋都属砖墙瓦厦。有的还是全砖墙，筒瓦包沟，而且村里还建有一座阁楼、三座舞台、四座大庙、五座塔、五座祠堂。"宁""侯""周""米""吕"五大家族都是这一时期从外地迁居到窑头村的。所以，从明清到民国初年应是窑头村"物阜民丰，户口岁增"，发展较快，变化较大的时期。

周家巷建于道光十七年的老房子

米家巷清朝的老房子

二、民国中期到20世纪60年代初，发展停滞时期

这一时期，由于土地集中在少数人家手里，社会生产力低下，经济发展缓慢，再加上兵荒马乱、民不聊生，大多数村民难以维持温饱。村里的主巷道宽约4—5米，数十年未变。小巷道（胡同）大多宽1—3米，主要供行人通行，像周家巷的窄窄胡同

书房胡同（周仲生家门口）　南小胡同（周建芳家门口）　窄窄胡同（周少庭家门口）　　20世纪60年代的民宅

（周少庭老院西）仅能容1人挑水通过。村民的居住条件也很落后，许多家庭祖孙几代、兄弟几个挤在一个小院，人均住房面积平均不到5平方米，少数新建的房屋多为土打墙或土坯墙，一砖到顶的房屋根本没有。

三、从1965年到1995年，乡村建设步伐加快

这一时期，许多家庭由于子女长大，成家分居，在村里统一规划的地基上盖起了新房。1966年，村里为缓解宅基地紧张压力，同时也基于"远地近种，方便耕作"的考虑，在距老村北约2千米的军家坡底规划了宅基地，先后有50户，242口人在此扎根落户，形成了一个自然村（1972年正式批准为第八生产队），习惯上称为新村。20世纪七八十年代，村里在村北杨树古垛、村西米家园等地规划了宅基地，90年代又在周家巷东南、侯家胡同北（上埝）、宁家巷西南及米家巷南等地规划了宅基地。同时，

20世纪70年代的民宅　　　　　　　　　　　20世纪80年代的民宅

由于农村集体所有制的变革,原来生产队废弃的场院、马房等公共场所也变成了村民宅基地。各巷道都在原有基础上向外拓展延伸,规模逐步扩大,户数不断增加,质量也不断提高。20世纪50年代一般为土木结构;六七十年代一般为砖座基、砖山墙,土坯墙心的土、砖、木混合结构;进入80年代,新建的房屋多是砖木结构,部分是预制板覆顶或钢筋混凝土现浇的砖混结构。

四、进入21世纪,乡村建设步入"快车道"

这一时期,农村的商品经济、市场经济活跃起来。农工商并举、多元化发展,为农村经济发展注入了活力。富裕起来的村民普遍在原地基上重建了新居。室内室外装修一新,许多家庭还盖起了两层、三层小楼,有的还建了车库。房屋结构布局合理,生活品位、居住环境提高了不少。村里还抢抓国家大力推进新农村建设的机遇,争取政策支持,对全村的大小巷道进行了水泥硬化、美化,安排专人专车每天对各家各户的生活垃圾进行集中收集拉运,村容村貌焕然一新,彻底改变了"平时一身土,雨天两脚泥"的现象。2009年以来,新一届党支部、村委会以打造环境优美、设施齐全、功能完善、管理有序的新农村为目标,在村西北角龙岗西路以北,规划建设新农村住宅小区,进一步改善了村民的居住条件,还被市委确定为"新农村楼宇式建设示范村"。住宅小区占地70余亩,规划建设11栋住宅楼,建筑面积4万余平方米,可住村民348户,住宅楼水、电、暖、气齐全,并配有大型休闲广场等便民服务设施;同时,为小区打了一眼1800米深的地热井,不仅解决了小区取暖问题,而且还在小区北边建起了一座高标准的温泉游泳馆,也是晋南地区最大的温泉游泳馆,成为城区街道乃至河津市的又一张名片。

西窑头住宅小区

新建民宅

碧水佳园游泳馆

主要巷道变化情况：

西窑头的主要巷道有：周家巷、米家巷、侯家胡同、宁家巷、西埝等。大致以南北纵贯全村的沙壕为界，沙壕以东，中北部为周家巷，南部为米家巷；沙壕以西，从北向南依次为侯家胡同、宁家巷、西埝。

沙壕是紫金山及村北大沟的山洪冲刷形成的自然壕沟排洪渠。从北向南纵贯全村，蜿蜒至汾河滩，全长约1000米，跨度7—8米，壕底最深处有2—3米。20世纪70年代，沙壕仅有一座桥涵，在侯家胡同北头的甜水井前，是村民种地收割运输的重要通道，也是三迁、峻岭等村通往县城的必经之路。村民日常出行多是从壕底穿过，到夏秋雨季，常有山洪经辛封峡和村北路面咆哮而来，滔滔洪水阻隔交通，给村民生产生活带来极大不便，甚至威胁集体和村民的生命财产安全。20世纪70年代中期，为方便村民交通，在侯家胡同、宁家巷、周家巷、米家巷口各修建了一座桥涵，山洪肆虐阻隔交通的现象成为历史。进入21世纪，新农村建设步伐加快，村委会乘此东风对全村巷道进行硬化，同时，对沙壕进行大规模整修，砌筑渠道，加盖封闭，使千百年来的沙壕成了地下排洪、排污，地上通车的"坦途"。

周家巷呈东西走向，明末清初由周姓一族从京畿迁入建成。巷道东起观门口周恩锁家（北）、周荣禄家（南），西至周建军家（北），周万福家（南），全长约200米（巷东头原有观音堂一座，在周锁狗家门东位置，后被日寇烧毁）。另外，南北有两条胡同通官道。一条南起周永光家，北到周降林家；一条南起周吉荣家，北到周启发家。还有一条南胡同在周江海房门口，正所谓"一条巷子贯东西，两道车辙分南北"。经过七十年的发展，巷道从布局到规模都发生了巨大变

周家巷门楼

南胡同

北胡同

北二胡同

侯家胡同口标志

化。目前，东西主巷东起周全娃家（北）、周天胜家（南），与西关隔巷相望，西到周增发家（北）、周茂林家（南），与西环路紧邻，全长1000余米。

米家巷呈东西走向。原来东起东大门楼米五立老院（北），西至米万存家（北），全长约80米。现在东起米俊禄家（北）、西至周国华家（北），全长约200米。

侯家胡同于明嘉靖年间初创，呈南北走向，最初北起今侯茂生老院，南到今郝小呆家。之后随着赵姓、吕姓等人家迁入，向北向东延伸，新中国成立初北到甜水井（侯连生家），东到沙壕（吕六锁家），南北长约150米。20世纪70—90年代村里几次规划宅基地（米家园、上垯），巷道向北延伸到龙岗西路，向西扩展到米家园，目前南北长300余米，东西宽400余米。

宁家巷呈东西走向，土著为宁姓人家，初步考证为元末明初建成，是窑头村最早建成的一条大巷。明"洪武赶散"，宁姓家族被强迫迁往别地。后侯姓人家分家立户在此繁衍。到中华人民共和国成立初期，巷道东起沙壕侯满喜家（北）、杜占龙家（南），西至刘六子家（北）、刘徐生家（南），全长200余米。随着巷道不断扩展，目前西北端已与侯家胡同相接，南面与西垯巷紧连，东起侯建喜家（北）、杜占龙家

（南），西至阮泉锁家（北）、李俊刚家（南），东西主巷长300余米。

西埝巷呈东西走向，最初有高姓人家落户。中华人民共和国成立初期巷道东起沙壕张建立老院（北），西至高茂中老院（北）、刘发家院（南），全长100余米。1990年之后，巷道向西、向南延伸，目前西近环城西路，南与周家巷融为一体。

新村：原有南北巷2条，东西巷2条，共50户，242人，占地50余亩。现有南北大巷6条，东西大巷3条，共82户，380人，占地80余亩。

宁家巷门楼

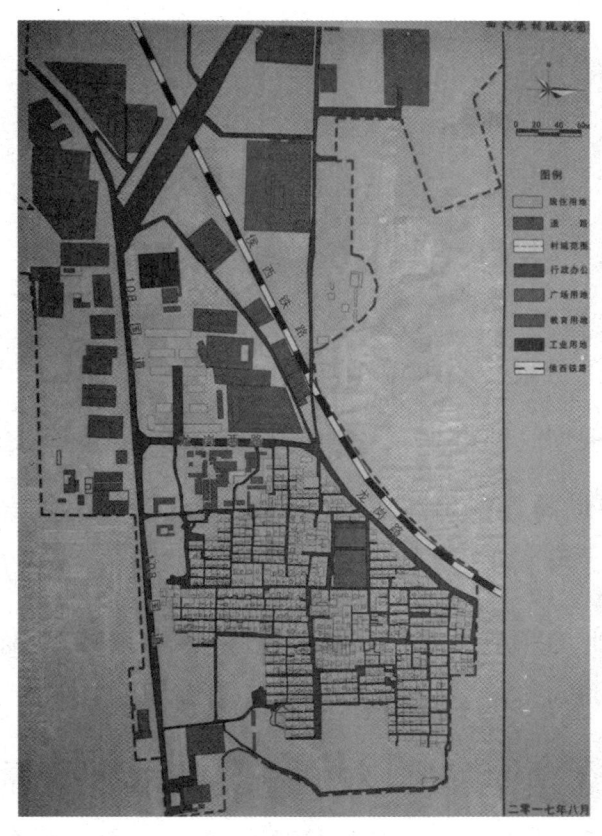

西窑头村现状

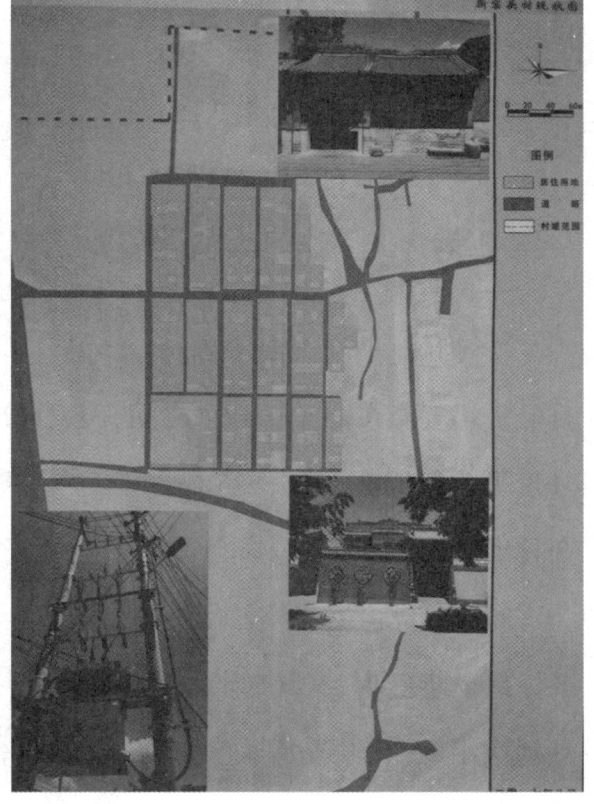

西窑头新村现状

第二章　自然资源

窑头村地处黄土高原，属温带季风气候。一年四季分明，春季多风干旱、夏季炎热多雨、秋季凉爽湿润、冬季寒冷多风，春夏多东南风，秋冬多西北风。春季长于秋季，冬季长于夏季。气候特点为光照充足，热量丰富，降雨较少，风天较多。

第一节　水文气象

一、气候

1. 气温：平均气温一般是13.5℃，一月份最冷，气温平均在-7℃—1℃之间，四月份平均气温在11℃—18℃之间，七月份平均气温最高，一般在23℃—29℃之间，10月份平均气温在11℃—15℃之间，一天中最高气温出现在14—15时，最低气温出现在日出前后。

2. 降雨量：据河津气象资料记载，年平均降雨量481.6毫米，最多年份为997.5毫米，最少年份为230.8毫米。降雨主要集中在6—9月，约占全年降雨量的60%，而12月到次年2月降雨量只占全年降雨量的3%，全年降雨平均80天左右，最大日降雨量122.9毫米，最长连续降雨天数11天，雨量达274毫米。年际降雨量变化较大，分布极不均匀。

3. 日照：年平均日照时数2328.2小时。1—3月和11—12月日均6小时；4—5月和9—10月日均6—7小时；6—7月日照时间最长，日均8小时。

4. 无霜期：无霜期年均205天，最长275天，最短169天。初霜期一般在10月25日，终霜期一般在4月3日。

5. 蒸发量：由于本区域气候干燥，水分蒸发量年均1994.4毫米，约为年均降雨量的四倍，相对湿度60%。

6. 风：历年平均风速2.1米/秒，春季多大风和扬沙浮尘天气，冬季多西北风，夏季以东南风为主。

二、水资源

窑头村所在地段，处于汾河阶地和黄河阶地交汇处，沟壑较多，水文地质及地形地貌也较为复杂。

1. 地下水

本区域地下水类型为松散岩类孔隙水，地层经过漫长的地质时代，堆积了巨厚的松散物质，其中夹有多层砂层和沙砾层，即含水层。

浅层含水层以中细砂、粉砂为主，厚度25—70米；中层水以中粗砂为主，厚度50—100米；水位埋深8—90米。

天然条件下，补给主要是大气降水入渗、高阶地及北部侧向径流排泄补给。运动方向大致为东北流向西南，属富水区，水质整体符合标准要求，属安全水。

2. 地表水

地表水的形成主要是由降雨径流形成的洪水。由于流经本区域的洪水，一般量较小且时间较短，故无利用价值。

黄河、汾河为本市外来地表水资源。

3. 地热水

本区域地热水资源埋深在1500米左右，温度大约每下降100米递增3度。

三、黏土

本区域黏土分布广而厚，特别是新村的"军家坡"，作为烧制砖瓦的基本原料，为本村砖瓦、灰陶工艺的发展提供了必要条件。

第二节　自然灾害

窑头村地处黄土高原，十年九旱。据不完全统计，水灾、旱灾、风灾、雹灾、虫灾等自然灾害曾多次发生。

一、洪涝灾害

民国三十二年（1943年）7月始，淫雨40多天，房屋倒塌严重，粮食霉变。

1954年7月10日晚9时许，北坡及吕梁山区，大雨骤降，平地水深三尺，午夜12时洪水大发，派分三股，其中一股流经光德、范家庄、东辛封、西窑头（村中沙壕）、三迁、太阳、连伯等村，7月11日后洪水方止，受灾村73个，其中就包括西窑头村。

1955年8月20日晚，骤降暴雨，平地起水一尺，沟壑洪水淹没棉、秋作物。西窑头也属重灾区。

1957年6月阴雨连绵，小麦无法碾打，只好采取人工摔、打、搓等手段，甚至把割倒的小麦分给社员自行处理，麦粒大部分出芽。

1958年7月14日13时到17日19时，暴雨持续，洪水冲毁房墙、淹没庄稼，村中间沙壕洪水流到米家巷南200余米处时，原本是往西南阳村方向流，老水路沙壕口有砖砌"挨打毛"，可防止水大后往下面淘土。20世纪50年代末至60年代初，阳村人嫌淹没了他们村的地，所以邀集了几个临近村人，到西窑头村水路口堵水，因此与西关人发生纠纷。当时形势非常紧张，两家都做了充分准备。后经县政府调解，没有打起来，但水却从西南的老水路改向南流去，因往南没有"挨打毛"，所以发洪水时，下面的土就一直往深处淘，并不断往北赶，最后就延伸到米家巷西门口，一直到了宁家巷口，造成米万群家西房全部倒塌，北房、南房部分倒塌（当时是大队粮库），周家巷西口周悦旺家西房倒塌，五保户周银福房屋倒塌，西埝张丙仁家房屋倒塌。村里组织抢救，周正海、李常居等人受伤。当时参加抢救的还有周运来、周正义等人。

20世纪60年代有一次发洪水：从地里收工回来的人从搭在侯喜功门前的两根木头上过沙壕，周快发妻子（周天降妈）不慎掉进水里，周快发也为救妻掉进水里，被杨振忠爷爷一同救起。

1981年8月15日至25日，淫雨连绵，雨量达143毫米，围墙倒塌、房屋漏雨、秋粮减产、棉花烂桃。

1985年8月16日晚，暴雨倾盆，洪水大发，十余户村民家中进水，倒塌院墙80余米，冲毁二队马方院水井一眼，造成大牲畜饮水困难；淹没滴水砖瓦窑6座，其中周启明的一窑未烧滴水被洪水灌入，损失五百余元。

二、旱灾

光绪版《河津县志》载：明万历"十四年大旱无禾，道馑（饿死）相望。四十五年无禾，夏旱秋涝，人相食。"

光绪版《河津县志》载：明代"崇祯四年六月饥。十四年五月汾河干，八月大旱，野无青草，斗米至一两有奇，次年人相食。"

清康熙三十年（1691年），旱，蝗，民饥。旱情持续到次年。

清康熙五十九年（1720年），伏旱无禾，次年春旱，麦无收。

清乾隆五十八年（1793年），春旱，麦无收。

光绪元年至三年（1875—1877年）连续三年大旱，光绪《河津县志》载："光绪元、二年连遭荒歉，民间已无盖藏，三年大旱，遂成大饥。饥民九万余口，惨目伤心。"《河津县志》（1989年版）载："光绪二年麦未种，三年遂成大灾。次年五月方降雨，灾民饥肠饱食，瘟疫流行，死亡枕藉。全县灾前17万人，劫后余生者足五万余"。

光绪二十六年五月，大旱，夏粮薄收，秋谷未登。

民国十八年（1929年），上年春至伏旱，小麦歉收，夏粮和小麦未种，旱情延至是年夏，遂成大灾，饥民无食。

1955年，春至伏旱。自春播至7月21日干旱无雨，7月下旬至9月中旬降雨仅20毫米。

1960年，全年旱，年降雨仅366毫米，粮食减产严重，亩产仅五六十斤，集体食堂无法维持而解散。

1965年8月，连续二十多天干旱，棉秋作物受灾，采取担水点浇等抗旱措施。

1992年大旱，本村受旱面积520亩，其中312亩减产三至五成。

三、冰雹灾害

清光绪二十七年（1901年），雹成灾。

1951年9月23日午后，大雨夹雹，雹大如枣，小如玉米粒，厚约4厘米。

1963年6月5日，九级大风夹着大如鹅蛋、小似杏核的冰雹，持续时间长达五十分钟。此次受灾面积之大、造成损失之惨重，为历史之最。

1971年6月24日、26日，两次降雹，本村农田受灾，棉苗受损严重。

1973年6月2日，狂风大作，暴雨夹杂着冰雹，时间长达5分钟，252亩小麦减产三至五成，约50亩几乎绝收；121亩棉花减产五成。

2008年10月4日12：40—20：00，全市出现雷阵雨天气并伴有冰雹，雨量达29.3毫米，冰雹直径达18毫米，时长12分钟，晾晒的玉米遭受严重损失。

四、风灾

清光绪二十七年（1901年），大风拔木。

民国十年（1921年）5月30日大风，摔尽麦粒。

1963年6月15日下午，9级左右大风夹雹，受灾严重。

1971年5月22日下午，八级大风持续四小时，处于灌浆期的小麦大片倒伏，造成减产两成。

1972年5月13日，七级大风连刮十小时，全部棉田受灾。

1977年3月22日下午，八到十级大风以每秒30米风速狂袭九小时，造成树木、电杆损坏。

1982年5月2日凌晨，突然狂风肆虐，风力达八到十级，造成小麦大面积受灾减产。

2000年3月至6月，出现四五次沙尘暴天气，黄沙蔽日，尘土飞扬，给村民生产和生活带来很大困难，造成部分小麦减产。

五、虫灾

清康熙三十年（1691年）、光绪二十八年（1902年）秋，蝗灾。

民国三十三年（1944年）夏，蝗虫遮天蔽日，落地似被，掩盖道路，秋禾被害。

1951年7月，发生蝗害，由于扑打及时，受害较轻。

1952年，小麦发生蚜虫红蜘蛛。

1954年，小麦发生吸浆虫。

1956年，水地棉花发生棉铃虫，部分减产五成。

1965年，棉花发生造桥虫棉叶被蚕食，减产五成。小麦发生根椿象、麦穗螟危害减产。

1974年5月上旬，小麦白、黄粉病，古人云："黄粉收一半，白粉全不见"。当时及时用药，结果还减产40%。

1975年5月20日，军家坡底四队小麦发现全蚀病，小麦枯死，但面积很小。1977年扩大到全村所有地块，县政府从省里调来农药并派技术人员驻点指导，使小麦全蚀病全部消失。

1984年，玉米发生黏虫，防治及时，损失较轻。

1998年全村小麦出现大面积红蜘蛛，虽采取防治措施，还是出现大面积减产。

六、鼠害

20世纪70年代,农作物受鼠类危害严重,曾采取多种办法灭鼠,效果较好。

第三章 人口姓氏

根据现有史料，从宁姓族人于元末明初最早居住到此地，到侯姓、周姓、米姓、吕姓、赵姓等姓氏族人先后入住，为本村人口奠定了基础。

第一节 人口变化

中华人民共和国成立以前，窑头村人口规模应该是波浪式变动，有增有减，但总趋势是增加。增加的原因一是迁入，如不同时期宁姓、侯姓、周姓、米姓、吕姓等姓氏迁入；二是人口自然增长。减少的原因一是战乱，如日本侵华战争；二是瘟疫、干旱等自然灾害，如光绪元年至光绪三年大旱，瘟疫流行，河津人口由17万减少到5万余，西窑头村应该也不例外；三是迁出。宁姓于明洪武年间因全国性大移民而整体迁出。侯姓一支于乾隆年间迁到本县何家庄村，另一支于清末民初迁到本县辛封村。周姓最早是二世祖周元公迁居乡宁新辟周家山村；1735年有年公迁到河南南阳宛城安皋镇小叶弯定居；雍正年间一支迁到下化周家湾村；还有人迁到城内，现分布于杨家巷、城关及东关村；同时还有人迁到上寨村；清末民初，还有人迁徙到卫庄、范家庄、辛封、峻岭、永安、东窑头、北原、吴村、沙樊头、堡子沟，连伯等村。具体迁出人数不详。到1949年，全村统计人口为925人。

中华人民共和国成立后，由于社会稳定，也没有大的迁入迁出现象，只有个别因婚嫁迁户和投亲迁入，人口主要靠自然繁衍增长。由于人口增长速度加快，1980年前后，随着国家开始实行计划生育，人口增长大幅降下来。到2006年统计人口为2782人。

第二节　姓氏

姓，是标志家族系统的称号，是人们进行社会交往的先决条件，涉及千家万户，关系到每一个社会成员。据统计，到2018年底全村共有不同姓氏25个（以男性户主的姓为准），人口3751人（含在外人员和出嫁女儿）。曾有姓氏1个（迁出）。其中有同姓不同宗，原因是由不同祖籍迁入所致。周姓人口最多，达1864人，占全村人口49%；其次为侯姓663人，占17%；李姓170人，占4%；米姓160人，占4%；赵姓150人，占3.9%。还有柴姓85人，刘姓81人，吕姓66人，高姓66人，张姓62人，王姓56人，武姓54人，庞姓48人，杜姓34人，郝姓30人，阮姓30人，卢姓28人，徐姓22人，杨姓21人，邵姓19人，郭姓16人，栗姓9人，段姓6人，吴姓6人，陈姓5人。

第三节　本村姓氏来源

宁姓（原有姓氏）：来源于封地，周朝时，卫国有位公族叫卫成公，卫成公将其儿子季窑封于宁邑（今河南修武县）。他的子孙便以封地名为姓，世代相传姓宁，由陕西咸阳迁来。

周姓：周姓在百家姓中名列第五，按人口比例是我国十大姓氏之一。起源说法不一，较普遍的说法是周文王建立周朝以后，以国为氏，开始了周姓。《史记》记载，黄帝生玄嚣，玄嚣生蛟极，蛟极生帝喾。又据《元和姓纂》记载，帝喾生后稷，至太王，邑于周，文王以国为氏。另据考，周姓的起源还可追溯至远古的黄帝时代，黄帝时就有大将周昌，商代又有太史周任，后来又有他姓改为周姓者。同时，不仅汉族有周姓，很多少数民族中也有周姓，说明周姓来源不一，分布较广。

本村周姓系1644年明亡之后，当时在京畿为官的周茂英公携家避祸南迁，定居于此，已历三百六十余年，是本村第一大姓。

侯姓：侯姓来源不一，有几种说法，一是出自姒姓，以国为氏，是夏禹的后代，相传夏后氏的后裔有的被封于侯，建立侯国，子孙以国（地）为氏，称为侯氏。据称侯氏为官姓。二是出自晋国的公族。春秋时期晋国的公族晋哀侯和他的弟弟被晋武公所杀，他们的子孙便迁居他国，而且以祖先的爵位为姓，是为侯姓。三是来自叔段。春秋时，郑国的叔段因有谋反的动机被哥哥庄公发觉而讨伐他，他逃到共这个地方，被称作共叔段，他死后，郑庄公赐其子孙共仲为侯氏。四是魏晋南北朝时期少数民族将复姓改为侯姓。北魏代北鲜卑族复姓侯奴氏、古代氏等姓氏改姓为侯氏；北魏有侯植，先赐姓侯伏，继而姓贺屯，最后改姓侯；随魏文帝南迁洛阳的少数民族中，有侯莫陈氏改为单姓侯氏。

侯氏为本村第二大姓。据考证，明嘉靖年间，本县孙彪里（今樊村一带）迁至县衙牌楼西侯家胡同，后因家口众多，迁居乡里，本村为六分，至今已四百三十多年。

米姓：隋唐时，西域有一个米国，是农牧业国家。当时常有米国人来中原定居，他们以国名为姓氏，后来就形成米氏；另一说源自芈姓，宋米芾自称是先秦时楚国后裔，本姓芈，后改为同音字米。本村米姓清中期由本县米家关迁来。

赵姓：出自嬴姓，形成于西周，祖先是伯益，具体始祖是造父。本村赵姓由本县城内沙渠巷迁来。

张姓：出自黄帝姬姓后代，或出自赐姓和他姓、他族改姓。本村张姓由本县老城南关迁来。

柴姓：春秋时期，孔子有个学生叫高柴，高柴的孙子以祖父的名字为姓，叫柴举。柴举的后代就以柴为姓，世代相传。本村柴姓由本县老城迁来。

李姓：出自嬴姓，为颛顼帝高阳氏之后裔；或出自他族改姓及他姓改李氏。源自"陇西衍派李家"。本村李姓由本县连伯迁来，还有一户李姓由本县杨家巷仓后头迁来。

吕姓：出自姜姓、魏氏或少数民族改姓。本村吕姓由本县黄河岸边葫芦滩（吕家滩）迁来，还有一户是由本县康家庄迁来。

高姓：出自姜姓，以王父字为氏；齐惠公的儿子叫公子祁，字子高，其后裔世为高氏；出自他族或他姓改姓；以"高"字开头的两个字的复姓，后有改为单姓高者。本村高姓由本县老城小门巷迁来。

刘姓：出自祁姓，为陶唐氏之后；出自姬姓，为周太后的后裔；出自他姓，为他族、他姓改嫁或赐姓。本村刘姓由万荣县荣河迁来。

杨姓：出自姬姓；出自赐姓；出自他姓改姓；出自他族改姓。本村杨姓由本县葫芦滩杨家庄迁来。

庞姓：来源于封地，上古周文王子毕公高的后代，受封于庞，其子孙便以封地为姓，相传姓庞。本村庞姓由本县老城庞家巷迁来。

阮姓：以国为氏，是皋陶氏之后；出自偃姓；石姓有人改为阮姓。本村阮姓由本县阮家湾迁来。

卢姓：出自姜姓，为神农氏之后裔；出自复姓改单姓卢氏；出自他姓赐卢氏；出自他姓改卢姓。本村卢姓由河南迁来。

郭姓：出自夏、商时代郭支与郭崇的后代；以居处为氏；出自姬姓；出自冒姓或改姓。本村郭姓由本县小停村迁来。

徐姓：姓氏来源比较纯正，主要出自嬴姓，是伯益之子若木的后裔。本村徐姓由本县老城杨家巷迁来。

杜姓：据传，黄帝的第二十五子之一有个叫祁的，尧姓伊祁，杜氏出自祁姓，是帝尧的后代；还有学者认为，杜氏子孙是上古杜康之后；后魏时代北人独孤浑氏也有改为杜氏的。本村杜姓由本县苍头迁来，还有一户是河南迁来。

郝姓：出自子姓，其始祖为帝乙；出自复姓，相传神农氏有称郝骨氏者；为古代南方少数民族姓氏。本村郝姓由本县老城东关迁来。

王姓：出自姬姓，为周文王之后；出自妫姓；出自子姓，为殷商王子比干之后；由北方他姓改王姓而来。本村王姓由本县老城小门巷迁来。

邵姓：姓源较为纯正，主要出自姬姓，为周文王之后。本村邵姓由山东迁来。

栗姓：栗姓源于风姓，是古栗陆氏之后；源于子姓；源于李姓；源于宋姓；源于满族。本村栗姓由本县老城迁来。

吴姓：出自姬姓，以国为氏，是黄帝轩辕氏的直系后裔。本村吴姓由陕西韩城芝阳迁来。

武姓：出自姬姓，周平王少子姬武之后；出自以国名为氏；出自子姓，以祖字或谥号为氏；以邑名为氏；出自以武字开头的复姓；出自其他源流，唐代的冒姓或被赐为武姓者；出自少数民族有武姓或有复姓改为武姓者。本村武姓由本县葫芦滩迁来。

段姓：出自姬姓，是春秋时期郑武公的儿子共叔段的后代。本村段姓由山东迁来。

陈姓：陈姓是我国第五大姓，最早出自妫姓，是舜帝的后裔，后有其他姓氏改姓为陈。本村陈姓由本县吴家关迁来。

本节内容，侯姓、周姓来源于本族家谱，其余摘自《中国姓氏起源大全》和本族人叙述。

第四节　计划生育

从1971年的"一个不少,两个正好,三个多了",到提倡"一对夫妇只生育一个孩子";从单独二孩政策顺利落地,到全面实施一对夫妇可生育两个孩子,国家的生育政策从产生的那一天起就始终在实践中不断调整和完善。

1971年,国务院批转《关于做好计划生育工作的报告》,强调"要有计划生育"。提出"一个不少,两个正好,三个多了"。

1973年12月,提出"晚、稀、少"的政策。"晚"指男25周岁、女23周岁以后结婚,女24周岁以后生育;"稀"指生育间隔为3年以上;"少"指一对夫妇生育不超过两个孩子。当时,村党支部、革委会对青年、民兵加强了晚婚晚育的思想教育,要求大家树立"先立业,后成家"的雄心壮志,并控制出生人口。

1978年3月,第五届全国人民代表大会第一次会议通过的《中华人民共和国宪法》明确提出"提倡一对夫妇生育子女数最好一个,最多两个"。为把本村人口增长率控制在合理水平,村集体提出了出生率13.5‰、纯增率8.5‰的目标。

1980年9月25日,党中央发布《关于控制我国人口增长问题致全体共产党员、共青团员的公开信》,提倡"一对夫妇只生育一个孩子"。

1982年,提出照顾农村独女户生育二胎。

2002年9月施行的《中华人民共和国人口与计划生育法》明确规定,国家稳定现行生育政策,鼓励公民晚婚晚育,提倡一对夫妻生育一个子女;符合法律、法规规定条件的,可以要求安排生育第二个子女。

进入21世纪后,我国人口形势发生了重大变化。劳动力持续问题、老龄化问题、人口结构性问题等开始显现。

2012年末,我国大陆15至59岁劳动年龄人口比上年末减少345万人,这是改革开放以来我国劳动力人口首次下降。截至2013年,我国60岁以上老年人已经达到2.0243亿人,比上年增加853万余人,占比接近总人口的15%,上升了0.6个百分点。

2013年11月,党的十八届三中全会审议通过《中共中央关于全面深化改革若干重大问题的决定》。决定提出,坚持计划生育的基本国策,启动实施一方是独生子女的夫妇可生育两个孩子的政策,逐步调整完善生育政策,促进人口长期均衡发展。同年12月,中共中央、国务院印发《关于调整完善生育政策的意见》,明确了生育政策调整的重要意义和总体思路。

2015年10月29日,党的十八届五中全会提出,促进人口均衡发展,坚持计划生育的基本国策,完善人口发展战略,全面实施一对夫妇可生育两个孩子的政策,积极开展应对人口老龄化行动。

实施计划生育以来,西窑头村先后有16人领了独生子女证,每人每年奖励1200元,其子女上大学还可享受3000—5000元的奖学金。柴云英(后户口转出)1976年带头落实计划生育政策,得到上级奖励。

西窑头村领独生子女证的人有:周会、卫美霞、王峰、温冬霞、周雪民、柴雪爱、阮俊平、李玉红、周国强、阮喜廷、李二民、米会芳、米冬勇、柴晓霞、侯昌杰、阮琴红、周玉生、王莎莎、周峰、谢二女、周平、柴海霞、侯喜涛、师阳阳、周会强、庞雪梅、周建功、阮海珍、侯国华、米晓霞、李二军、杨改菊。

第四章 村级组织

第一节 中国共产党西窑头村组织

一、支部建置及其主要工作

西窑头村党支部创建于1954年，第一任支部书记是周金殿。当时全村只有5名党员，经过64年的发展壮大，截至2018年全村共有75名党员，6个党小组。其中，高中文化程度以上的30名，占到党员总数的40%；大专以上党员18人，占党员人数的24%；女党员16名，占到党员总数21%。党员队伍的文化程度、整体素质在逐步提高。

1.党小组的正式建立

1947年，一区党委派胡毅到村组织农会，依靠贫农、团结中农、打击富农，主持土改工作。1948年进行了土改纠偏复查成分。当时还没有一名党员，工作队为了团结群众、壮大力量，形成有战斗力的核心，于1949年先后吸收侯灵家、张盛学为党员。1950年周金殿条件成熟，被组织接纳为第三名党员。1952年吕鸿才入党后，成立了以张盛学为组长的党小组。领导发动群众在分到土地后，组织了"变耕队"，后发展为互助组。这一时期的党小组在宣传《新婚姻法》、抗美援朝、"三反""五反""三大改造"、恢复家园、发展生产运动中起了主要作用。

2.党支部在社会主义民主革命和社会主义建设时期

1954年，周景龙入党后，已有5名党员，窑头村正式建立党支部，周金殿任支部书记。这一时期党支部成为村里的领导核心，主要任务是动员和组织、发动群众建立高级社、进入人民公社；宣传落实党的总路线、大跃进、人民公社三面红旗，开展"农业学大寨"运动，还搞了"镇反"及"四清"运动；发动青年积极分子入团，并组织成立了团支部；领导村民发展生产，动工修建管委会办公室以及库房共13间。1958年组织全村青壮年上山大炼钢铁；进入冬季，农闲变农忙，白天修地积肥，晚上整党整社，插红旗，拔白旗，反右倾鼓干劲，开展全民食堂化。

1964年，组织建立贫下中农协会，张盛学任主任，开展了农业学大寨及四清运动。

3."文化大革命"时期

1966年6月，"文化大革命"开始，村党支部班子受到冲击，支部工作处于瘫痪、半瘫痪状态。村里组织了7个不同派别的战斗队，主要跟随县里的"革总"与"红总"两大派。经过几年折腾，好在没有发生大的武斗，生产没有受太大损失。揪斗了部分不该揪斗的村干部。1966年10月—1967年底，村里各项事务由村文革小组负责。1968年，各派实现了大联合，成立了革命委员会。1974年发动群众开展"批林批孔"运动。生产上，当年林业收入近2万元，解决了村里上电开支，次年又给新村上了电。虽经"文化大革命"干扰，但粮食产量还是呈上升趋势。

1975年，支部改选，周锁建任书记。1976年粉碎"四人帮"后，主要组织党员群众揭批"四人帮"的罪行。生产上发动全体村民每人投资25元，在海拔400多米的军家坡打深井1眼。即1号井，使千年旱坡变水田。

1978年，支部班子调整后，周景龙任书记。之后开展"实践是检验真理的唯一标准"大讨论。

4.党支部在新的历史发展时期

1981年，党的工作重心转移到"以经济建设为中心"的轨道上来。1982年实行家庭联产承包责任制，根据开放搞活的方针，既抓农业，又抓多种经营，调动了广大群众的生产积极性。

1982年，班子调整，由周建廷任书记。这一年兴办了砖瓦窑等企业。1983年党支部组织全村实行包产到户的生产责任制。办起了"轮窑"砖厂。

1986年，党支部进行改选，周立生任书记。党员已发展到60名，7个党小组。村里出现了3个琉璃窑冒尖户。这一年教学大楼落成，办起了初中5个班。群众生活向着小康迈进。80%家庭有电视、洗衣机、收录机。为保障老年人合法权益，1991年还组织成立了老年协会。

1998年，组织村民开展精神文明建设活动。涌现出10余个双文明户，还有数十个好媳妇、数十个遵纪守法户。

1999年，村党支部组织全体党员开展"三讲"（讲学习、讲政治、讲正气）教育活动，以提高农村党员的素质，提高村党支部的战斗堡垒作用和党员的先锋模范作用，改进了村干部的工作作风。

2002—2012年，村党支部主要是贯彻落实党的"十六大""十七大"精神，开展党员教育活动，按照"生产发展、生活宽裕、乡风文明、村容整洁、管理民主"20字方针要求，狠抓新农村建设。

2013年至今，主要是贯彻落实"十八大""十九大"精神，按照中央提出的"产业兴旺、生态宜居、乡风文明、治理有效、生活富裕"的乡村振兴20字总要求，建设社会主义新农村。

2016年，以周根生为书记的新一届党支部班子组建以后，励精图治、开拓创新。立足全村的长远发展，做强做大主导产业。解决群众住房困难，大搞基础设施建设。改善村民的居住环境，投资5000余万元的"灰陶琉璃工业园区"初见成效，成为全市工业棋盘上的亮点。投资5500余万元的新住宅楼拔地而起。

是年，还新建了村文化活动中心（包括支村委办公室、党员活动室、老年活动室）。党组织的凝聚力和向心力极大提高。在此基础上，党支部还通过建设高标准党员活动室、图书室、娱乐室、体育活动场所以及休闲文化广场，进一步建立健全了各项规章制度，使党支部的工作更上一层楼，党支部的战斗堡垒作用和党员的先锋模范作用更加突出，并涌现出一大批优秀党员。村党支部多次被上级党组织授予"先进党组织"。西窑头村还被评为"运城市文明村"。

二、历届组织机构示意图

上级归属	本级组织	管辖范围
1947—1954年 一区区委	党小组 组　　长：张盛学 成　　员：侯灵家　周金殿	一个自然村 一个党小组
1954—1958年 窑头乡党委	第一届 书　　记：周金殿 副书记：侯恩全 委　　员：吕鸿才　周景龙	一个自然村 两个党小组 六个生产队
1958—1960年 城关管理区党委	第二届 书　　记：吕鸿才 副书记：周景龙 委　　员：周长太　周林江　侯恩全　高永当	一个自然村 三个党小组 六个生产队
1960—1961年 城关乡党委	第三届 书　　记：周景龙 副书记：周林江 委　　员：周长太　侯恩全　吕鸿才	一个自然村 四个党小组 六个生产队
1961—1971年 城关公社党委	第四届 书　　记：周景龙 副书记：周金殿　周林江 委　　员：吕鸿才　周长太　侯恩全	两个自然村 五个党小组 六个生产队
1971—1973年 城关公社党委	第五届 书　　记：周宗明 副书记：周景龙 成　　员：周宗海　周省科　周昌印	一个自然村 五个党小组 六个生产队
城关公社党委	第六届 书　　记：周景龙 副书记：周宗明　周锁建 委　　员：周省科　周昌印	两个自然村 六个党小组 八个生产队
城关公社党委	第七届 书　　记：周锁建 副书记：周景龙　周宗明 委　　员：周省科　周宗海	两个自然村 六个党小组 十三个生产队
城关公社党委	第八届 书　　记：周景龙 副书记：周海录　侯恩家 委　　员：侯恩福　周锁锁	两个自然村 六个党小组 十三个生产队

上级归属	本级组织	管辖范围
1984年9月 城关镇党委	第一届 书　记：周建廷 副书记：周景龙　周海录 委　员：侯恩福　侯恩家　赵全家　侯仲学	两个自然村 一个村委会 七个党小组 七个居民区
城关镇党委	第二届 书　记：周海录 副书记：周建廷　周景龙 委　员：侯仲学　赵全家	两个自然村 一个村委会 七个党小组 七个居民区
城关镇党委	第三届 书　记：周建廷 副书记：赵全家　侯仲学	两个自然村 一个村委会 七个党小组 七个居民区
城关镇党委	第四届 书　记：周立生 副书记：周海录　周宗强　周建廷 委　员：周永光	两个自然村 一个村委会 七个党小组 七个居民区
1999年4月 城关镇党委	第五届 书　记：周建廷 副书记：周月旺 委　员：周宗强　周吉荣	两个自然村 一个村委会 七个党小组 七个居民区
2001年 城区街道办事处党委	第六届 书　记：周建廷 副书记：周月旺 委　员：周天驹	两个自然村 一个村委会 七个党小组 七个居民区
2006—2010年 城区街道办事处党委	第七届 书　记：周宗强 副书记：周根生 委　员：周天驹	两个自然村 一个村委会 七个党小组 七个居民区
2010—2012年 城区街道办事处党委	第八届 书　记：周根生 副书记：周天驹 委　员：侯天民　周青山	两个自然村 一个村委会 七个党小组 七个居民区
2012—2015年 城区街道办事处党委	第九届 书　记：周根生 副书记：周青山 委　员：侯天民　吕建军　贺武斌	两个自然村 一个村委会 七个党小组 七个居民区
2015—2017年 城区街道办事处党委	第十届 书　记：周根生 副书记：周茂杰　周大宾　周红生　郝武斌	两个自然村 一个村委会 七个党小组 七个居民区
2017—2018年 城区街道办事处党委	第十一届 书　记：周根生 副书记：周茂杰 委　员：侯天民　周红生　郝武斌	两个自然村 一个村委会 七个党小组 七个居民区

三、历届党支部任职情况

时间	支部书记	支部副书记	支部委员
1947—1954	张盛学（党小组长）		侯灵家　周金殿（党小组成员）
1954—1958	周金殿	侯恩全	吕鸿才　周景龙
1958—1960	吕鸿才	周景龙	周长太　周林江　侯恩全　高永当
1960—1971	周景龙	周金殿　周林江	周长太　侯恩全　吕鸿才
1971—1973	周宗明	周景龙	周宗海　周省科　周昌印
1973—1975	周景龙	周宗明　周锁建	周省科　周昌印
1975—1977	周锁建	周景龙　周宗明	周省科　周宗海
1977年县委派来第一书记胡铁锁,任期1年。			
1977—1982	周景龙	周海录　侯恩家	侯恩福　周锁锁
1982—1984	周建廷	周海录　周景龙	侯恩家　侯恩福　赵全家　侯仲学
1984—1985	周海录	周建廷　周景龙	侯仲学　赵全家
1985—1986	周建廷	赵全家　侯仲学	
1986—1992	周立生	周海录　周建廷　周宗强	周永光
1992—1999	周立生	周宗强	周永光
1999—2006	周建廷	周月旺	周宗强　周吉荣
2006—2010	周宗强	周根生	周天驹
2010—2012	周根生	周天驹	侯天民　周青山
2012—2015	周根生	周青山	侯天民　吕建军　郝武斌
2015—2017	周根生	周茂杰　周大斌　周红生　郝武斌	
2017—2018	周根生	周茂杰	侯天民　周红生　郝武斌

四、历届支部书记简介

周金殿：生于1916年，小学文化。1950年入党。1950—1955年任村武委会主任；1954—1958年任村党支部书记；1958年任公社煤矿书记；1958—1959年任社炼钢书记；1959—1960年任河津公社陶瓷厂书记；1960—1962年任大队治安主任；1962—1966年任第一生产队队长。任职期间，打浅井数眼。数十年来，勤勉工作，卸任后仍然在饲料站劳动发挥余热。

吕鸿才：生于1916年3月20日，小学文化。1952年入党。1947—1948年任农会委员；1950年任农会主席；1953—1954年任村主任；1953—1958年任社长；1958—1960年任书记；1960—1966年任管委会主任；1969—1971年任第六生产队政治工作员。任职期间，建大队舞台、九孔砖窑库房及管委会办公楼。筹建村"农中"、代销店、库房、油坊、办公室。30多年来一直勤勤恳恳，为集体经济和村庄发展建功立业。

周景龙：生于1920年2月，小学文化。1954年入党。1944—1947年当兵；1950—1953年任村民兵指导员；1954—1957年任社主任；1959—1961年在公社陶瓷厂工作；1960年4月—1971年1月任村支部书记；1970年1月—1975年任村革委会主任；1981—1982年任村党支部书记；还曾担任村老年协会会长。任职期间，在军家坡打深井一眼，使300多亩旱坡地变为水田，粮食产量翻一番。搬迁新村，成立第八生产队，使远离村的800亩良田得以更好管理。老年后还照管村自来水井，从不误开水时间，为西窑头人民奉献自己的余热。积极参与红白理事会，逐步把薄养厚葬的陋习改为厚养薄葬。30多年来，他两袖清风、廉洁奉公、勤勉工作、政绩卓著，深得村民爱戴和敬重，群众称他老书记、老黄牛，对新干部传帮带起了表率作用。

周宗明：生于1950年，初中文化。1971年入党。1967—1968年任本村代销员；1968—1969年为本村学校民办教员；1971—1973年4月任大队支部书记。任职期间，给村里首次上电。1976—1977年负责坡底砖厂、拖拉机站；1977—1980年任大队企业主任。1980—1982年任大队副主任（分管企业）。1980年以来办砖厂，带领群众共同致富。

周锁建：生于1944年，高小毕业。1971年入党。1959年任城关大区第二十四生产队事务长；1963—1969年任西窑头大队团支部书记；1966—1967年担任大队会计；1968年在侯马地质勘查队工作；1969—1973年担任大队会计；1974年任大队管理委员会主任；1975—1977年任大队党支部书记。任职期间，在军家坡打深井一眼，使300多亩千年旱坡变为水田。

周建廷：生于1954年，初中文化。1977年入党。1970—1971年任本村卫生所卫生员；1971—1976年任第三生产队会计、队长；1977—1982年任大队会计、副主任；1982年4月——1984年任村支部书记。任职期间，在军家坡筹建砖瓦窑一座，筹建大型轮窑一座，此窑是当时河津第一窑，规模较大，从此时起，村砖窑从手工化向大型现代化、机械化方向发展。1985年建教学大楼一座，为推动村教育事业的发展做出了贡献；1984—1985年任村委主任；1985年10月—1986年7月任村支部书记；1986年7月——1989年任村支部副书记；1989年任村委主任。带领群众共同致富。参与村里移风易俗红白理事会，为根除"薄养厚葬"陋俗做出了贡献。

周海录：生于1950，初中文化。1977年入党。1969—1975年任第二生产队会计；1975—1976年任第二生产队队长；1976—1977年任大队副主任；1977年10月—1984年任大队主任；1984—1985年任村支部书记；1985—1986年任村委副主任；1986年7月—1995年12月任村委主任。任职期间，钻深井5眼，粮食产量连年上升，解决了群众的温饱问题。连年获县社两级先进单位奖。村集体经济发展，人民生活水平提高。全村80%

人家都有了电视机，推动了全村物质文明和精神文明的发展。先后2次建教学大楼，开设初中5个班3个年级，小学7个班5个年级。历年来送往高等院校、中专、高中的人数不断增加。他在任职期间，还办了拉丝厂、砖厂、大型轮窑砖厂，为窑头村教育事业的发展、经济文化的繁荣做出突出贡献。

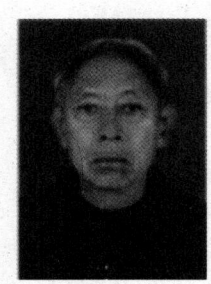

周立生：生于1951年8月26日，初中毕业。1986年入党。1969年任生产队会计；1970年到战备团；1971年担任村电工；1986年7月—1999年4月任支部书记。任职期间，打深井5眼，上自来水。小麦产量上升，连年获县社两级小麦生产先进单位，使原来的低产田变成高产良田。发展村办企业，利用低产坡地建成洗煤厂一座。1990—1991年建教学楼一座，成立老年协会。在村集体经济、文化建设、普及九年制义务教育等方面做出了很大贡献，是窑头村的好带头人。

周宗强：生于1959年，高中文化。1982年入党。1979年参军；1983年退伍；1992—1999年任村副书记；1995年12月—1998年任村委主任；2006—2010年任村支部书记。任职期间，改造自来水、翻修村委办公室、整修广场、给学校上暖气锅炉，解决师生冬季取暖问题。硬化巷道，干了不少实事、好事。

周根生：生于1962年，高中文化。1985年入党。1982年11月—1986年11月在部队服役，任班长；2006—2010年任村支部副书记；2010年至今任支部书记。任职期间，硬化村巷道，开通并硬化通西环路村道，规划建设西窑头村住宅小区，共建10栋住宅楼，总建筑面积38280平方米，总投资5568万元。新建西窑头文化活动中心600余平方米，并建广场，总投资168万元。规划并实施军家坡"灰陶琉璃文化园区"建设。2017年为村里安装了天然气。任职期间，在精神文明建设和物质文明建设方面取得了巨大成就。分别于2013年、2017年组织了两次锣鼓表演赛，并参加了"鱼跃龙门，华耀河津"莲池公园揭幕表演赛。村党支部获"基层先进党组织"称号。西窑头村获2016—2017年"运城市文明村"称号。

五、1991年党员花名册

姓　名	性　别	年　龄	文化程度	入党时间	党内职务
周连锁	男	41	高小	1971.10	小组长
周锁锁	男	49	小学	1964.7	
周长太	男	75	小学	1956.6	
周印祥	男	70	小学	1963.5	
周正科	男	64	小学	1958.8	
周青山	男	25	小学	1986	
周勤立	男	43	农中	1972.2	
周振民	男	34	初中	1982.11	
周立生	男	41	初中	1986.3	书记
周根生	男	30	高中	1985.7	
周金殿	男	75	小学	1950.10	
周永光	男	40	农中	1988.7	副书记
周天驹	男	42	小学	1990.7	
周创生	男	56	高小	1957.12	小组长
张茂才	男	61	初中	1950.3	
马五龙	男	65	小学	1954.3	
周林江	男	73	小学	1957.6	
周海录	男	41	初中	1977.1	副书记
周二忙	男	75	文盲		
周昌印	男	52	小学	1966.2	
周吉荣	男	28	初中	1990.7	
周宗强	男	33	高中	1982	
周省科	男	68	小学	1962.5	小组长
周有发	男	64	小学	1954.8	

姓　名	性　别	年　龄	文化程度	入党时间	党内职务
高永当	女	56	小学	1956.6	
侯玉凤	女	38	小学	1974	
周建廷	男	37	农中	1977.7	
侯安家	男	70	小学	1948.10	
柴五收	男	38	初中	1975.5	
周宗海	男	49	初中	1971.3	
周宗明	男	41	初中	1971.3	
周月旺	男	48	高小	1974	
周景龙	男	66	初小	1956.9	小组长
侯连生	男	40	初中	1988.7	会计
侯恩家	男	52	初中	1962.12	
阮全锁	男	42		1970.5	
侯茂奎	男	36	小学	1977.7	
李敬录	男	51	高中	1985	
周天林	男	57	小学	1973.3	
赵建民	男	41	初中	1990.7	
刘付立	男	50	小学	1974	
侯恩犬	男	59	小学	1955.9	
侯天民	男	26	初中	1987.7	
穆当兰	男	60	文盲	1953.1	
米玉芳	女	35	初中	1979.7	
赵全家	男	45	初中	1971	
周马驹	男	56	小学	1964.7	小组长
周新发	男	52	初中	1971.2	
周宗民	男	39	初中	1974.11	
周宗宽	男	37	高中	1980.7	
侯恩福	男	65	初中	1949.3	小组长

六、1991年党员定性定量测评表

姓名	性别	年龄	文化程度	入党时间	测评得分		
					合格	基本合格	基本不合格
周连锁	男	41	高小	1971.10	合格		
周锁锁	男	49	小学	1964.7	合格		
周长太	男	75	小学	1956.6	合格		
周印祥	男	70	小学	1963.5	合格		
周正科	男	64	小学	1958.8	合格		
周青山	男	25	小学	1986	合格		
周勤立	男	43	农中	1972.2	合格		
周振民	男	34	初中	1982.11	合格		
周立生	男	41	初中	1986.3	合格		
周根生	男	30	高中	1985.7	合格		
周金殿	男	75	小学	1957.10	合格		
周永光	男	40	农中	1988.7	合格		
周天驹	男	42	小学	1990.7	合格		
周创生	男	56	高小	1957.12	合格		
张茂才	男	61	初中	1950.3	合格		
马五龙	男	65	小学	1954.3	合格		
周林江	男	73	小学	1957.6	合格		
周海录	男	41	农中	1977.1	合格		
周二忙	男	75	文盲	1959	合格		
周昌印	男	52	小学	1966.2	合格		
周吉荣	男	28	初中	1991.7	合格		
周宗强	男	33	高中	1982	合格		
周省科	男	68	小学	1962.5	合格		
周有发	男	64	小学	1954.8	合格		
高永当	女	56	小学	1956.6	合格		
侯玉凤	女	38	小学	1974	合格		
周建廷	男	37	农中	1977.7	合格		
侯安家	男	70	小学	1948.10	合格		
柴五收	男	38	初中	1975.5	合格		

姓名	性别	年龄	文化程度	入党时间	测评得分		
周宗海	男	49	初中	1971.3	合格		
周宗明	男	41	初中	1971.3	合格		
周月旺	男	48	高小	1974	合格		
周景龙	男	66	初小	1956.9	合格		
侯连生	男	40	初中	1988.7	合格		
侯恩家	男	52	初中	1962.12	合格		
阮全锁	男	42	初中	1970.5	合格		
侯茂奎	男	36	小学	1977.7	合格		
李敬录	男	51	高中	1985	合格		
周天林	男	57	小学	1973.3	合格		
周明发	男	32	高中	1985	合格		
赵建民	男	41	初中	1990.7	合格		
刘复立	男	50	小学	1974	合格		
侯恩犬	男	59	小学	1955.9	合格		
侯天林	男	26	初中	1987.7	合格		
穆当兰	女	60	文盲	1953.1	合格		
米玉芳	女	35	初中	1977.7	合格		
赵全家	男	45	初中	1971	合格		
周马驹	男	56	小学	1964.7	合格		
周新发	男	52	初中	1971.2	合格		
周宗民	男	39	初中	1974.10	合格		
周宗宽	男	37	高中	1980.7	合格		
侯恩福	男	65	初中	1949.3	合格		

七、20世纪80年代的精神文明建设

1.党的教育事业迅速发展。中华人民共和国成立前本村是一个文化落后村，中华人民共和国成立后，历届党支部始终把教育事业当作头等大事来抓，1966年，村建新校舍五座，开设小学、初中。1974年规划并兴建新教学楼两座，分为西窑头小学和西窑头中学两部分，成为城关镇西片教育中心。1977—1991年全村基本上普及了中学教育。从1982年开始到1991年，升入高中60人，升入中专12人，升入大学15人，1986

年本村周永杰考入清华大学。

2.计划生育工作卓有成效。搞好计划生育乃基本国策，关系着国计民生的大事，历届党支部从人力、物力上都全力以赴。严格控制人口增长，历届都是由工作认真、责任心强的书记、副书记来抓，成立妇女主任、卫生所负责人、接产员三人专门机构。形成制度化，有专人管、专账记、家底明，人口增长率始终控制在千分之二左右，屡次获县里奖励。计划生育工作已经成为全村居民自觉遵守的习惯。

3.文化娱乐大发展。全村已普及有线广播、收音机。建有舞台一座，村民有放映机一台，录像机2台，大队有20英寸彩电一台，供老年人观看，1991年全村有黑白电视机213台，彩电147台，录音机278台。群众的文化生活更加丰富了。

4.法律知识进一步普及。历届支部一贯把法律知识的宣传作为全村长治久安，安定团结的得力措施来抓。先后在大小巷道出板报、宣传栏，宣传《宪法》《刑法》《婚姻法》《土地法》《计划生育法》《教育法》《农田保护法》等，基本上达到抬头见法、家喻户晓、人人皆知的效果。学校从低年级就配有法律课程，使儿童从小就受到法治的熏陶，从每个环节狠抓法律知识的落实，报道好人好事，鼓励群众遵纪守法，树立良好的社会风尚。

5.村风村貌大为改变。历届支部都把建设社会主义新农村作为主要工作来抓，支部一班人，贯彻始终。拓宽旧巷、整治新巷、美化村容，大街小巷畅通无阻。随着经济的发展，近年来，新门楼林立，楼房建起，户户有电视，家庭和睦相处，全村出现了好婆婆7人、好媳妇13人、双文明户10户、遵纪守法户50户，一个欣欣向荣的社会主义新农村已初步形成。

20世纪80年代精神文明建设情况逐年统计表

年度	小学普及率%	升学率		出生率	免疫率	广播普及率%	电视		收录机	洗衣机	电冰箱	好媳妇	好婆婆	双文明户	遵纪守法户	备注
		中专	大专				黑白	彩色								
1980	100					100										

年度	小学普及率%	升学率	出生率	免疫率	广播普及率%	电视	收录机	洗衣机	电冰箱	好媳妇	好婆婆	双文明户	遵纪守法户	备注
1981	100					100								
1982	100	3				100								
1983	100		4			100								
1984	100					100								
1985	100	1	1			100								
1986	100	1	3			100								
1987	100		3	13	40	100	125	83	109	259		9	3	5	39
1988	100	1	3	12	50	100	157	92	216	281		10	5	5	41
1989	100		4	12	70	100	182	109	239	307	1	12	6	8	45
1990	100	1		11	70	100	200	135	250	330	2	12	6	8	47
1991	100	1	1	10	80	100	213	147	278	351	6	13	7	10	50

八、获奖情况

1987年高永当获河津县城关镇委、镇政府授予的"模范妇女干部"称号。

1987年周有发获城关镇委、镇政府授予的"义务补鞋风格高尚"称号。

1988年西窑头村妇联获县妇联授予的"五好妇代会"称号。

1988年西窑头村党支部获城关镇党委授予的"先进党支部"称号。

1988年西窑头村党支部获城关镇党委授予的"先进党支部"称号。

1989年高永当获县委、县政府授予的"兴耿爱国储蓄百日竞赛"模范协储员称号。

1990年高永当获县妇联授予的"优秀妇女干部"荣誉证书。

1991年西窑头村获县委、县政府授予的"集资兴学先进单位"称号。

1991年西窑头村获城关镇人民政府授予的"社火表演特等节目高跷"奖。

1991年周立生获县委授予的"优秀党员"荣誉证书。

1991年高永当获县委、县政府授予的"模范妇女干部"荣誉证书。

1997年周立生获"优秀党员"称号。

2006年西窑头村获中共河津市委、河津市人民政府授予的"道路建设先进村"称号。

2013年西窑头村获中共河津市委、河津市人民政府授予的"重点工程建设先进单位"称号。

2017年西窑头村党支部获城区街道工作委员会授予的"先进基层党组织"称号。

2018年西窑头村获运城市精神文明建设指导委员会授予的"运城市文明村"（2016—2017）称号。

九、自身建设

1962年西窑头村党支部根据中央文件规定，订立了共产党员应该具备的十个条件：

1.执行党纲、党章，站稳无产阶级立场，坚持三面红旗，坚决走社会主义道路，终身为共产主义事业奋斗到底；

2.坚决执行党的民主集中制，执行党的政策、决议，维护党的团结统一；

3.全心全意为人民服务，密切联系群众，遇事同群众商量，和群众同甘共苦；

4.个人服从组织，个人利益无条件的服从党的利益；

5.积极参加社会主义建设，完成党分配给自己的任务，在生产劳动和各项工作中起模范带头作用；

6.对党忠诚老实，如实反映情况；

7.遵守党纪、国法，遵守共产主义道德；

8.积极参加组织生活，开展批评和自我批评，向一切不良倾向做斗争；

9.警惕敌人的阴谋活动，保守党和国家的机密；

10.努力学习马克思列宁主义、毛泽东思想，不断提高觉悟程度。

只有具备了以上十个条件，才能算作一个名副其实的共产党员。

十、20世纪90年代党支部工作制度

1.学习

(1) 党支部把理论政策和业务学习放在重要位置，每月集体学习两次，支委制定学习计划，坚持自学。

(2) 学习内容是马列主义基本理论、社会主义理论和基本路线，现阶段党的方针政策和党规党法，现代科学知识和管理学原理等。

(3) 坚持理论联系实际，解决工作中的实际问题。

(4) 支部学习由副书记组织安排。

2.民主监督

(1) 按规定组织党员过好组织生活。

(2) 年终对党员进行一次考核，要广泛听取各方面意见，邀请群众参与评议，真正体现民主监督、考核，评议结果汇报上级党委。

3.组织生活

(1) 党支部民主生活会，一季度召开一次。

(2) 要严格按照下列程序进行。

①在广泛听取党外群众意见的基础上，抓住主要问题，确定民主生活会的中心问题。

②提前两天把生活会的议题通知到每个人，人人准备好发言提纲。

③在会上首先检查上次会议提出的整改措施、落实情况，然后围绕本次生活会的议题，结合本人思想和工作实际，开展批评和自我批评，每个党员都要解剖自己，真诚坦率，思想见面，整顿存在的主要问题，提出具体改进意见。

④会议结束后，把生活会的主要情况与改进措施向全体党员公布。

(3) 党支部民主生活会由副书记督促落实。

4.支委议事制度

(1) 支部年初把全年工作定下来，分工到人，支委也要把自己一年内能办的事情和措施做到心中有数，并努力实施。

(2) 支部每个成员对自己分管的工作进展情况及时向支部汇报，每季度至少汇报一次。

（3）坚持调查研究和实事求是，理论联系实际的原则，反对说空话、大话、假话，虚心听取党员和群众的意见，不断改进作风。

（4）办事坚持原则，不徇私情，不损公肥私，不阳奉阴违。

（5）从书记到委员每半年把自己的工作情况向全体党员干部汇报一次，发动群众打分，90分以上者为一等，85分以上者为二等，并将所评议结果存入档案。

5.党日活动制度

（1）每月十五日为党员活动日，任务是把一课三会内容集中在党日进行活动，或开展一次有教育意义的活动，责成专人做好记录，尤其是政绩的记载。

（2）搞好党课教员的培训，每半年至少一次，每月党日活动后支部委派人员到所属小组进行检查，随时将情况向镇党委汇报。

（3）要求每个党员必须按时参加，不得缺席。

6.党员管理教育制度

（1）支部要把党员教育工作列入主要议事日程，定期研究，每月研究一次党员教育工作，中心议题是总结党员教育工作经验，研究党员中存在的问题。

（2）党员教育要紧紧围绕党的基本路线，对广大党员深入开展形势政策教育、理论信念和宗旨教育，加强民主集中制的教育和廉政教育。

（3）抓好党员教育队伍的建设，确定两名党课教员，定期讲课。

（4）加强和完善阵地建设和设施建设，建好党员活动室，坚持党员活动日，解决教室、教员、经费和教材等问题。

（5）开展多种形式教育，支部要采取多种形式，开展有教育意义的活动，坚持党员联系群众制度，搞好党员挂牌活动，组织一事一议专题讨论。

7.党员民主评议制度

（1）认真贯彻中共中央组织部关于建立民主评议党员意见的通知精神，把党员测评工作逐步纳入制度化、经常化的轨道，把每年十二月份定为民主评议党员月。

（2）通过对全体党员进行新时期合格共产党员的教育和定期的民主评议，认真评议每个党员在坚持党的基本路线、治理整顿和全面深化改革中是否起到表率作用，对不合格党员通过教育提高素质，增强党组织的凝聚力和战斗力。

（3）中国共产党（包括预备党员），特别是领导干部都要参加民主评议，接受党内外群众的评议、监督和党组织的考察。

（4）民主评议党员的主要内容。

①理想信念。看是否具有坚定的共产主义信念，是否把坚持四项基本原则，坚持改革开放，实现现阶段的共同理想和本职工作结合起来，全心全意为人民服务。

②党性观念。看是否坚决贯彻执行党在社会主义初期阶段的基本路线、各项方针政策，积极维护改革大局，在政治上同党中央保持一致。

③组织纪律。看能否按时交纳党费，参加组织生活，坚持组织原则，执行党的决议，严守党纪国法，坚决做到令行禁止。

④奉献精神。看是否密切联系群众，关心群众疾苦，艰苦奋斗、廉洁奉公，在个人利益同党和人民利益发生冲突时，自觉牺牲个人利益。

⑤模范作用。看是否站在改革的前列，做努力工作好学上进的模范；做不尚空谈干实事的模范；做坚持改革、勇于开拓的模范；做维护群众利益，带领群众勤劳致富的模范；做遵纪守法同不正之风做斗争的模范。

（5）民主评议党员的档次，可分优秀、合格、不合格党员。

（6）民主评议党员工作，以支部为单位进行，方法力求简便，评议注重实效。

（7）组织处置主要适用于不合格党员，主要方法有除名、劝退、限期改正、取消预备资格、延长预备期五种。

8.党员参政议事制度

（1）党组织要确实尊重和保障党员的民主权利，在传达党的有关文件或讨论决定本单位重大问题时，都要按照先党内后党外的原则进行。

（2）参政议事的范围。除党章规定的八条权利外，凡涉及本单位的重大问题，包括社会发展计划、任期目标和年度工作安排、重大开支、办大型企业、党的建设和文明建设等重要活动。

（3）党支部每季度向党员汇报一次工作，征集和吸取党员意见，组织党员讨论，决定重大问题。

（4）珍惜自己的民主权利，发表自己的意见，对群众的要求、意见、建议及问题要及时向组织反映。

（5）党员必须严格执行党组织的决定，对决定认为不符合本单位实际情况时，可以请求改变，但在党组织没有改变决定前，必须执行。

十一、新时期党支部的职责

1.认真贯彻落实党的路线方针政策，执行中央和地方各级党组织的决策部署，完成上级党委、政府部署下达的各项目标任务，执行本村党员大会的决议。

2.领导村民委员会、村集体经济组织和共青团、妇代会、民兵等农村各种组织，支持和保障这些组织依照国家法律法规和各自章程开展工作。

3.加强对农村各项工作的领导，在广泛征求意见的基础上，讨论决定、领导实施本村经济社会发展各方面的重要工作、重要问题。需由村民委员会、村民会议或集体经济组织决定的事情，由村民委员会、村民会议或集体经济组织依照法律和有关规定做出决定。

4.认真落实"三会一课"等党内各项规章制度，抓好党支部自身建设；对党员进行教育、管理和监督；负责对要求入党的积极分子进行教育和培养，做好发展党员工作。

5.负责村、组干部和村办企业管理人员的教育、培训、选拔、考核、管理和监督。

6.负责组织群众、动员群众、教育群众、引导群众，做好群众的思想教育工作；负责改善群众生产生活、为群众办实事办好事、维护群众的合法权益，团结带领农民群众建设美好生活。

7.搞好本村的社会主义精神文明建设和社会治安、计划生育等工作。

2017年7月1日，西窑头村全体党员赴延安参观学习，接受红色革命教育

第二节 村级行政管理机构

一、村级行政机构的沿革及主要工作

明朝时河津县分为4个乡、辖34个里，99个村，窑头村为行政村。清朝时全县分为17个里，166个村、镇、堡，窑头仍为村。民国时期河津县设3个行政区，窑头属"河槽第一区"，区下设村公所。200户以上的村为主村，25户为一间，5户为一邻。民国二十六年（1937年），河津并为32个编村，每个编村有主村1个，附村1—13个。民国三十四年（1945年），主村改为治村，附村改为居村，保留间。每一治村设村长

1人。窑头村当时为治村，设村长1人，村长一般为村民公议公推。

民国时期担任西窑头村村长的先后有米国祥（人称老村长）、周宏道（曾任大宁县邮政局局长）、周作风、侯家录、周福茂、周吉才。最后一任村长是周耀堂（小名周挠娃），村秘书李克恭。当时的村公所设在"关岳庙内"。村公所办公用一块三厘米见方的"西窑头办公所"六个繁体字的印章（公章）。

当时，村长的主要职责就是完成县里摊派的税收、公粮、公款、兵丁征集任务。处理与邻村之间的关系，解决村民之间的房屋、土地买卖及协调村民纠纷等项事宜。组织村社公益事业，如闹社火、公共设施建设等。民国时期西窑头村最后一位村长（属阎锡山统治时期的编村村长）周耀堂是日本人入侵河津时期的村长。当时社会治安较乱，白天有日本人抢掠，晚上有西滩土匪骚扰，还有二战区特务队打来打去，村民遭罪。作为村长，当时的主要任务就是协调各方关系，使村民少受骚扰，减轻负担，还要为村民办良民证等事务，可以说就是维持会长的角色。

1947年河津解放之初，村里还没有设立行政管理机构。按照当时党中央指示："一切权力归农会"，村务工作由农会承担。其主要工作任务就是：斗地主、划成分、分房屋、分财产、分田地，直到1951年土改复查任务完成后，给农民颁发了"土地房窑证"。当时的首任农会主席是张红章，第二任农会主席是张满存，第三任农会主席是吕鸿才。

中华人民共和国成立后的村级行政管理机构，主要工作是完成上级行政管理部门分配的各项工作任务及经济建设指标，抓好本村的各项行政事务，最核心的工作是抓农业生产、经济工作、民事工作。

第一阶段：1947—1958年。村级行政管理机构主要是组织"变耕队"，农忙时帮助村民收割、下种、耕作。在此基础上根据社会发展变化情况，又组织了六个"互助组"，进而成立了"初级社"，1957年由"初级社"转为"高级社"。周景龙、吕鸿才先后任社长。

第二阶段：1958—1966年。由高级社过渡为人民公社。组织村民参加了"大炼钢铁""吃食堂"。1961年贯彻党中央八届九中全会关于恢复国民经济"调整、巩固、充实、提高"的八字方针，战胜了三年自然灾害，产量不断增加，人民生活水平逐年提高，集体经济得到巩固和发展。到1966年相继开办了3个具有历史传统和当地特点的手工脊兽窑。

第三阶段：1966—1976年，"文化大革命"时期。当时的生产班子顶住各种压力发展生产。努力提高农民文化知识，积极开展科学种田，办起了"农中"一所。1969年建村舞台3间、砖窑库房9孔及革委会办公楼。1971年老村上电。1976年发动群众集资在军家坡旱地打深井一眼，使300亩旱地低产田变为保浇高产田，粮食产量翻了一番。

1977—1978年主要是落实了党中央拨乱反正的政策，全村上下齐心协力，以经济建设为中心，稳步发展生产，集体经济不断壮大。

第四阶段：1978—2018年。党的十一届三中全会以后，随着联产承包责任制的实行，极大地调动了广大群众的积极性。村委会先后于1983年建轮窑砖厂一座。1986年上自来水，在新村建砖场一座，打深井4眼。1987年兴办洗煤厂一座。形成以农为主，工、商并举的新格局，村民基本解决了温饱问题。在壮大集体经济，人民生活较为充裕的同时，村委会集资28万元，兴建教学楼一座，开办初中（初一、初二年级是双轨制，各两个班，初三为一个班），为实施"九年制义务教育"迈开了新的一步。

1984年，重新恢复乡镇村管理体制，西窑头大队更名为西窑头村，并成立村民自治组织——村民委员会。其成员由全体村民海选产生，这一变化标志着我国农村的民主化进程向前推进了一大步。随着改革开放的深化，西窑头村的经济状况不断好转。特别是从2013年开始，西窑头的灰陶琉璃产业异军突起，每年收入1.2亿元。2017年，又按照中央提出的"产业兴旺、生态宜居、乡风文明、治理有效、生活富裕"的"乡村振兴"20字总要求，建设了"灰陶琉璃产业园区"。村经济更加繁荣，产业更加兴旺，村容村貌发生巨变，并建起了10栋住宅楼。

二、村行政机构任职沿革

任职时间	村委主任	村委副主任	委员
1947—1948	张红章(农会主席)		张满存　周金殿　吕鸿才
1948—1950	张满存(农会主席)		周金殿　吕鸿才　张红章
1950—1951	吕鸿才(农会主席)		张满存　周金殿　张红章
1951—1953	周德印		吕鸿才　周金殿
1953—1954	吕鸿才		周长太
1954—1957	周景龙(社长)	吕鸿才(副社长)	周长太　周金殿
1957—1958	周振祥	周长太	周林江
1958—1960	周景龙	吕鸿才	
1960—1967	吕鸿才		
1967—1968	张茂才(文革小组负责人)		周天驹　周金立　卢锁娃
1968—1969	周景龙	周大命	周金立　周长太　周省科
1969—1970	周景龙	周大命　周昌印　周省科	赵全家
1970—1975	周景龙	周昌印　周省科	侯茂生　吕鸿才　周宗降　赵全家
1975—1976	周锁建		赵全家　周宗降
1976—1977	周景龙	周海录	侯茂生　周宗降
1977—1984	周海录	周宗明　周金立　周建廷　侯硬录	周伟来
1984—1985	周建廷	侯仲学	周伟来
1985—1986	李敬禄	侯仲学	周伟来
1986—1995	周海录	周建廷　周永光	侯连生
1995—1998	周宗强	周海录　周建廷	侯连生
1998—2001	侯建章	周海录　周建廷　周　斌	米淑梅
2001—2006	周吉荣	周　斌	
2006—2010	周明芳	吕建国　周青山	周大宾　周少廷
2010—2012	周明芳	米　豹　周大宾	赵永伟　安丽娜
2012—2015	周　斌	赵永伟　吕建军	周乃民　安丽娜
2015—2017	周　斌	周耐民　周　勇	安丽娜　吕建军

任职时间	村委主任	村委副主任	委员
2017—2018	周　斌	周乃民	周　勇　安丽娜

张红章

张满存

吕鸿才

周德印

周景龙

周振祥

张茂才

周锁建

周海录

李敬禄

周宗强

侯建章

周吉荣

周明芳

周　斌

西窑头村历任队长情况统计表

队别	队长	任职时间	副队长	任职时间	畜牧队长（妇女队长）	任职时间
一队	郝金锁	1958	周德才	1960	段四女	1961
	周金殿	1962—1966	周德厚	1961	张仙朵	1962
	侯恩福	1962	周九思	1964	周狗娃	1964

队别	队长	任职时间	副队长	任职时间	畜牧队长（妇女队长）	任职时间
一队	周正海	1963	周永厚	1965	宋秀娥	
	侯恩家	1968	周锁锁	1969	吕荣花	
	周月旺	1973	庞明学	1977	周文娃	1980
	周永光	1974—1975	邵印平	1980	周仲学	1976
	周天驹	1983	周恩发	1980		
	周连锁	1980				
二队	周培良	1960	周存太	1955	崔新娥	1962
	周二忙	1960	周福居	1960	王凤珍	
	周林江	1962	周狗娃	1960	周句科	1971
	李长驹	1967	李应禄	1974	张全娃	1978
	周海录	1975	周吉生	1976		
	周振江	1976	周伟来	1982		
三队	周有发	1960	米保印	1961	高姣娃	1960
	周大命	1963	周省科	1962	卜淑者	1962
	周天锁	1972	刘彦奎	1975	刘彦奎	
	周月旺	1975	米存录	1982	米官元	
	米虎豹	1981				
	周正海	1977				
	米官元	1982				
	周建廷	1976				
四队	侯安家	1956	周正印	1955	周仙朵	1960
	刘成家	1961	周山娃	1955	吕中良	1961
	刘学家	1976	周快发	1957	赵富娥	1962
	周天存	1976	杨香娃	1980	周赘子	1973
	王亮中	1984			周正义	1975
五队	侯灵家	1955	李金照	1955	庞月娥	1958
	侯恩发	1955	吕乃管	1958	周正祥	1980
	侯恩福	1962	张胜学	1962	李仲祥	1980
	吕玉命	1968	侯贵胜			
	赵存家	1971	庞明学	1968		
	刘福立	1973	周永祥	1978		

队别	队长	任职时间	副队长	任职时间	畜牧队长（妇女队长）	任职时间
五队	赵印生	1981	周正祥	1981		
	侯建康	1982				
六队	赵丁斋	1960	赵好管	1961	周桂枝	1962
	郝金锁	1962	侯江子	1961	柴月仙	
	侯恩家	1968	侯彦江	1978	侯硬录	1975
	赵建民	1978			侯彦江	
八队	周大命	1972—1973	刘五子	1972—1973		
	周马驹	1974—1975	侯仲生	1974—1975		
	周金立	1976—1977	侯仲生	1976—1977	周九思	1976—1977
	周正发	1976—1977	周增立	1976—1977	周振堂	1976—1977
	周金立	1978	侯仲生	1978	刘五子	1978
	周马驹	1979—1982	侯仲生	1979—1982		
	侯贵胜	1983—1985	侯仲生	1983—1985		
	周有命	1986—1979				
	周勤驹	1998—2003				
	周生荣	2004—2013				
	周天保	2014—2015				
	庞　斌	2016				
	李　锋	2017				

三、1992年前西窑头村自然概况及经济发展情况

西窑头村是个自然条件较好的村子，宜农、宜林、宜牧、宜工、宜商。经济发展速度在全县属中等水平。

自然条件：四大优势

一是农业优势。首先是人均土地在城关镇属中等水平。中华人民共和国成立初，人均二亩多地，尽管近年来，人口急剧增加，耕地面积锐减，但人均土地仍高于城西几个村子。其次是土质肥沃，不沙不黏，宜于耕种。再次是水利条件较好。到1992

年，全村耕地已有95%以上为水地，而且多属井灌小水园地。第四是长期以农为主的生活方式，加上农业新技术的推广应用，使全村农耕技术有了一定的水平。全村的粮棉产量从20世纪70年代开始，基本上属递增状态。到1992年，小麦亩产600斤。稳中有进，粮食单产已突破1000斤。棉花等各种经济作物的亩产效益也逐年递进。

二是地理优势。西窑头地处城郊，既靠县城，又靠公路，铝厂、陕西韩城市亦都在百里之内。这就给发展运输、建材、商店等创造了十分便利的条件。

三是资源优势。西窑头紧靠北坡高垣。村北有大片梯田，土质属黏土，是制作砖瓦的极好原料。紧靠村子禹王庙下有取之不尽的沙砾土，最宜建筑用沙。

四是传统优势。中华人民共和国成立前，西窑头的砖瓦土陶业就很发达，特别是脊兽、滴水在全县首屈一指。中华人民共和国成立后，以砖瓦、脊兽为主的土陶业更加兴旺。

上述四大优势，给西窑头村的经济发展带来了得天独厚的条件。中华人民共和国成立后40余年的经济发展之路，大致可分四个时期：

一是互助合作化时期。时间大致在20世纪50年代，此阶段由于人均土地较多，天年较好，政治气候也较安定，因而生产相对稳定，村民的生活基本上处于温饱状态。

二是三年自然灾害及恢复时期。此阶段大致在20世纪60年代，此时已是人民公社化时期，西窑头作为一个生产大队，集体经济力量十分薄弱，加之水利条件差，农业收成不好，因而经济状况十分拮据。多数社员都是口粮不足，花钱紧张，唯一的补充手段就是靠自留地种点经济作物，妇女们织点土布卖钱买粮，勉强维持生活。

三是农业学大寨时期。此阶段大致是20世纪70年代。这十年在狠抓学大寨，艰苦创业的大气候下，全村社员生产干劲较过去大有增加，支部班子也及时改变生产基本条件，兴修水利，平田整地，并推广应用农业新技术，因而粮棉产量大幅度提高。大队和小队兴办的砖瓦厂、脊兽窑也发挥了效益。这样，多数社员的生活水平较之20世纪60年代大有改观，集体经济相对厚实。

四是改革开放初期。这主要是20世纪80年代以后,党的十一届三中全会精神犹如春风化雨,家庭联产承包责任制极大地调动了村民的生产积极性,土地潜能得到了极大的发挥。由于劳力大量剩余,因而许多农民转移到其他非农行业：建材、建筑、运输、商业、炼焦、养殖等各种专业户应运而生,村民的个人收入逐年增加。据初步统计,到1991年,全村325户,多数户在经营土地之余,亦经营其他产业。其中经营砖瓦脊兽滴水的36户,养车75户,经营商业的53户,炼焦的6户,养鸡养猪的6户,经营其他产业的16户。

同时,集体经济也快速发展。到1991年,全村已有大型砖厂一座,中型砖厂一座,小型砖厂4个,洗煤焦化厂一个,还有一座投资70万元的玻璃纤维厂还在筹建之中。

经济振兴极大地提高了村民的生活水平,到1990年全村经济总收入173.5万元,人均收入401元,同最困难的20世纪60年代相比翻了四五番。

西窑头村（1949—1998）主要经济指标统计表

年份	总户数（户）	总人口（人）	粮食总产量（吨）	小麦总产量（吨）	棉花总产量（吨）	油料总产量（吨）	大牲畜总头数（头）	生猪头数（头）	全年总收入(万元)	人均纯收入（元）	耕地面积(亩)
1949	194	925	150	100	10	-	115	-	-	-	2496
1952	201	986	173	108	13	-	104	19	-	-	2496
1959	240	1136	178	121	13	-	121	28	6	35	2525
1962	267	1239	228	100	4	-	108	17	7	35	2120
1965	276	1380	316	168	12	-	108	284	14	58	2120
1970	324	1584	329	152	12	-	136	135	15	60	2108
1975	366	1795	518	293	10	-	141	475	23	65	2108
1980	421	1917	664	275	18	-	155	415	32	-	2108
1985	425	2080	650	480	4	-	85	300	174	551	2063
1989	568	2294	791	558	4	68	26	150	196	440	2036
1990	568	2294	894	540	-	51	42	50	173	400	2036
1991	568	2294	791	558	4	68	26	150	196	440	2036

年份	总户数（户）	总人口（人）	粮食总产量（吨）	小麦总产量（吨）	棉花总产量（吨）	油料总产量（吨）	大牲畜总头数（头）	生猪头数（头）	全年总收入（万元）	人均纯收入（元）	耕地面积（亩）
1992	574	2352	940	540	5	31	51	225	321	577	2036
1993	574	2364	911	540	4	31	53	210	339	732	2036
1994	574	2384	859	443	1.2	56	10	20	608	747	2036
1995	586	2481	1425	487	5	56	96	104	829	1620	2036
1996	595	2506	801	417	-	32	134	404	879	2046	2036
1997	595	2514	715	463	2.7	10	2	591	-	2332	2018
1998	598	2535	920	506	5	1	47	384	1061	2375	2018

西窑头村（1998—2018）主要经济指标统计表

年份	户数(户)	人数(人)	粮食(吨)	小麦(吨)	总收入(万元)	人均纯收入(元)
1998	598	2535	920	506	1061	2375
1999	601	2558	754	399	1077	2416
2000	603	2594	855	470	1119	2529
2001	605	2629	997	378	1001	2731
2002	606	2633	689	378	2288	2960
2003	616	2651	541	454	2026	3576
2004	840	2760	1175	380	2126	4498
2005	787	2782	737	293	2386	5352
2006			636	325	2516	6000
2007	783	2853	704	300	2780	6599
2008	644	2887	717	313	3104	7548
2009	644	2904	805	314	2259	8195
2010	644	2902	972	410	4016	10397
2011	644	2892	999	416	3300	11411
2012	644	2905	1077	542	5235	14033
2013	678	2890	927	445	5257	14036
2014	678	2890	1233	618		

年份	户数(户)	人数(人)	粮食(吨)	小麦(吨)	总收入(万元)	人均纯收入(元)
2015	695	2811	1080	540		
2016	650	2800	1052	512		
2017	660	2800	1100	560		
2018	683	2902	895	572	5891	14850

第五章　群团组织

第一节　共青团

中国共产主义青年团是中国共产党领导下的先进青年群众组织，是中国共产党的得力助手。西窑头村团支部成立于1954年，第一任团支部书记是周全发（1队），团员有李庆禄、吕玉命、周全发、侯恩全等4人。

团支部成立以后，不断加强自身建设，团员人数逐年增加，1965年发展到24人。1972年共有23人。在上级共青团组织领导下，西窑头团支部带领全体团员，投入社会主义建设事业当中。在各个历史时期配合村党支部、村委会发挥了重要的作用。尤其是开展"争当新长征突击手"活动，以共青团员为主的青年突击队，在贯彻落实党的不同历史时期的总路线及各项方针、政策方面；在入社、大跃进、扫除文盲、贯彻《新婚姻法》、农业学大寨、打井灌溉、平田整地、抗洪抢险、植树造林等各项工作中充分发挥了作用。

本村历任团支部书记有：周全发、侯恩全、吕玉命、周明立、冷碧玉、周锁锁、张茂盛（副书记）、赵全家、周宗降、周天驹（副书记）、周锁建、周有福（团课教员）。

1954—1956年，周全发任村团支部书记。

1956—1958年，侯恩全任村团支部书记。

1958—1960年，吕玉命任村团支部书记。

1960—1962年，周明立任村团支部书记。

1962—1963年，冷碧玉任村团支部书记。

1963—1966年，周锁建任村团支部书记。

1969—1973年，赵全家任村团支部书记。

1973—1977年，周宗降任村团支部书记。

周宗降（第二排中间）领奖照片

周宗降任团支部书记期间获团县委"红旗集体"奖，旗上写有"抓纲治国学大寨，战天斗地做贡献"。

1978—2018年由分管副书记或支部委员代管共青团工作。

第二节　妇女联合会

妇联是中国妇女联合会的简称。1949年5月，河津县成立了"民主妇女联合会"，下辖5个区妇女工作委员会。1954年全县都建立了妇委会。乡以下的村都配有妇女干部1名，协助各级政府组织妇女进行革命和建设。1956年，全县合并为17个乡，各乡都成立了民主妇女联合会。1957年11月，县民主妇女联合会改称"县妇女联合会"。妇联的基本职能是代表和维护妇女的权益，促进男女平等，其任务有三项：一是团结动员妇女投身社会主义革命和建设事业；二是教育引导广大妇女发扬自尊、自信、自立精神，提高综合素质；三是代表妇女参与国家和社会事务的民主决策、民主管理、民主监督，维护妇女儿童合法权益。

1954年，西窑头村成立了妇联，第一任妇联主任是魏二妮。妇联成立之后，在村党支部的领导下，积极组织广大妇女参加集体劳动和识字扫除文盲活动。尤其是在贯彻落实《新婚姻法》，反对买卖婚姻，提倡婚姻自主方面做出了重要贡献。

改革开放以来，妇联更是发挥了"半边天"的作用，在创建文明家庭、维护妇女合法权益等方面做出了突出贡献。特别是在计划生育工作中，更是发挥了不可替代的重要作用。

本村历任妇女主任：首任主任是魏二妮，继任者先后有高永当、陈春香、张巧兰、米淑梅、安丽娜。

第三节　农会及贫下中农协会

一、农会

农会是农民协会的简称，是民主革命时期，中国共产党领导下的农民群众组织。以贫雇农为核心，主要任务是领导贫雇农推翻封建制度、平分土地。土地改革时期，中央提出"一切权力归农会"，所以农会曾一度成为农村唯一的权力机构。1951年随着土改运动的结束，各级农会组织也自行消失。

西窑头村农会组织成立于1947年，当时在上级党组织的领导下，参与了斗地主、分田地、分房屋、分财产、划成分、维护贫雇农的合法权益，为党在农村的各项工作开展起到了积极的推动作用。

西窑头村农会首任主席是张红章（任期一年）。第二任主席是张满存（任期两年），副主席周三斗，委员赵丁斋。第三任农会主席是吕鸿才（任期两年）。

二、贫下中农协会

贫下中农协会简称贫协，是1963年根据《中共中央关于目前农村工作中若干问题的决定（草案）》要求重新组织阶级队伍而建立。各县开始建立贫下中农组织，召开贫下中农代表会议，成立贫下中农协会，与县委办公室合署办公。接着各区、公社和大队都建立了相应的协会组织，生产队建立了贫协小组。大队有贫协主任，生产队有贫协组长。主要任务是协助社教干部在本大队"清政治、清经济、清组织、清思想，用忆苦思甜的方式对干部和群众进行教育"。"文化大革命"中，贫下中农管理农村的一切事务（包括管理学校），成为生产大队领导班子中的主要成员。1978年，党的十一届三中全会后，随着农村地主、富农全部摘帽，贫协组织消失。

首任贫协主任是卢管锁。1964—1965年张胜学任贫协主任。1965年周林江任贫协主任（副书记兼）。1973年赵全家任贫协主任，委员：邵印平、周振江、周省科、高锁子、侯恩发、郝金锁。

各生产队还有贫协组长：一队：周穆子。二队：周振江、张茂才。三队：米官元、周印发、刘彦奎。四队：周正义、周家福。五队：吕乃管。六队：侯江丁、侯庆龙。七队：赵群家。八队：侯贵胜。

另外还有贫下中农管理学校人员：赵全家（大队贫协主任兼）。

第四节　县（市）人大代表、政协委员

一、人大代表

稷山县第四届人民代表大会代表（河津县当时并入稷山县）：赵巧凤（1960年）

河津县第六届人民代表大会代表：陈春香（1965年10月）。

河津县第七届人民代表大会代表：高永当（1981年5月）。

河津县第八届人民代表大会代表：赵全家（1984年9月）。

河津县第九届人民代表大会代表：侯贵胜（1987年9月）。

河津县第十届人民代表大会代表：周海录（1990年5月）。

河津县第十一届人民代表大会代表：周海录（1993年8月）。

河津市第一届人民代表大会代表：周立生（1994年4月）。

河津市第二届人民代表大会代表：周立生（1998年6月）。

河津市第三届人民代表大会代表：东窑头人吕彦堂（东西窑头为一个选区）。

河津市第四届人民代表大会代表：周明芳（非党员，2006年）。

河津市第五届人民代表大会代表：安丽娜（2010年6月）。

河津市第六届人民代表大会代表：安丽娜（2014年）。

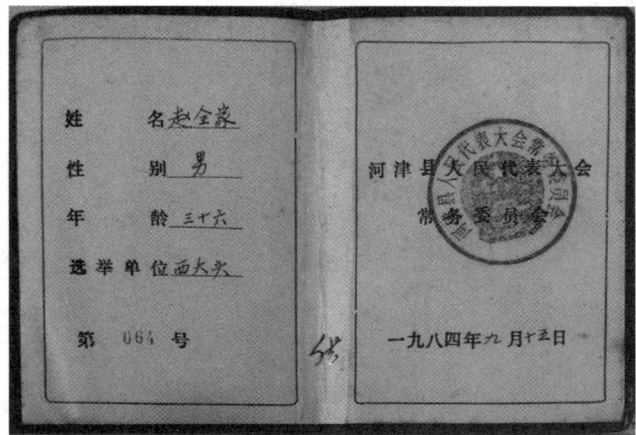

赵全家代表证

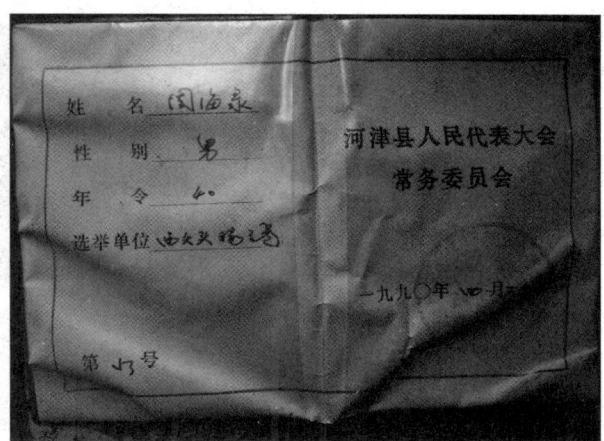

周海录代表证

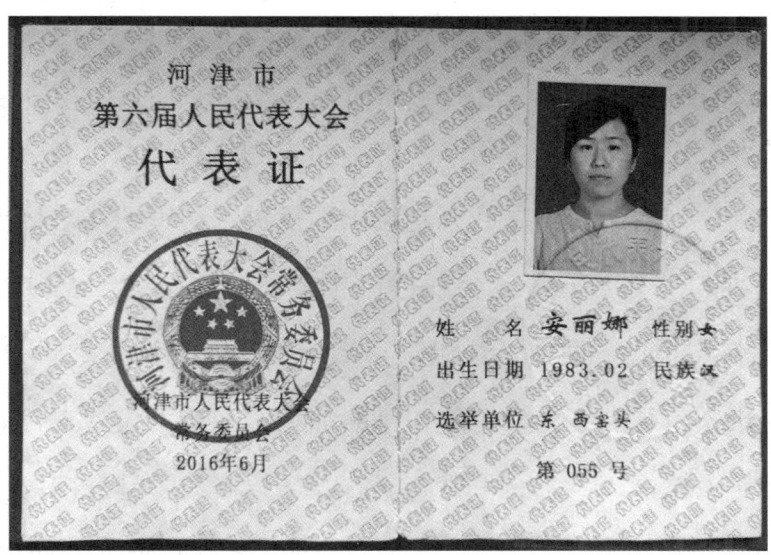

安丽娜代表证

二、政协委员

河津市第六届政协委员：周斌（2014年）。

周斌委员证

第五节　老年协会

随着社会的发展进步，人民生活水平的不断提高，农村人口老龄化也在加快。老有所养、老有所为、老有所乐问题越来越突出地摆进了村里的议事日程。顺应形势的发展，1991年，西窑头村成立了老年协会，主要任务就是组织农村老年人学习、锻炼、娱乐，为老年人开心、健体、送温暖。结合实际因陋就简，开展各种有益活动。近几年来，两委班子重视老年活动工作，不断加大对老协工作的支持。专门建设了老年活动室，供老年人读书、看报、下棋、玩牌娱乐。修建了健身广场，供老年人锻炼身体。每年重阳节，村里都拨出资金，由老年协会统一造册，为全村80岁以上老人送上节日礼品和现金。

西窑头老年协会第一任会长是周长印，第二任会长是周景龙，第三任会长是周振祥。

一、西窑头90岁以上长寿老人有：

齐素兰104岁（李敬禄母亲）

周秀子97岁（侯恩家母亲）

周培良96岁（周文建父亲）

□□□94岁（周九思祖母）

杜世华94岁（赵四民母亲）

周长太93岁（周建康父亲）

周满家92岁（周金发父亲）

侯江子92岁（侯建荣父亲）

吕中良90岁（吕克强父亲）

周印祥90岁（周喜存父亲）

周恩发90岁（周伟平父亲）

马五龙90岁（周亮锁父亲）

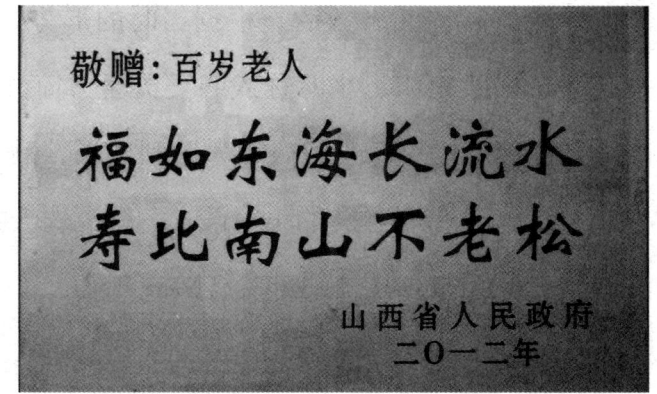

2012年齐素兰100岁时，山西省人民政府赠给她的牌匾

二、2018年底还健在的90岁以上老人：

郭苏娃91岁（周伟来母亲）

黄玉川90岁（米勤昌母亲）

张印娥90岁（周青山母亲）

第六节　民兵组织及复退军人

一、民兵的任务

民兵是中国共产党领导下的不脱离生产劳动的群众武装，是我国武装力量的重要组成部分，不同的时期担负着不同的任务。

1947年河津解放后，根据当时的形势，全县85个行政村在成立农会的同时，都建立了民兵组织，当时称武装委员会（简称武委会）。主要任务是宣传发动群众积极参加土改运动，保卫土改斗争胜利成果，锄奸反特，维护社会治安，保卫新生政权及相关工作。武委会设主任一人，一般由农会委员担任，西窑头村首任武委会主任是周金殿，民兵指导员是周景龙（1951年）。

1956年，随着形势的发展，武委会正式改称为民兵组织，属连级建制。

1956年，西窑头村组建了民兵连，首任连长是张茂才。西窑头村民兵组织发展到最高潮时期，全村民兵连有基干民兵200人。民兵组织在配合村里打井、兴修渠道、填沟造田、植树造林、抗洪抢险、保卫夏收以及维护社会治安、打击犯罪分子等方面做了大量工作。

新时期，民兵连仍肩负着维护社会治安，为中国人民解放军输送合格兵员和优抚工作的重任。据不完全统计，从解放战争以来到2018年底，本村先后有127名复员退伍军人。在所有这些人员中，最有名的是侯安家，曾参加过淮海战役、解放华中、解放大西南等战役，并多次立功受奖。周正科、周印发、周大命（东头）还参加过抗美援朝战争。周福存曾参加过"对越自卫还击战"。其次是周长印、侯恩福等。

二、民兵营（连）长

张茂才（1956年任村民兵连长）

周全发（1959年任村民兵连长）

侯恩福（1963年任村民兵连长）

侯恩家（1967年任村民兵连长）

周昌印（1971年由县武装部任命为民兵营长）

周有福担任过营部文书

三、西窑头村复退军人名单

姓名	性别	参军时间	复转时间	职务	姓名	性别	参军时间	复转时间	职务
张茂才	男	1946.3	1954.10	副排	侯建设	男	1973.1		副师
侯安家	男	1947.4	1956	连级	徐惠民	男	1974.4	1977.4	
周长印	男	1947.4	1975.11	正连	侯建堂	男	1965.1	1969.12	
侯恩福	男	1947.4	1954.7	正连	米智军	男			
周振祥	男	1949.8	1957.4		侯江鹏	男	2000.12	2013.6	
周天驹	男	1949.2	1955	班长	周宗强	男	1978.11	1983.1	
周印发	男	1949.1	1962.4	少尉	周茂军	男	1989.3	2013.11	
周正科	男	1951.1	1958.3		周长红	男	2005.12	2013.12	
周大命	男	1951.12	1956.6		侯茂奎	男	1975	1980	
庞文学	男	1951.12	1956.6		周明发	男	1980.1	1984.1	
米明立	男	1953.1	1957.5		周根生	男	1983.1	1987.1	
周存立	男	1955.7	1962.5		马五龙	男	1949		
周全发	男	1956	1958.4		周学句	男			
侯徐恩	男	1956.3	1961.8		李云平	男	1991.12	2005.5	
周创生	男	1955.3	1960.3		卢瑞军	男	2001.10	2006.12	
周宗堂	男	1958.1	1978.9		周宏杰	男	1995.12	1998.12	
杜占龙	男	1958.3	1978.1		侯秦鹏	男	1993.9	1999.8	
周昌印	男	1958.3	1961.3		周文鑫	男			
周创命	男	1957.12	1961.12		赵晓平	男			
张狗娃	男	1958.3	1961.8		周国华	男	1998.12	2000.12	
侯六斤	男	1958.12	1961.9		周国峰	男	2001.12	2003.12	
侯恩家	男	1959.12	1965.12		郝世荣	男	1975	1980	
侯登新	男	1965.9	1969.9		米永杰	男	1990.3	1994.1	
周创明	男	1965.9	1969.9		周光启	男	1985.10	1989.4	
周建生	男	1965.1	1970.1		米志勇	男	1987.11	1990.12	
周茂管	男	1965.9	1969.9		米波波	男	2006.12	2008.12	
侯建堂	男	1965.9	1969.9		周庆昌	男	1973.1	1976.4	
高德吉	男	1965.9	1969.9		侯天民	男	1983.10	1988.1	
吕克强	男	1965.3	1969.3		周宗强	男	1978.11	1983.1	
阮泉锁	男	1969.4	1973.2		周俊杰	男	1982.1	1983.7	

姓名	性别	参军时间	复转时间	职务	姓名	性别	参军时间	复转时间	职务
周连锁	男	1970.1	1975.12		周俊平	男	1983.10	1987.1	
侯仲学	男	1971.1	1976.2		米东勇	男	1993.12	1996.11	
周宗民	男	1973.1	1976.4		周俊杰	男	1980.1	1983.1	
周宗宽	男	1977.1	1983.1		周喜珍	女	1995.1		上校
柴五收	男	1973.1	1976.4		侯秦霞	女	1995.9		
周振民	男	1978.11	1982.1		吕长有	男	1980.11	1983.7	
侯江林	男	1978.11	1981.1		侯效堂	男	1978.11	1982.1	
周九亿	男	1974.4	1978.10		侯建虎	男	1984.10	1988.1	
米建民	男	1978.11	1982.11		周东朋	男	2002.12	2004.12	
周亮锁	男	1983.10	1997.8		王圣琳	男	2007.12	2012.12	
侯国勤	男	1996	1999		王居城	男	1987.11	1990.12	
周晓峰	男	2003.9	2017.5		张建立	男	1973.1	1975.3	
李云汉	男	1989.03	1991.11		周强	男	2013.9	2018.9	
李云刚	男	1994.12	1997..12		侯金锁	男	1968.12	1971.12	
李云龙	男	1987.11	1992.4		周国平	男	1995.12	1998.10	
周青山	男	1984.10	1988.1		周福存	男	1978.1	1985.12	
周新发	男	1959.12	1964.2		武俊杰	男	1999.12	2001.12	
周喜勤	男	1980.1	1984.1		周喜勤	男	1980.1	1984.1	
周马驹	男	1956.3	1960.4		王居成	男	1987.11	1987.10	
周晓平	男	2001.10	2006.12		侯晋川	男	2011.12		班长
侯贵成	男	1985.10	1990.10		周津津	男	2018.9		
侯彦河	男	1976.12	1987.6		周世企	男	2011.8		技师
周琪森	男	2013.9	2015.9		周俊峰	男			
周建明	男	1978.3	1985.1		周文涛	男	2012.12		
杜楼生	男	1991.8	1995.6		周靖刚	男			
马海	男	2015.10			周志鹏	男	2017		
武增杰	男	1999	2001		杨志星	男	2014.9	2019.9	
王飞	男	2017		士官	米智杰	男			

四、立功受奖情况

侯安家在部队时的照片

侯安家所获奖章、纪念章

侯安家——正连级干部，在全国解放战役中多次获奖。

1. 华北解放战役纪念（1950年）。

2. 全国人民慰问人民解放军代表团赠（1954年2月17日）。

3. 淮海战役胜利纪念，中国人民解放军颁发（1946年11月5日）。

4. 解放西南胜利纪念，中国人民解放军西南军区颁发（1949年1月12日）。

5. 解放华中南纪念章，中南军政委员会颁发。

周印发：1952年7月、10月先后立二、三等功各一次。

张茂才：1947年在太岳区受物质奖一次，西北进军获奖一次，共获7次奖。

周创生：曾获集体二等功一次。

侯六斤：获五好战士标兵，参加师直代表大会。

第六章 新农村建设

第一节 民宅建设

一、中华人民共和国成立前民宅建设布局

河津解放之初，西窑头村在全县属于一个中等村，全村194户，925人。村庄平面地形从西北到东南呈菱形。主要巷道有4条：米家巷、周家巷、宁家巷、侯家胡同，还有东西埝等。大致以南北纵贯全村的沙壕为界，沙壕以东，中北部为周家巷、东埝，南部为米家巷；沙壕以西，从北向南依次为侯家胡同、宁家巷、西埝。

周家巷巷道呈东西走向，东起关门口，周恩锁家（北）、周荣禄家（南）、周建军家（北），西至周万福家，全长约200米。另外，南北有2条胡同通官道。一条南起周永光家，北到周降林家；一条南起周吉荣家，北到周启发家。还有一条南胡同，在周江海北房西。

米家巷呈东西走向。东起东大门楼米五立老院（北），西至米万存家（北），全长约80米。

侯家胡同于明嘉靖年间初建，呈南北走向。最初北起今侯茂生老院，南到今郝小呆家，之后随着赵姓、吕姓等人家迁入，向北向东延伸，河津解放之初北到甜水井

（今侯连生家），东到沙壕（今吕六锁家），南北长约150米。

宁家巷呈东西走向，巷道东起沙壕侯满喜家（北）、杜占龙家（南），西至刘六子家（北）、刘徐生家（南），全长约200米。

西埝巷呈东西走向，最早由高姓人家落户。河津解放之初巷道东起沙壕、张丙仁院（北）、高建中院（南），西至高茂中老院（北）、刘发家院（南），全长约100余米。

二、中华人民共和国成立后民宅建设

从1947年河津解放到1960年，村里基本无人建房，只有极少数无房居住的人家在个人的场院、马房及村内空闲地块建起了房屋。如吕鸿才、周海发、李金照……后期又分别有赵志明、刘六子、刘徐生、刘发家、侯安家等人建起房子。

1961年开始，又分别先后在周家巷关门外，宁家巷西头紧靠老巷道南北两边，占用耕地10余亩，建了20余户民宅。有周全发、郝金锁、周德印、张根娃、邵印平、柴新发、周穆子等人。

1962年，核算单位下放，中央实行村土地集体所有，队为基础。根据当时村民住宅的需求规划了16家。

1966年，在村北5里外的军家坡下，规划了一个自然村。南北2条巷，东西2条巷，包括队部、马房、场院共占地50余亩，先后有50家建起了住房。这是窑头村在中华人民共和国成立后最大规模的一次整体性迁徙。目的是为了"远地近种"，1972年后因交通、吃水、学生上学等困难而终止。到现在这个自然村已发展成为82户、380人，占地80余亩，南北6条巷道、东西3条巷道的一个小自然村。在原周家巷老爷庙原址规划了米五立、周金居、柴五收、周发科等宅院。

1975年村革委会又在村北的杨树圪窝、村西的米家园占地10亩，规划了18家宅基地（第一批8家，第二批10家）。

1979年，村委根据当时村民的需求。抽调了村东的桃树园、米家巷南（3队地）、前园（1队地）、米家园（6队地）和村委会东边的杨树圪窝地，共计180余亩，规划了83家宅基地，这是全村最大一批统一规划的住宅建设。

1980年改革开放后，土地承包到户，为了筹集资金打深井（4号井），又抽出20余亩土地，规划了40余户宅基地。地点在米家园、桃树园、前园等地。

1985—1988年占用老学校、各生产队马房、场院及部分耕地先后规划了113家宅基地。

1992年村里为了筹集资金建中学，占用30亩地，规划了47户宅基地。

1997年占地10亩，规划20家宅基地。

三、家属楼规划建设

2009年，为了节约用地，根据市城区办的提倡和村民的要求，在村西北角，分别抽调2队50亩、3队10亩、4队10亩，共计70余亩土地，开始建住宅楼。2011年建起了4号楼，2012—2017年建起了1、2、3、5、7、8、9、10、11号楼。

1号楼4个单元48户，2号楼3个单元36户，3号楼2个单元24户，4号楼2个单元24户，5号楼2个单元24户，7号楼3个单元36户，8号楼3个单元36户，9号楼2个单元24户，10号楼3个单元36户，11号楼5个单元60户。

到2017年底共建住宅楼10栋，29个单元348户，总建筑面积38280平方米，总造价5568万元（包括小区内广场、公房等建筑及绿化、硬化、亮化工程）。

工程由小梁马家庄工程队承建。

第二节　公共设施建设

一、学校建设

1.原周家巷老祠堂学校建设

1951年在周家老祠堂北边，现在周宗海家的位置建了三间教室（北教室）。监工李长驹，匠工周吉庆，时任村主任周德印。

1953年又在北教室西侧建了3间西房，分为两个教师办公室兼宿舍。监工李长驹，匠工周吉庆，时任村主任吕鸿才。

1959年又在原学校操场南边，现在周二民家的位置建了一个学校"八字"大门楼，时任书记吕鸿才，主任周景龙。

2.关岳庙遗址新学校建设

1964年，村里在原关岳庙遗址（现侯茂生、侯正江、周全发、周茂军宅基地）建起了西窑头村新学校，共三排5个教室。每个教室旁还附设教师办公室兼宿舍，建了两间灶房，总建筑面积320余平方米，投资1.8万余元。匠工为本村郭克俭、吕乃管、周正命、周正海等人，时任书记为周景龙，村委主任吕鸿才。

3.新大队院原小学教学楼建设

1985年，村里在今武校所在地建起一栋砖混水泥结构、预制板覆顶的两层教学楼。总建筑面积1080平方米，8个教室，总投资15万元，由小梁西坡工程队承建。此教学楼1991年归城关镇西片中学租用，直到2013年中学停办，现在归河津市武校使用。时任书记周海录，村委主任周建廷。

4.现西窑头小学教学楼建设

1991年建成，砖混水泥结构，预制板覆顶，三层10个教室。总建筑面积1630平方米，总投资38万余元。由小梁乡小停工程队承建。时任书记周立生，村委主任周海录。

5.1994年在现舞台西边建楼板房5间，砖混结构，建筑面积108平方米。分两个教室，一个教师房，总造价3万元。匠工周勤立，时任书记周立生，村委主任周海录。

6.新村学校建设

1986年在原旧舞台两边建10间平房，大约200平方米，作为小学教室。匠工为周九思、周勤居，时任队长周有命。

二、村委办公场所建设

1. 1956年村里成立高级社后，集体经济有所发展，根据当时的需要，首次在现在的河津武校院址建起了社委会办公室，共6间，100余平方米，土木结构，全部是义务投工。匠工周吉庆，时任支部书记周金殿，社长周景龙，副社长吕鸿才。

2. 1974年，在现在的舞台东边建起了管委会办公楼，砖木结构，2层。一层是砖窑洞，共4间，二层是房子，共5间，并带有走廊。总造价2万元。匠工郭克俭、吕乃管，时任支部书记周景龙，主任周锁建。

3. 2006年，拆除原村委办公楼及窑洞库房，在原址建起一座办公房，总建筑面积144平方米，砖混结构一层五间。连同广场硬化3420平方米，绿化150平方米，包括亮化工程，总投资21万元。由本村周茂杰工程队承建，时任支部书记周宗强，主任周明芳。

三、其他公用设施建设

1. 大库房建设

1958年，由高级社转化为人民公社。村里在大炼钢铁的高潮中建起了一座大库房，地址在现武校院址，土木结构，五檩、四坡、二架梁，共5间。东西摆间18米，入深10米，总面积180平方米，前面还有150余平方米大晾晒台，投资6000余元。当时的人工费全部是本村社员记工分，这个库房由周吉庆设计建造。时任书记吕鸿才，主任周景龙。

2. 门楼、油坊建设

1959年在老大队院，现在的武校院址建了东、西两个门楼各一间，同时建了油坊。

3. 代销店、保健站建设

1962年建代销店3间，1963年建保健站4间，地址在现武校院东西房位置，全部为土木结构，总面积60平方米，总投资1000元。匠工周吉庆，时任书记周景龙，主任吕鸿才。

4. 窑洞库房建设

1968年，根据当时粮棉产量逐年增加的需要，村党支部、革委会研究决定建设库房，位置在现"文化活动中心"院内东边。一排，9孔窑洞，每个窑洞宽4米，长10米，室内面积40平方米，总建筑面积400余平方米。因当时村里有砖厂，为了节省开支，烧砖全部用麦秸秆来烧，共用20余万块砖，投工4000余个，总投资3万余元。工程总负责人吕鸿才，施工李长驹，工匠郭克俭、吕正管。时任书记周景龙。

5. 老舞台建设

1969年在现舞台的地址建了一座小巧玲珑的舞台，五檩、四坡、二架梁、五脊六兽，琉璃瓦覆顶。屋脊正中本应是传统的姜子牙楼，但由于当时正值"文化大革命"，所以由李克良提供一幅北京天安门图案仿制而成。戏台两端八字看墙，顶端用琉璃烧制一扇高60厘米，宽80厘米的匾额，左为"东风"，右为"万里"，由李克良书丹，周治南烧制。舞台大梁头雕有"向日葵""忠"字头图案。"水提板"也称"飞脊板"上书"领导我们事业的核心力量是中国共产党，指导我们思想的理论基础是马克思列宁主义"。琉璃构件全部由本村灰陶琉璃巨匠周治南和他的长孙周海录等人烧制，全部为义务投工，当时周治南已80岁高龄。工程总负责人吕鸿才，施工李长驹，匠工为郭克俭、吕正管。时任书记周景龙。

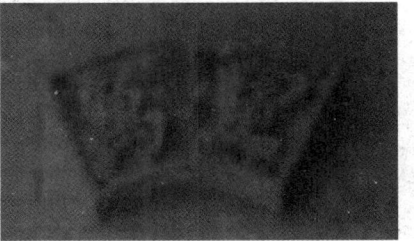

1969年建的舞台及舞台八字看墙匾额"东风""万里"

游泳馆

6. 碧水佳园游泳馆建设

2013年建起了碧水佳园游泳馆，占地13亩，建筑面积3666平方米，总投资3000万元。

7. 西窑头文化活动中心建设

2016年经村领导班子研究决定，建"西窑头文化活动中心"。中间为舞台，融唐代风格与清代结构为一体，借鉴清故宫舞台和洛阳大舞台式样，五檩、四坡、二架梁、明三暗五古款式，正面采用北京中国大剧院式样，东西两侧各有6间两层耳房，分别作为办公、文化活动、老年活动用房，水泥框架结构。

"文化中心"由陕西华建建筑设计公司设计，河津市小梁工程有限公司（马庆荣）工程队施工，2016年底竣工。总投资168万元，时任书记周根生，主任周斌。

2017年新村建的文化活动中心

8. 新村文化活动中心建设

2017年筹建新村文化活动中心，两层12间，380平方米。建设单位为小梁工程队，时任队长李峰。

四、电力设施建设

1. 1971年第一次上电

安装一台50KVA变压器,地点在老大队东侧(周吉生房西面),仅供大队公用设施照明用电。后来扩展到每户限用15W灯泡(白炽灯),再发展到水井、磨面机用电。电工:周立生、周仲学。

2. 1979年第二次改造

换100KVA变压器。杨树井、后头园井和磨面机开始用电。电工:周建堂、刘徐生(1973年)、周徐立(1973年)、赵徐生。

3. 1988年第三次改造

增加周有新房后的100KVA变压器和周宗明代销店前的100KVA变压器。电工:赵徐生、卢胜民、周启发。

4. 2008年第四次改造

村内增容——周家巷东头周有新房后新增315KVA变压器,米家巷西头160KVA变压器,宁家巷西头200KVA变压器,侯家巷200KVA变压器,新村八队100KVA变压器。

新更换的变压器

5. 水井电力设施情况

1号井:80KVA变压器

2号井:50KVA变压器

3号井:(5、6、7、8队合用)50KVA变压器

4号井:50KVA变压器(火柱湾)

5号井:50KVA变压器

6号井：50KVA变压器（后头园）

7号井：村内吃水井，50KVA变压器，1986年安装。

8号井：楼房供水井，50KVA变压器，2016年安装。

6.新村电力设施建设情况

1974年冬第一次上电，安装30KVA变压器1台；2018年改造，安装100KVA变压器1台，电工周崇德。

7.各种电器的发展变化

一是生产用电：水井、电磨、各类加工企业动力用电。

二是生活用电：电视机、电脑、冰箱、洗衣机、空调、电磁炉等各种家用电器。

8.用电情况

1976年9万度、1979年10.5万度、1981年28万度、1985年20万度、1986年24万度、1992年65万度。

灰陶园区有5家较大的厂子，每月电费8万元，全年电费近500万元。其余6家每月电费2万元，全年180万元。

村民生活用电每年2万余度，费用100余万元；公用设施用电费用每年10万元。

新更换的电表箱

五、道路硬化

窑头村自古以来都是土巷道。村民总是晴天一身土，雨天两脚泥。特别是下雨天，道路泥泞难行，人行走困难，小汽车也会打滑抛锚，村民苦不堪言，这种现象一直持续到2000年。

2001年，河津市委、市政府为解决东窑头村与龙岗路交叉路口排水问题，提出从西窑头村排水。几经协商，决定给西窑头村拨款39万元，解决这一难题。时任村党支部书记周建廷，村委主任侯建章召开支村委会议研究决定，利用这笔拨款修建村里主巷道下水道，并硬化路面。责成张茂胜、周海录负责测绘、设计，并做出预算。这是窑头村最大规模的一次巷道硬化工程。具体规格为：

沙渠主干渠：长400米，深2米，宽1.8米，落差4.6‰，流量5.3立方米/秒。

周家巷干渠：长340米，深0.8米，宽0.8米，落差5.6‰，流量2.6立方米/秒。路面硬化：宽4米，厚0.15米。

宁家巷干渠：长450米，深0.8米，宽0.8米，落差2.96‰，流量0.6立方米/秒。路面硬化：宽4米，厚0.15米。

侯家胡同支渠：长350米，深0.8米，宽0.6米，落差4.2‰，流量0.7立方米/秒。路面硬化：宽4米，厚0.15米。

米家巷支渠：长200米，深0.6米，宽0.5米，落差5.8‰，流量0.8立方米/秒。路面硬化：宽4米，厚0.15米。

周家巷北胡同支渠：长230米，深0.8米，宽0.6米，落差5.8‰—13‰，流量1.5立方米/秒。路面硬化：宽4米，厚0.15米。

现武校门前主渠：长210米，深0.8米，宽0.6米，落差4.9‰，流量1.2立方米/秒。路面硬化：宽4米，厚0.15米。

第一期工程从设计到完工历时一年多，硬化巷道2180米。

2003年周吉荣接任，2006年周宗强、周明双接任，三任干部，6年间把全村大小巷道全部硬化，此项工程总长约4500余米，投工20000多个，动用机械1000多台，动用土方4000余立方米，投入资金60余万元。

六年时间，三任村领导干部带领群众团结奋斗，全民参与，一任接着一任干，终于使西窑头村民告别了土巷道的历史。在这一工程中，在外干部职工周文建、李建录、张茂胜等人献计献策，不辞劳苦，为村民造福，功不可没。

2006—2016年先后把全村大小巷道及西环路入村道路全部硬化完成。

新村2003—2018年共硬化道路3000余米。周生荣任职期间硬化2300米。

六、自来水建设

自古以来，西窑头村村民吃水都是用辘轳从井里提水吃，直到20世纪80年代中期仍然如此。尤为特殊的是，西窑头村内（包括东窑头）10米以内地层是咸水。唯独"老爷庙"西北角一眼井是甜水。全村村民（包括东窑头）都是从这唯一的甜水井里担水吃。过去村里的男人们每天早上第一件事就是到这里挑水，由于挑水的人多，还要排队。平常时日能排10余人，过年过节就有二三十人。挑一担水少则半个小时，多则一个钟头，费时费力，还要耽误农活，有时不得不晚上担水。当时，每家每户都备有两个大水缸，一个甜水缸人饮用，一个咸水缸洗涮、喂猪。

水 塔

1986年，时任支部书记周立生，村主任周海录召集班子会议研究决定打深井，上自来水。班子成员分工协作，支部书记周立生在村里负责打井，村主任周海录与老干部周景龙远赴甘肃兰州、河北等地考察购买引水管道。原设想用铸铁管，并建水塔，由于资金缺乏，后改用压力泵，引水管道用聚丙希管。全村干群齐心协力，仅用两个多月时间就安装了9800余米管道，总投资10万余元，使全村村民全部吃上了甘甜的自来水，再也不用每天早上都排队挑水了。

七、天然气、暖气建设

2017—2018老村共安装天然气320户，投资960万元。建设单位为江民海生天然气公司。时任支部书记周根生，村委主任周斌。

新村2014—2015年，周天保任职期间投资15万元，全村安装了天然气，2018年李峰任职期间投资150余万元为全村安装了大暖。

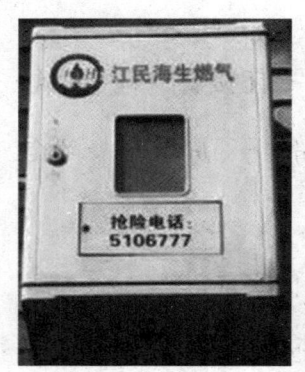 

天然气表箱、天然气灶

第七章 农业、水利、畜牧、林业

第一节 农业

中华人民共和国成立前后,窑头村农作物种植一直采用粗放的原始耕作方式,农业生产水平不高,生产效率低下,抗灾害能力差,因此收成较低。风调雨顺的年景,亩产也就200斤左右,如遇旱、涝等自然灾害,亩产则上不了百斤,甚至绝收。经过几次土地革命,以及手工工具和畜力农具向机械化农具转变、劳动者直接经验向近代科学技术转变、自给自足的生产向商品化生产转变,窑头村的农业发展,才开始逐步摆脱千百年来小农经济的种种弊端,走上高效、规模化、集约化的可持续发展道路。

一、耕地面积

1952年,窑头村共有土地3000余亩。其中,耕地面积2496亩(人均耕地2.7亩)。其中水地面积200余亩,人均水地仅0.21亩,且集中在少数富裕的家庭,用辘轳人工提水,一天最多浇灌半亩地。耕地主要分布于村南45亩、老虎坡底15亩、下秧15亩、杨树井40亩、后头园164亩、米家园25亩、上峡25亩、西川40亩、水叉和102亩、综子和30亩、玉石亩133亩、柿树园99亩、李家峡80亩、麻堰和300余亩、大坦和50亩、军家坡底150亩、军家坡422亩、过阵地95亩、侯家坡底70亩、侯家坡

40亩、李家坡30亩、桑坪25亩、砲子疙瘩28亩、买菜坡30亩、庙坡20亩等。弃耕地500余亩，地块分布于光德川60余亩、史恩庄村北40余亩、官庄峡50余亩、石庄村西30余亩、辛庄村东40余亩、城南100余亩、连伯滩200余亩等。

1957年耕地面积为2525亩，比1952年增加29亩，为垦荒面积。1958年人民公社化时期，村里不少弃耕地被附近的村占用，上级部门还把本村耕地面积中麻堰和300余亩土地划拨给杨家巷、西关。1959年耕地面积为2157亩（人均1.9亩），其中水地面积590亩、沙地621亩、旱地926亩、沟地20亩，其后全村耕地面积基本稳定。1969年耕地面积2108亩（人均1.38亩），其中集体耕地1974亩，社员自留地134亩。在总耕地中，水地面积1200亩，其中，保浇面积850亩。1989年耕地面积2036亩（人均0.89亩），1999年耕地面积2018亩（人均0.8亩）。

二、耕地征占变化情况

1.远距离耕地的处置

中华人民共和国成立前，本村有几户有钱人家，在离村较远的北坡一带及其他地方购置了500余亩土地（前述弃耕地），由于这些地离村较远，各户均不耕种，有的租给他人，有的委托亲戚代耕，麦收后，返给主人一定数量的小麦。

农业合作化后，土地不允许租种，也不允许代耕，只能由集体耕种，受当时的生产条件限制，较远的地又无法耕种，所以形成许多撂荒地。人民公社化后，受"共产风"及"一大二公"思想的影响，还出现过村干部主动把土地让出去的现象，500余亩地就这样给了别的村。

2.土地征用及调（划）拨情况

中华人民共和国成立后，由于公共事业的发展和社会的不断变化，对土地的需求也在不断增加，特别是近三十年来，随着城乡基础设施建设力度加大，土地面积也在不断减少，特别是侯西铁路、108国道、龙门大道、龙国路、龙岗西路、电厂煤灰路、侯禹高速路几条道路纵横交错，把西窑头村的土地"四分五裂"，切割成了棋盘状，难以耕种。

具体占地情况：铁路复线57亩，龙门大道189.17亩，西环路32亩，电厂煤灰路42亩，高速路96亩，龙岗路10.26亩，龙国路119.7亩，晋清学校54亩，武装部18.9亩，卫生监督所5.3亩，消防队15.9亩，游泳馆12.9亩，海能加油站3.33亩，总占地面积达656.46亩。

3.宅基地占用耕地

从1947年河津解放到1960年，村里基本无人建房，只有极少数无房居住的人家在个人的场院、马房及村内空闲地块建起了房屋。如吕鸿才、周海发、李金照……后期又分别有赵志明、刘六子、刘徐生、刘发家、侯安家建起房子。

1961年开始，又先后在周家巷关门外，宁家巷西头紧靠老巷道南北两边建了20余户民宅，占用耕地10余亩。

1962年，核算单位下放，中央实行农村土地集体所有制，队为基础。根据当时村民住宅的需求规划了10余户宅基地，占地5亩。

1966年，在村北5里外的军家坡下，规划了一个50余户的自然村，南北2条巷，东西2条巷，包括队部、马房、场院共占地50余亩。现在这个自然村82户、380人，占地80余亩。

1975年在村北的杨树圪窝、村西的米家园规划了18户宅基地，占地10亩。

1979年，抽调了村东的桃树园、米家巷南（3队地）、前园（1队地）、米家园（6队地）和村委会东边的杨树圪窝地规划了83户宅基地，占地180余亩。

1980年改革开放后，土地承包到户，为了筹集资金打深井（4号井），规划了40余户宅基地，占地20余亩。

1985—1988年占用老学校、各生产队马房、场院及部分耕地先后规划了113户宅基地，基本不占耕地。

1992年村里为了筹集资金建中学，规划了47户宅基地，占地30余亩。

1997年规划了20户宅基地，占地10余亩。

2009年家属楼建设占地70余亩。

三、农作物

农作物包括粮食作物和经济作物。中华人民共和国成立后，本村的粮食作物主要是小麦和玉米，其次有豆类、谷黍、红薯等作物。经济作物主要是棉花、花生等作物。虽然种类较多，但是除小麦和玉米之外，其他农作物均为阶段性小面积种植。

1. 小麦

小麦是全村历史上种植时间最长、面积最广的粮食作物。播种面积在1500亩左右。1959年亩产212斤；1969年亩产243斤；1977年亩产332斤；1986年亩产543斤；1987年种1475亩，亩产362斤；1991年种1375亩，亩产393斤；1994年种1375亩，亩产322斤；2010年后，亩产都在500斤以上。

小麦品种主要有：20世纪五六十年代种植石家庄54号、毛阿夫、西北60号、碧玛1号、碧玛4号；20世纪70年代种植的泰山1号、晋麦7号、丰产3号、卫东8号、向阳2号等；20世纪80年代以后种植的品种主要有：晋麦2号、晋麦11号（5310）、运幅早、小偃6号等；2010年后多种植临丰615、烟农21、济麦22、石麦15等品种。2015年后多种植良星99、良星66、晋麦96、晋麦84等品种。

2. 玉米

玉米是一种相对高产的秋粮作物。由于其对水肥要求较高，早年使用自生种子产量约200斤，故中华人民共和国成立初期播种面积较小。农业合作化时期，开始使用杂交品种，产量有所提高。20世纪六七十年代以前玉米种植主要是麦前一茬，后采取麦田套种、复播等栽培技术，播种面积不断扩大，产量也逐年提高。1961年播种面积257亩，270斤/亩；1971年播种509亩，575斤/亩；1977年播种1066亩，627斤/亩；1994年播种1000亩，742斤/亩；2000年之后保持在1000亩左右，1000斤/亩。

历年来种植的主要品种有：白马牙、金皇后、白单4号、中单2号、中单4号、黄白双交、武单早、西玉3号、运单2号、掖单12号、户单4号、农大108号、郑单

14号、泽玉2号、凌单18号、郑单958号、君实8号等。2010年之后主要品种有：晋单56号、晋单88号、凌单29号、凌单26号；2008年后还种有大丰30号、郑单958号等品种。

玉米用作饲料、食物和工业原料，在20世纪六七十年代村民曾将其作为主食，改革开放后主要用作饲料。

3. 红薯

红薯又名地瓜、红苕、红芙等，是一种高产作物。它含淀粉多，味甜。三年困难时期，为解决温饱问题大量种植，20世纪六七十年代栽种面积较大，且大多数村民整个冬季将其作为主食，后逐年减少，现已基本无人栽种。当时栽种面积在100—150亩，产量由1958年的405斤提升到1977年的1389斤。当时还有"红薯下蛋，一亩一万"的说法。虽然只是个口号，但也说明红薯的产量确实高。2000年后，村里就很少有人栽种了。

栽种的品种主要有：胜利白、农大红、丰收白、八八三、丰薯一号等。

红薯可做粮食、饲料和工业原料，还可加工成薯片干、粉面、粉条等，传统吃法即蒸、煮、烤及与小米一同煮粥。粉面还可以加工成粉条出售。

4. 豆类

中国是大豆的故乡，早在5000年前，大豆就扎根于华夏沃土。本村豆类作物有黄豆、黑豆、绿豆、豌豆等，虽都有种植，但面积较小，产量也不高，一般用作倒茬作物。如本村1965年种植绿豆90亩，17斤/亩；1971年种植大豆91亩，73斤/亩。1990年前后每年种植大豆还保持在100亩以上，每亩产量150斤，2000年后就很少有人种了。

豆类在百姓生活中虽用量较小，但基本上天天离不了。餐桌上常见种类繁多的豆制品，用绿豆生豆芽的村民较多。

5. 谷子

谷子即粟。历史上"五谷"是粮食作物的总称，可见谷在粮食中的重要性。它是一种比较高产的农作物,谷子碾出的小米,养育了古老的中华民族。

本村谷子种植面积在1959年为40亩,1971年为118亩,亩产在270—432斤。因谷子耕作烦琐,易受鸟类啄食,故责任田下放后,本村已无人再种植。最简单、最常用的吃法是小米饭和小米汤。

6.棉花

棉花引进到中国至少2000多年,起初被作为观赏植物,后逐渐认识到其经济价值。棉花曾是窑头村的主要经济作物。中华人民共和国成立前种植面积较少,产量也不高,仅供自家生活所用,商品率极低。农业合作化以后每个生产队均种植棉花,其收入也是生产队的主要收入。

棉田管理从育苗、间苗、整枝、治虫到摘棉花,均由妇女完成。早期种植棉花品种生长期较长,为克服无霜期短的问题,生产队均采用"冷床育苗"的方法,先育好苗,然后移植到田间,从而保证其生长期。其后采用麦棉间播、棉麦套种的办法。新品种"黑山棉"培育成功后,棉花种植就改为麦收后直播。由于棉花种植管理烦琐、费时费工、病虫害较多,改革开放后本村种植面积逐年减少,2000年后已无人种植。

本村棉花种植面积时多时少,最多是1977年的570亩,最少是1972年的154亩;皮棉亩产也时高时低,最高是1959年的74斤,最低是1976年的36斤。种植品种主要有:徐州209号、岱山15号、斯字517号、黑山棉等。

棉花可制成各种规格的棉织品,其坚牢耐磨。吸水脱湿快速,且穿着舒适。棉籽可榨油供人们食用。20世纪80年代之前,广大农村妇女个个都是织布能手,整个家庭成员里里外外的衣服,都靠她们用勤劳的双手从纺线、织布、染布、制衣走完全程,最后穿到每个人身上。

7.花生

花生是食用广泛的一种油料作物,又名长生果。常食用有抗衰老、降胆固醇、增强记忆等功效。1990年后,即家庭联产承包责任制实施初期,社员为了增加家庭收入,采用麦田套种的形式大面积种植,收获的花生大部分出售。种植面积在200—500

亩之间，亩产130—200斤，后因种种原因停止播种。

8.高粱

高粱分食用高粱、糖用高粱、制笤帚用高粱几种。1970年前后，在粮食亩产"想过江（粮食亩产800斤），种高粱"口号的驱使下，本村大量种植高粱。后因高粱营养品质和适口性差被淘汰。1971年种植食用高粱80亩，亩产621斤，在当时确实高产。近年个别村民在弃耕地边角有极少量的种植，主要用来制作笤帚。

9.蔬菜

人民公社化时期，各生产队都种植蔬菜，供本队社员食用，种类主要有笋瓜、茄子、胡萝卜、菠菜等。窑头村的特产是：胡萝卜、菠菜，米家巷南种的菠菜和米家园种的黄萝卜特别有名气。有个顺口溜：阳村的大葱，连伯的韭，窑头的菠菜、胡萝卜立了祖。同时还种有西葫芦、辣椒、白菜、萝卜、芫荽、油菜、葱等常用菜。1980年后，土地承包到户，蔬菜的种植面积大幅增加。1994年，全村种植面积达200亩。

2018年蔬菜种植面积因水利设施问题减少到不足100亩，亩产150余斤。

10.其他

本村曾种植的农作物还有：苜蓿、芝麻、油葵、蓖麻、烟叶、西瓜、莴苣、地黄瓜、甜瓜等，种植时间都较短，面积也较小。

1963—1990年经济作物统计表

年度	人口	户数	土地	总收入	人均收入	粮食总产	亩产	棉花总产	亩产	村办企业数	产值	纯收入	集体积累	其他收入	备注
1963	1298	268	2120	94200	44	510300	211	12100	37				3300		
1964	1353	274	2120	121500	50	633000	266	20900	57				8200		
1965	1380	276	2120	146100	58	633800	275	24400	65				12000		
1966	1423	281	2120	114300	45	577243	219	27800	72				11400		
1967	1460	293	2114	133200	45	624700	242	23600	61				11900		
1968	1506	306	2114	130000	52	551587	231	23500	59				9100		
1969	1531	315	2108	156100	60	702600	297	27900	72				14200		

年度	人口	户数	土地	总收入	人均收入	粮食总产	亩产	棉花总产	亩产	村办企业数	产值	纯收入	集体积累	其他收入	备注
1970	1504	324	2108	158900	60	658000	280	24000	59				12100		
1971	1640	331	2108	169527	60	753716	290	18989	47				11896	7739	
1972	1688	341	2108	205234	50	879901	336	9306	31				19097		
1973	1733	338	2108	214245	68	908378	358	22017	72				21395		
1974	1755	351	2108	222248	67	1025833	415	13623	45				28128		
1975	1795	366	2108	230662	65	1037209	407	20531	56				28862	3450	
1976	1833	385	2108	234051	64	1143339	451	15036	36				29172		
1977	1848	396	2108	231116	63	1122911	418	26209	62				17678		
1978	1865	400	2198	282101	75.4	1365630	510	29194	51				24100	20048	
1979	1887	403	2100	298724	76	1440059	570	22170	39				28610	18525	
1980	1885					1251778	801	38200	73						
1981	2005	421	2100	254330	64.2	1259777		24643	48			148727	13267	24621	
1982															
1983															
1984															
1985														5000	
1986	2120	426	2049	1460000	432	615000				2	6.3				
1987	2184	436	2044	1560000	435	709000				3	8			6000	
1988	2198	440	2044	1684100	412	535000				3	8			8000	
1989	2245	568	2044	1963000	440	791000	536			3	8		3	10000	
1990	2294	568	2036	1735000	401	849000				3	8			10000	

四、传统农耕生产工具、生活用品名称用途

农器家俱 锄镰镢斧 䦆头铲土 杈扒扫箒 栲栳椰罐 井绳水担 布袋篮罗 绳索项圈 攀胸肚带 套项夹板 殷计工头 刘草铡禾 操䥽撒料 麸料喂牛 稻黍玉谷菜籽大麻 田头地脑 零碎梢扎 水地田禾 粪土拥饱 一年三料 收成更好 牧买鸽粪 布袋毡片 浇灌稀芋 多笼出产 泥里撺葱 水底生莲

棉花织布 芝蔴压油 粮食罗钱 油铃扎鞭 碌碡扁车 马房牛院

出圐戴粪 担水倒尿 苏绳皮条 拷搓椰灌 小簸簸箕 钢杈铁杈 懒䈉竹筛 笼獣土车 晒乾上囤 挞算种秋 正摘棉花 挣种菜蔬 推磨挠碾 收秋打夏 一西 牵指拿缕 推磨挠碾 收秋打夏 催人送饭 庄稼成熟 渡水割塲 挂奴换翅 积粘甾粮 拾掇拨拆 水扒刮板 顺绳滑子 钩闲马眼

摊塲碾麦 犁耧耙糖 黎耙撒粪 秋苗锄过 包工寻人 更不一样 浇园回洼 小心坑塔 格外忙咋 首香乾草 麻糓熟麦粘豆鼓豆 釋谷禾 镢秦硬秦坨豆 糓秾秦糄 麦粘豆小麦 韮花桐花 芥菜芹菜 苦苣豆角豆芽 蘿蔔小葱 扁豆芎 酱筍金針 莲莱山药 芥菜生姜 包心白菜 莲花茼笞 茄子辣椒 大料茴禾 黃瓜瓠子 菠菜蒜薹 香椿韮菜

藕根蓮蓬 山药卖钱 大米糯米 种烟栽蒜 骰破沤蔴 也可种 起靛无人催问 买主到门 和气生财 或做竹园 值钱更多 利竿挖筍 货真价實 近悦远来 伺候掌柜 套笼编䈉 务艺蔚子 越䈉越捆 不散败颓 点检茶壶 擦泡烟袋 挣薄编箔 不种有牧 水旱园地 补麻燈枕 掃地扙棹 相公本分 提尿葫芦 勤骸沿利 淮地庄稼 全讲运气

沽上身钱 又古股分 高傲有夫 挣搭编扇 支应待客 吃饭过魔 数计东家 終能长久 耧掌银钱 更要勤谨 云时漫完 天旱铁雨 陆地不收 最宜天乾 河涨水淡 地势潮湿 沿河一带 梭庄渡油 一诚几石 账项清楚 野计铺面 将本求利 黄心耗力 长支工钱 挖种瓜地 加倍收成 先还账空 后捐功名 空里加桥 事情如意 曼堆蒸盖 转乡买卖 不能离人 走路搂算 锄铲要勤 掐头壓薑 来回赔算 东略翻脸 零碎货物 应谈蓬金

狐咬独孤 搭庵照香 肯学生意 总要领教 算盘归除 帮厨俑饭 中肯肯结 香甜美味 全凭蕉积 挡儿绿眉 零碎货物 应谈蓬金

手熟为妙 买卖塲中 或派管帐 习学生意 肯落肯结 香甜美味 全凭蕉积 帮厨俑饭 字文若高 人就另看 老實可靠 中用之至 带炮洋火 猪头汗菸 苏木乌药 五倍黑蕃 水烟媒纸 底股蒲扇 钉鐵絲 品紅煑礬 青車振子 紡花碟碟 彈花弓絃 硝紙火石 鞋釘鞋綫 提手鞭杆 另是一层 濫货攒子

李俊英用毛笔书写的生产工具、生活用品名称

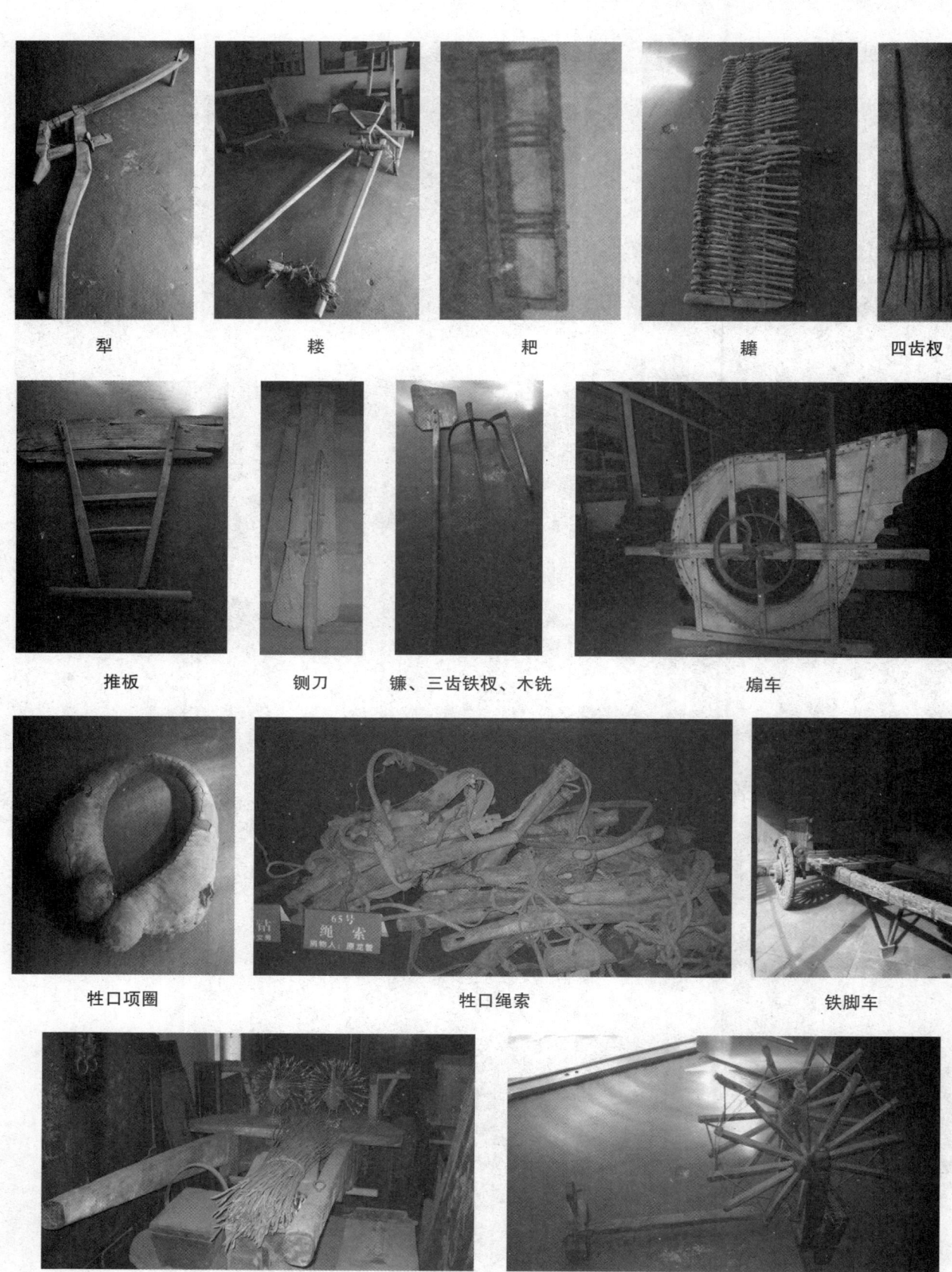

筛子、簸箕、箩子、柳条篮　　　风箱　　　织布机　　　轿子车

传统农耕生产工具、生活用品都是农耕文明的见证物，如不收集、保存，必将随着时代发展而消失殆尽，甚而退出字典的内容。上面用毛笔写的字和图中物件，现在能认识、会写的人越来越少。所以，只能印在这本村志里。以影像、图片、文字的形式，留住农耕文明的根脉，且行且吟且珍惜！

石器遍布乡村的角角落落，涉及乡村生活的方方面面。如：碾米的石碾子、压场的石碌碡、磨面的石磨子、压墙的石硖子、打地基的石夯、打土基的石杵子、压油碾

石碾　　　石磨　　　压油用的石碾子

碌碡　　　石夯　　　石槽

捶土布的石板子

捣辣椒的石钵子

花籽的石碾子，还有牲口饮水的石槽、捣辣椒的石钵子、捶衣服的石板子，还有健身用的石锁子、拴牲口的拴马桩、石狮子，等等，无处不在。这些村民过去常用的器物，随着时代的发展进步，也将退出历史的舞台，成为人们的一种念想。

第二节 农田水利基本建设

农田水利基本建设主要包括平田整地、改造坡地、改良土壤、兴修水利等。开展农田水利基本建设，可改变农业生产基本条件，提高抗灾害能力，挖掘自然生产潜力，扩大稳产高产农田，为农业生产机械化、田园化、集约化创造条件，提高土地生产率。由于西窑头村所处地理位置，平田整地就显得尤为重要。

一、平田整地

由于窑头村的地理形势，平田整地就显得尤为重要，也是村里一项长期坚持的重要农活。尤其是20世纪六七十年代，每年各生产队都抓住收种间隙、冬季农闲时机，搞平田整地，小梯田并大梯田，促进农业稳产高产。

20世纪70年代，农业学大寨运动达到高潮。窑头村也像全国一样抽调精兵强将，组织了700余人的农田基本建设专业队伍，利用冬闲时间，采用"大会战"的形式，"大兵团作战"的方式，早上五点半，一天两送饭，黑夜加班干。开辟平田整地工地四处，主战场设在军家坡，处处是红旗招展，人山人海，喊声隆隆，干劲冲天，战天斗地，场面壮观。经过几年奋战，顽强拼搏，不断努力，共动用劳力8万余人次，小平车18000余车次，高峰时每天出勤达900余人，共用炸药3吨，最高挖方5米，最高填方1.6米，运距达300余米，平整土地300余亩，兴修梯田100余亩，为本村农业实现水利化、机械化打下了坚实基础，做出了突出贡献。

20世纪70年代平田整地场景

二、发展水利事业

人，逐水而居。水利是农业的命脉，中华人民共和国成立以来，在党和政府的领导下，随着水资源开采利用技术不断提高，窑头村水利事业也得到长足发展，取得了可喜的成绩。

1.水井

西窑头村水井始凿于何时，无史料可查。根据《河津水利志》分析，汾河河槽一带的水井，可能开凿于夏时或更早些。故本村应该在元末明初有固定人群居住的时候，就有人工水井了。水井的发展大致经历了小砖井（俗称大口井）、大锅锥井、深井三个阶段。

（1）小砖井（大口井）

小砖井的井口直径为五尺左右，挖深见水之后开始下盘，把质硬的方木（榆木、枣木或槐木等）做成圆刀形，又称刀子盘，下到底后，在盘上面砌一丈左右的砖，再用细麻绳把盘与砖模竖成方格束紧，然后继续挖。盘慢慢往下行，再往外排出泥和水，接连不断，直到水涌不止，不能继续下挖时，再把井底挖平，使盘固定。随后把井壁从下往上全部用砖砌上来，并逐步收口，内井壁呈喇叭形，外用土把井壁和砖的间隙填实，这样一口大口井就完成了。

中华人民共和国成立之初，本村共有大口井23眼，其中农田灌溉井19眼，人畜吃水井4眼，井深7—15米，水深5—12米。每眼井灌溉最多20亩土地，所以，全村水地面积200多亩，是当时水利条件最好的村之一。

由于大口井是由纯人工凿成，所以局限于水位较浅的地方。1954年曾在老108国道（现龙岗路）以北凿井，几乎都失败了。所以本村大口井均分布在老108国道以南。其井位分别在米家巷米文录门楼下、老虎坡耿龙汽贸旁、周茂林院旁（杨树井）、侯效堂房屋西（鸿恩井）、周茂立房屋下（米家园）、侯连奎房屋旁、侯金柱房屋后、家属楼2号楼下（富居井）、家属楼8号楼下、游泳馆内（上峡井）、西环路水塔西（杏树井）、城西吊装队院内、段太祥修车部西、赵建堂灰陶厂院内、杨树圪窝、西川井、水叉合井、赵三民房屋后（上埝井）、侯茂生院内（庙地井）。人畜吃水井6眼，分布于赵建民门前路口东（庙和井）、侯贵朋房屋东（侯家胡同井）、王玉柱门口（沙壕井）、周宗海房屋后（周家井）、米双喜现房下（李家井）、武校西南角（老院场周家井）。

大口井是窑头村历史最悠久的一种水井，曾养育了西窑头村民上千年。1970年前后用于农田灌溉的大口井基本都遭淘汰，1986年自来水的使用彻底淘汰了大口井。

（2）大锅锥井

20世纪60年代后期，人口急剧增加，1965年本村人口约为建国初期的1.5倍，各方面对水的需求也大大增加，大口井已经满足不了，便开始利用大锅锥，开凿大锅锥井。井管用钢筋混凝土预制管联结而成，每节预制管一般高约1米，内径为1米，壁厚5厘米。先是人工推（就像推磨一样），井深较浅，后改为机械操作使井深达到30—50米，取水层由一层增加到2—3层，单井出水量也随之增大。

1967年在玉石亩凿出了本村第一眼大锅锥井，井深35米，保浇面积50亩。至1976年全村共凿大锅锥井30眼（其中更新13眼），遍布于除村北沟坡地以外的所有地块，水利条件得到进一步改善，水地面积达到1400亩。

20世纪70年代，由于地下水位下降，大锅锥钻井深度最大50米，不适用开采较深地下水，且寿命较短（多数井只有5—7年），所以该井型短期内即遭淘汰。

（3）深井

随着用水量不断增加，新的钻井技术产生，较深层地下水开始被人们利用，也就有了深井。深井一般开孔600毫米，井壁管根据井深不同，分别选用钢筋混凝土管、铸铁管、钢管。口径300毫米左右，高度2.5米。分花管（滤水管）和实管。井钻成后，含水层下花管，花管上有许多眼，用鬃毛、窗纱将花管缠紧，防止出砂在井内形成滤积。管子下好后，管外填上小石子，形成过水层。最后洗井，把浑水全部排出，就可以提水使用了。

1976年下半年，经当时的工作队（马吉昌任工作队队长）和大队班子共同研究决定在军家坡顶打深井，窑头村的第一眼深井被提上议事日程，预算资金10万元，在当时确实是个天文数字。经多次研究决定，打井所需的5万余元，发动群众由大家集资解决。群众每人20元，集资3.5万余元；党员、团员每人30元，集资3000余元；在外工作人员每人100元，集资6000余元，前期资金得到落实，10月中旬开始动工。在钻进过程中，新的问题又出现了，钻井护壁所需的水从军家坡底四队井提取，由各生产队每天派一人一畜，一次运送160公斤水，每天6趟，保证正常施工。当凿进到100米左右时，沙层厚度加大且颗粒变粗，水跟不上需求，只好组织党员、团员挑水，但还是远远跟不上需求。最后，只好向西庄大队求援，从西庄深井中取水，放入村里池泊中。当时的城关公社农机站派出一辆拖拉机到工地专门拉水，解了燃眉之急。经过56天的日夜奋战，动用劳力3000余人（次），畜力800余头（次），机械600余辆（次），于当年12月底，窑头村凿成了第一眼深井。次年申请县里拨来一台发动机，大队筹资购回一台深井泵，共投资10余万元，1977年底该井投入使用，对军家坡的小麦进行冬浇，浇灌面积300余亩。

1978年，先后又在军家坡、新村、纹章沟口、火柱弯、综子和、游泳馆、大滩和共钻了7眼井。其中4号井，即火柱弯井，是1980年由周建廷远赴兰州市，通过当时在兰州自来水公司工作的李庆禄购买的深井泵。这台水泵，花钱少，出水量大，水泵还是铜叶轮。浇地面积达300多亩，6个生产队都用这眼井浇地。保证灌溉面积1600余亩。截至2016年全村共钻深井10眼，其中农业灌溉7眼，吃水井2眼（庙和、西环路），企业（洗煤厂）用井1眼。

2013年又在游泳馆打了一眼热水井，井深2000余米，水温50度。除供游泳馆用水外，还供住宅小区冬季取暖用水。

2.提水设施演变

中华人民共和国成立前后，提水主要靠辘轳。井口立上"井架（井马）"，上面固定着上下十字交叉两根轴，每根轴两端各装一把篗子，共4把。有时只用2把或1把的情况。篗子上前后各绕着一条井绳，井绳的两头各系一柳罐，由1到4名强壮劳力手持井把转动篗子，两只柳罐一上一下，周而复始，有节奏的上下提水。昼夜不停，每天至多也不过提百十担水，能浇三分多地。一眼井4把篗子，4个壮劳力，每天最多也浇不到一亩地，毕竟是人工提水，费工、费力、费时。

1952年解放式水车（链式水车）开始投入使用，很快淘汰了辘轳提水设备。在井口安装立轮和卧轮，在井内垂直设铁筒，铁筒中间设活口铁链，环环相扣，铁链上间隔2米固定一个铁铰子夹橡皮，橡皮大小与铁筒内径一致，用畜力拉或人力推动卧轮，卧轮拨立轮，立轮拨铁链，用橡皮把水拉上来。1957年，解放式水车得到较快发展，用机器带动，

1967年全村保浇水地面积达到639亩，其中机井灌溉面积312亩。人力井灌溉面积77亩，龙门机关站灌溉面积250亩。1969年全村共有解放式水车25部，其中机械动力水车13部。

1967年，离心水泵开始使用，革新了提水工具。1973年，村里购回离心泵5台，扩大了单井浇灌面积，水车随之遭到淘汰。之后深井泵、潜水泵陆续使用，且逐步更新换代，进一步提高了灌溉效率，水地面积扩大到1000余亩。

3.灌溉渠道、井房配置

（1）渠道防渗

灌溉渠道通常指把提取或自流的水，通过沟渠输送到田间，是农田灌溉常用的田间输水工程。大口井时期，由于输水量很小，本村的灌溉渠道以土渠为主，灌溉方式

为小畦灌溉，进入田间的临时渠道很多，且每收种一次均要毁了重修，固定渠道最长也就100米左右，一般仅邻井台的一小段用石槽或砖砌以防渗、防冲刷。

动力机械的使用使得水量有所增加，开始采用砖渠防渗，渠底夯实，白灰砌砖，底铺两层，每米用砖48块。至1966年底，全村共有固定渠道3040米，其中砖渠防渗780米，每眼井20—150米不等。

锅锥井时期，动力由柴油机变为电动机，单井出水量进一步提高，渠道防渗逐步加强。20世纪70年代全村砖渠防渗达到4000余米，1979年防渗渠道近10000米。

到深井时期，单井出水量达80—100立方米/小时，渠道为渠底铺两层，每米用砖108个。20世纪90年代初渠道防渗总长度9000余米，大部分用砖防渗，少数渠道用混凝土防渗，主要是因为本村早期就有砖窑可降低成本的缘故。

1992年，塑料管防渗（管灌）开始局部使用。1995年，在上级主管部门大力扶持和推动下，各农用井管灌工程全面铺开，历时3年多，完成管灌工程9000余米。对所有渠道实施了防渗修复，最大程度提高了渠道有效利用系数和水的利用率，为农业节水做出了应有的贡献。

（2）井房配置

随着村集体经济壮大和水井管理的需要，1998年前后，村里对井房进行更新改造，共建井房7处，1号井40平方米，其余30平方米，一改土坯井房旧貌，全部换成了砖混结构井房，既安全又美观。

西窑头村现有水井统计表

水井编号	所在地块名称	井深	灌溉面积	看井人
1#	军家坡顶	189	300亩	周马驹
2#	新村	150	200亩	周有命
3#	侯家坡	146	240亩	阮喜荣
4#	火柱弯	149	430亩	周群立
5#	玉石亩	145	180亩	周宗强
6#	后头园	141	320亩	周天群
7#	大滩河	140	80亩	

水井编号	所在地块名称	井深	灌溉面积	看井人
水塔井	1队地吃水用井	140		
洗煤厂用井	企业用水井	140		
村内吃水井		130		周景龙、周建华

4.利用地表水灌溉

龙门机关站1960年初步建成投入使用，提取黄河水灌溉农田。1966年窑头村开始利用二级站提水灌溉军家坡底、侯家坡底等地250亩农田，大大改变了本村水利条件和农业生产面貌。二级站扩建后，灌溉面积增加到390多亩，扩浇面积更大，可浇到火柱弯一带的土地。1974年后，因锅锥井迅速发展，终结了黄河水灌溉本村农田的历史。

5.饮水

历史上，本村人畜吃水靠从大口井里用辘轳提水，人抬肩挑，存入水缸。1986年10月份，村里靠铁路占地补偿款提留，投资3.6万余元打深井1眼。从此，西窑头村民结束了传统的生活用水方式，迎来了自来水时代。

原黄河提灌渠渡槽

第三节 农业机械化

农业机械化是现代化农业的重要体现。本村农业机械化从初期农具的改造、水车的使用，到后来拖拉机、收割机、播种机的使用，农业机械化得到飞速发展。

一、推广新农具，发展提水工具

建国初期，在增补旧农具的同时，推广效率高、轻便省力、耕作质量好的各种新农具。1957年，全村拥有新旧式农具包括胶轮车6辆、铁轮车11辆、木轮车5辆、小平车15辆、双轮双铧犁1台、新式步犁2件、铁犁12件、木犁72件、耙12件、锄犁9件、耧12件，解放式水车18部。之后，双轮双铧犁、翻犁、套种器等新农具大面积开始使用；1972年胶轮大车达11辆、小平车124辆、喷雾器（打药机）24个；1969年解放式水车达25部。

二、机器

1. 机器的使用

机器的使用使本村农业机械化得到飞速发展。

1957年，村里购回第一台机器——10马力锅驼机，当时在河津县首屈一指。司机吕玉命，机器安装在土塔井，从此人畜力推拉水车的历史开始改变。

1959年购回1105型7.5马力煤气机2台，1964年增加到64.5马力/8台，1967年达到97.5马力/11台（其中1105型4台、其余为1190型）。除一台用于磨面机外，其余全部用于水车动力，提高了灌溉效益，增加了水地面积，成为全县机器浇灌第一村。

1970年煤气机全部淘汰。1959—1967年本村有5马力柴油机一台，主要用于榨油、磨面；1970年柴油机猛增到124马力/14台，用于锅锥井动力和农产品加工。

由于机器的使用，农产品加工机械也进入人们的生活。1967年，村里有磨面机1台；1969年有碾米机2台、铡草机1台、轧花机3台、饲料粉碎机1台、榨油机1台。随后各生产队均有各自需要的加工机械，改变了人畜力推、拉、碾、碾的局面，节省了大量劳动力，生产力得到解放。

当时各生产队开机器人员：1队，周少南、周正科、周正录、周文娃；2队，李桂娃、周崇建、周菊科、周创生；3队，周月旺、米虎锁、米官元；4队，王建元、刘发家、高贵堂、周明立、李敬禄；5队，李永祥、阮喜荣、刘徐生；6队，侯斗管、侯恩正、侯徐禄；8队，周有命。

2.优异成绩

20世纪60年代本村农机管理（主要是煤气机）工作在全县名列前茅，曾获县、社小型排灌先进单位，多次受表彰。吕玉命连年被评为甲等模范个人，县里在窑头村曾开过三次煤气机操作现场会。吕玉命每年还要为全县开办4次机器操作人员培训班。特别是当时创造的煤气发生炉（自己设计），先是用煤油桶，后用砖砌，扩大了储气室，增加了供气量，延长了供气时间。陕西省韩城，山西省侯马、稷山、万荣等许多县前来参观学习。1966—1970年，吕玉命的主要任务还包括巡回到全县各村维修煤气机和炉子。1964年河津县人民委员会专门下发了《西窑头大队煤气机使用干炭成绩显著的通报》文件。

煤气发生炉设计图如下：

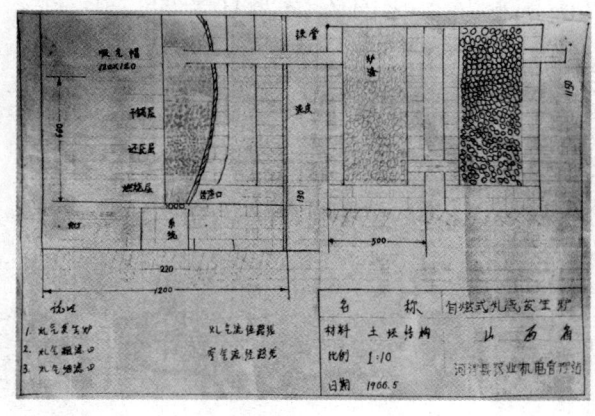
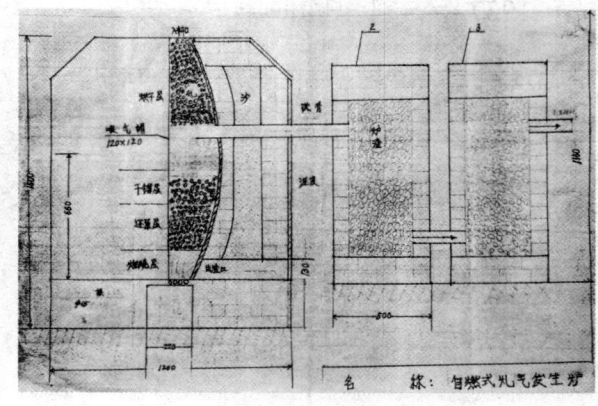

三、拖拉机

随着机器的进一步应用,村里引进了拖拉机,从而加快了农业机械化的步伐。

1977年第一台手扶(耧杆)拖拉机开进了西窑头村,开始了全村农业耕作机械化的步伐。随后,每个生产队都配备一台。最初主要用于农业运输、碾场等,农闲时搞一点副业,为生产队增加些收入。1978年大队购回一台30型拖拉机主要用于运输,增加集体收入,壮大集体经济。改革开放后,小四轮开始活跃在农业生产第一线,机械化耕作开始起步,"耕地不用牛"得以初步实现。

四、电动机

农村电网覆盖本村后,开启了农业电气化进程,农产品加工机械逐步增加,方便了人民群众的生活。1971年拥有电动机44.8千瓦/9台,1973年达76千瓦/19台,用于农田灌溉和加工机械动力。还有磨面机8部、碾米机3部、铡草机3部、饲料粉碎机1部、轧花机2部、榨油机1部、农用水泵5台、脱粒机6台。

20世纪70年代,由于电力缺乏,大部分水井采用机电双配套,以保证农田灌溉。1980年后,电动机、水泵已普及,机器就很少用了。2000年开始,村里开始使用联合收割机、播种机。本村李殿中、李向泽、李彦泽最早购置联合收割机、播种机。

机械化播种

小型联合收割机

第四节　科学种田

"面朝黄土背朝天"是对村民祖祖辈辈生活的真实写照。本村是纯农业村，大多数人靠种地为生，科学种田就显得尤为重要。然而长期以来，由于种种原因，农作物产量一直在低位徘徊。除农业生产条件较差外，墨守成规、不懂科学、粗放式耕作是重要原因。如种子采用的是自家上年收获的种子，且连续多年使用，不懂更新品种。合作化后，由于社会稳定、人口增加，对粮食的需求与日俱增，科学种田开始被重视，尤其是在20世纪70年代以后，在党和政府的领导和科技人员引导下，科学种田得到逐步推广，深翻土地、应用化肥、优良品种、轮作倒茬、条条田、棉麦间作、病虫害防治、育苗移栽、塑膜覆盖等先进技术得到应用，加之水利化、机械化得以实现，其他生产条件也得到充分改善，科技因素不断体现，农业生产不断发展，粮棉产量逐年提高。1992年，全村良种面积2500亩，复播面积达1200亩。

周正印，号称老队长，是一位种田能手，1959年，通过实践总结出了棉花高产田的四个环节——深翻、施肥、密植、治虫。深翻深度7—8寸、每亩施底肥（圈肥）15000斤以上，每亩株数5000—6200株，治虫要及时、彻底。1965年对三个棉花品种徐州209号、岱字15号、斯字517号进行试验比较，根据其株形、叶形、铃形、籽形及产量，选出徐州209号在全村推广，使全村棉花大幅增产增收。

20世纪70年代，在周正印带领下，由周益民在杨树井地块设立了小麦试验田，对小麦品种卫东8号、丰产3号、晋麦7号等品种进行对比试验，选出水地以丰产3号为主、旱地以晋麦2号为主在全村推广，并总结出小麦高产几点经验：1.轮作倒茬。合理轮作倒茬，用地养地相结合，对保持水肥，防治病虫草害有一定的作用，生产队可通过其他作物种植逐步做到轮作倒茬。2.适时早播。做到熟一块，收一块，耕种一块,杜绝"霜降麦"。3.合理密植。旱地下籽量20—25斤;水地下籽量22—28斤,双耧播种,加宽播幅,消灭缺苗断垄现象。4.选好品种。通过对比试验选用适合本村播种、产量高、品质好、穗大粒饱的丰产3号小麦品种。5.适时浇水。底墒水要饱,冬浇要好,返青水要早,拔节水要浅,杨花灌浆水要赶,成熟期不缺水。6.巧施追肥。施足底肥,返青水前埋施,拔节随水施。7.防治虫害。播种前每亩撒可湿性"六六六"粉3斤,二月下旬打"一〇五九"灭蚜虫,3—4月份用"六六六"和"一〇五九"配打红蜘蛛。

当时城关公社组织小麦观摩时发现了西窑头村的做法,总结后在全公社进行推广,并要求各村向西窑头村学习,成立农科队,指导本村科学种田工作。西窑头村从第四生产队分出了农科队,这也就是农科队的来历。后来,周益民还被调到城关公社农科站工作。

第五节 畜牧、养殖业

一、畜牧业

1. 大牲畜

建国前,本村有几户人家饲养骡子等大牲畜。主要用于耕地、送粪、驮炭等。1949年有大牲畜115头,在当时数量算是较多的村。集体化时期大牲畜数量维持在100多头,并逐年呈增加趋势,1980年达到155头,是存栏数最多的时期。其中,牛100余头,马10余头,驴20余头,骡子10余头。改革开放后,集体管理解散,大牲畜出售给个人,村里的大牲畜逐年减少。1981年仅有43头,村民个人养81头,1994年减少到10头,但不知什么原因,1995—1996年又飙升到96头和134头,1997年却仅剩2头。后来,维持在20头左右,2010年后,已无一头大牲畜。

大集体时，大牲畜主要有两个作用，一是干农活，牛主要是耕地，骡、马主要是搞运输；二是积肥。改革开放后养大牲畜一是干自家农活或者帮别人家干农活适当挣点钱，二是买卖牲口，从中盈利。

2.家禽家畜

建国前后，家禽家畜的养殖很少。人民公社化时期，党和政府曾采取多种措施鼓励社员养殖家禽家畜，特别是养猪、养羊，因为一方面是可以积肥，另一方面可以解决城乡肉食供应，为社会服务。

1952年，本村养猪存栏数仅19头；1970年前后维持在200余头；1975年发展到475头；1980年存栏415头，是较为兴盛的时期。改革开放后，以专业户的形式养殖，养猪专业户有卢胜民、周立生、周建廷、周福伟、周国军等，每户数量均在百头以上。1997年存栏数最多，达591头。2000年后，周国军、周天降等人坚持养猪，存栏400余头。

1961年全村养羊5只，1963年增加到28只，1969年发展到245只。20世纪70年代，每年约养羊300只左右，1973年养340只。养殖方式：绵羊为生产队集体放养，自然繁殖；奶羊均系社员个体家养。改革开放后，养羊以专业户形式继续。专业户有周吉昌、周梅发、周明芳、赵建生等，养殖数都在200只左右，最多时达400余只。2017年有3个专业户养羊，存栏600余只。

公社化时期，鸡、兔都是社员在家散养，最多也就10多只。鸡蛋、兔大多数出售，收入作为家庭生活补贴，好多家庭自己都舍不得吃。养兔比养鸡要少些。1963年，全村养鸡共63只。1977年有810只。改革开放后，以专业户的形式养殖，数量得以发展。1992年养鸡6124只，兔780只；1994年养鸡3500只，兔270只。养鸡1000只以上的专业户有周启发、武长海等；100只以上的专业户有周立生、周建堂、张效中、高茂中、邵亮生、周徐录、周发科、周六斤、周崇德、周吉生、侯茂存、周卫来、李应录等。因均在村内养殖，不卫生，影响环境，再加上疫情严重，效益差，逐渐全部放弃。养兔子的专业户有周少廷、高万中等人，2000年后，均停养。

二、养鱼

本村村民侯硬录于1985年经朋友介绍，筹集资金8万余元，在东关村现永兴路现代4S店处，承包滩地50余亩，挖鱼池5个，水面达30余亩，搞规模养鱼。技术上由主管部门指导与自己学习钻研相结合，品种上以鲤鱼为主，加草鱼、鲢鱼混养相结合。全家出动吃住在渔场，1987年开始受益，然而1988年遭受一次较严重的洪水冲击，靠着顽强的毅力和勤劳的双手，很快就打了翻身仗，一直养到2000年，虽遭1996年洪水袭击，但收入还是相当可观。用侯硬录的话来形容当时的家庭生活，即"买肉一头猪，西瓜买一车"。他还被河津县人民政府授予"科技示范户"称号。

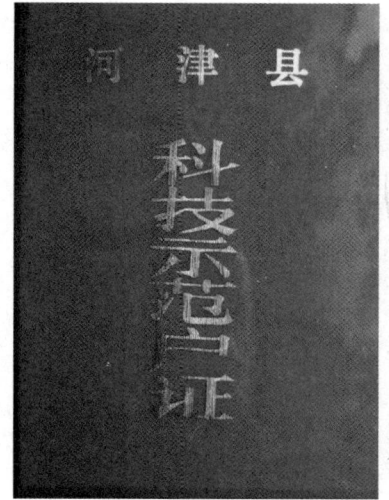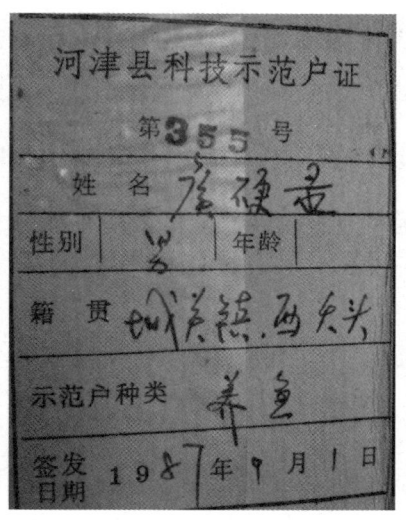

侯硬录获科技示范户证

第六节　林业

新中国成立前周家巷东南曾有周家桃树园一个，约5亩地（建国初被毁），村北有5亩大柿树园一个，再没有整片林地，只有一家一户门前的零星树木。

一、杨树林

1950—1960年，本村称得上林地的有：现村委大院东杨树林，面积10余亩。20世纪70年代初，划为地基被毁；老窑圪窝（西环路游泳馆对面）杨树林，1990年前后，杨树出售给社员后由第六居民小组耕种；水叉合东西两条排洪渠两侧及辛封峡也是以杨树为主，大约3000余株，后辛封峡被填平，树木全部遭毁。

二、柿树园

本村柿树品种有桔蜜柿（俗称小柿）、板柿、牛心柿和珠珠柿，以桔蜜柿为主。成片柿树有三块，位置分别在柿树园、火柱弯南桑树沟口，总面积10余亩，为集体所有。其他零星柿树大多是建国前留下来的，为社员私有。每年收柿子10余担，如1971年全村收柿子19担。以前桔蜜柿是社员制作食用醋的主要原料，家家户户都掌握这一门技术。2000年后，老柿子树已经基本上不存在。侯家坡有侯建堂新栽2亩柿树，长势良好。

三、牙沟林场

牙沟是本村一条主要沟道，面积60余亩。沟内有四个分岔，南岔沟底栽种杨树；东岔有两条，南边一条为主岔，栽种枣树，大集体时是村里主要经济作物之一，1971年、1973年收红枣4担、10担；其次一条，栽种桑树，经精心管护成长为三杈，是制作麦场的一种主要农具；北岔当时由第五生产队耕种，生长有瓜蒌。改革开放后，这条沟由周喜民经营管护，主要发展苹果树和酸枣接大枣，取得了一定成绩。

四、四旁植树

四旁（村、路、水、宅）植树包括村民房前屋后、大滩路旁、后头园路旁、军家坡路旁、水叉合南、东排洪渠、辛封峡等处。树种有杨树、榆树、桐树等，共植树15000余株。

20世纪80年代后期，农田林网化实施，村民在其田埂上植树，甚至在自家责任田栽桐树，因影响作物生长，没几年时间就砍掉了。

2000年之后，村里加大了植树造林力度，特别是国道、县（市）道、村道的植树造林成规模，到2018年，全村绿化面积达327亩，241500余株。主要树种为国槐、大叶女贞、杨树、柳树等。

四旁植树

巷道绿化

五、经济林

1972年开始种植紫穗槐，当年种植8亩，没几年就停止了。

经济林发展主要在改革开放以后。土地下放，农民温饱问题解决后，开始考虑发展经济首先从土地着手，所以20世纪90年代，村民开始在自家责任田地或承包近邻责任田，栽种果树等经济林，达到发财致富的目的。主要树种有苹果、桃树、枣、柿子树等。栽种面积10亩左右的农户有阮喜荣（苹果树）、周明芳（苹果树）、周九丁（苹果树、桃树）、侯硬录（枣树）等；3—5亩的栽植户有周卫来、周建堂、庞小昌、周立生、周宗明、周万福（枣树）、周宗强、马振锁等。由于不能成片栽植，形不成规模，再加上技术跟不上，所以效益不是很好，栽植时间也不长。2000年前后，侯六斤栽种葡萄4亩，效益可观，后因身体原因停种。周建廷、周崇建均栽种花圃8亩左右，效益可观。

1994年全村共发展经济林109亩，其中苹果树100亩，葡萄4亩，其他5亩。

六、零星树种

本村曾经栽植和现有的零星树种有：

臭椿，以前房前屋后常见，是制作门扇的优质材料。

香椿，以前宅院个别种植，现较多，初发之芽及嫩叶盐渍后可作常年菜食用，味美，营养价值高。

构树、皂角、苦楝，零星分布，现已基本绝迹。

石榴、花椒，零星分布。

七、古树

武存海、周少廷、周启发、周锁狗、李殿龙门前曾各有一棵古槐，1990年前后，先后被毁。

王建成院内曾有很大的一棵皂角树。周建堂院内有一株绒线花树。

老槐树

老白杨树

第八章　农村管理体制变革

第一节　土改时期

土改前，窑头村的土地主要集中在地主、富农、上中农等富裕家庭，这些人仅有20余户，就占有全村土地的70%以上。1947年4月，窑头村实行土地改革，定成分、斗地主、批富农、分田地，全村成分划为地主、富农、破烂地主、上中农、中农、下中农、贫农、雇农八个等级，主要是根据土地占有多少、雇工人数而划分。全村划出一家地主、四家富农、十几家上中农、五十多家中农，其余全是贫农、下中农。

土改时，全村有3000余亩土地，到1949年把地主、富农、上中农的土地分给贫下中农，中农自家的土地基本不变，基本实现了耕者有其田。

实行土地改革后，有许多贫下中农分到土地后一没有畜力，二没有农具，再加上有些家庭劳动力缺乏，造成部分土地撂荒现象。这时，上级政府组织参观学习修村办互助组的经验，也在本村实行互助组。互助组就是取长补短、互相帮助。劳力多的帮助劳力少的，有牲畜的帮助没有牲畜的，自由结合，自愿组合几户，互助合作，不违误农时，不影响生产。

1953年，西窑头村产生了第一个互助组，组长是周加科，成员有周安福、周有发、周正海、徐金贵、杨香娃等7户人家，拥有土地100余亩，车一辆，大牲畜3头。

到了1954年，全村相继办了10余个互助组，有60%以上的村民参加了互助组。

第二节　从初级社到高级社

1954年，窑头村成立了一个初级社，社长是周景龙。全社有100多户，拥有土地1000余亩，大牲畜50余头，铁轮车6辆。

初级社的经营方式是：土地、牲畜、农具入股分红，统一经营管理，按劳动多少记分，定有社员章程和生产计划，结合农副业收入，年终统一核算分配。

1955年，窑头村还成立过一个青年队（也叫青年突击队），队长侯亲娃，会计阮盛泉，计工员李庆禄。队员有侯恩全、周快发、侯恩发、赵群家、庞明学等人。这个青年队，独立核算，持续四年之久。

第三节　高级社

1956年在全国形势的影响下，窑头村成立了高级社。

高级社是社会主义性质的农业集体经济组织，入社农民将私有土地、牲畜和农具作价归于集体所有，实现了公有化。在经营管理上，以社为单位，独立核算，取消土地分红，实行"按劳分配，多劳多得"的分配原则。高级社下设若干生产队，队下有作业组，分别设有社长、队长、组长，统一领导、组织、经营集体农业。管理方法上实行"三定一奖""三包一奖"，最后是"四固定"，超产奖励，减产受罚。

这一年，东西窑头合为一个村，属窑头乡管辖，窑头村书记周金殿，社长周景龙，副书记吕吉泽，副社长周长太，会计吕存立，当时两村拥有土地4800亩，大牲畜100余头，铁轮车十余辆。

第四节　人民公社

1958年，中共中央做出《关于在农村建立农村人民公社问题的决议》。根据省、地的规划，河津组建了4个人民公社，95个生产大队，743个生产队，以大队为核算单位。为便于管理，在公社以下按原来17个乡政府管辖区域，设了17个管理区，作为人民公社的派出机构行使政权，组织生产。同年河津并入稷山县。窑头村隶属稷山县卫星公社城关大管理区管辖。窑头村分为24、25、26、27、28、29六个生产队，大管理区统一核算。由于浮夸风的影响，土地耕作管理放松，青壮年男劳力全部上北山大炼钢铁，到1960年东西窑头合为一个行政村。全村小麦总产只有10余万斤，除种子提留，工粮上交，每人口粮不足30斤。

1962年，贯彻落实中共中央《农村人民公社工作条例（草案）》和《关于改变农村人民公社基本核算单位的指示》，确定"三级（公社、大队、生产队）所有，队（生产队）为基础，"全县调整为140个生产大队，969个生产队，并确定以生产队为基本核算单位。解决了高级社存在的生产队之间的平均主义问题，生产力水平得到提高。

窑头村是1962年变为生产队为核算单位的。是年下半年，窑头村根据中央"调整、巩固、充实、提高"的八字方针，核算单位下放，实行三级所有队为基础，独立核算，多产多吃，少产少吃。另外，社员还保留了自留地，每人三厘，每户再分一分猪饲料地，鼓励养猪事业发展，农村经济情况有了一定改善，基本维持了生产生活。

实行三级所有队为基础后，对全村2120余亩土地实行评估，全村土地分为六个等级，水地分为三等，旱地分为三等。一等水地定产250斤，二等水地定产210斤，三等水地定产180斤。一等旱地定产120斤，二等旱地定产100斤，三等旱地定产80斤。村南、后头园、西川、复碴合定为一等水地；上峡、窑圪垛、下秧、上堰定为二等水地；庙合、桃树园、米家园、园子门口、米家巷西头定为三等水地；军家坡、过阵地、大滩合、玉石亩定为一等旱地；综子合、军家坡大坪、侯家坡底、麻堰合定为二等旱地；柿树园、军家坡顶、侯家坡、卖菜坡定为三等旱地；砲子疙瘩、庙坡（铁路上下）、牙沟、大窑沟定为弃耕地（不计产量）。全村基本产量定为15万余斤，每个队基本为25000斤左右（以上所说产量以小麦为基准）。

从1962年开始直至2000年，全村的公粮一直按这个数量为基础上交，义务工分摊，物资分配等也是按照这个基数确定。

大牲畜也实行了评估，每个生产队大约分了17—20头，大牲畜按当时的价格每个生产队分得18000余元。

生产资料、农具、车辆等按6个生产队重新平均分配。

第五节　两次吃食堂

1958年食堂化高峰期，各家的笼圈筐子、锅、茶壶、马勺等全部交到大队，吃饭时间统一到食堂吃饭。全村1400余人，设6个食堂，每个生产队设1个。每个食堂有200余人吃饭，起初，食堂标准很高，三天一改善，顿顿吃饱饭。到了1959年下半年，一是自然灾荒，二是给苏联还债，三是由于极左思想泛滥，虚夸假报。1958年到1959年，地里的庄稼没人管，造成极大的浪费。1959年下半年，食堂标准开始下降。1960年，国库、地方粮库极度空虚，每人每天供应标准只有半斤，半劳力只有二两多，食堂无法维持，全部解散。

第六节 "文化大革命"时期

1966年"文化大革命"开始，全国上下开始夺权，从生产队一级开始直至中央。农民开始不种地，工人不做工，学生不上课。窑头村也和全国各地一样，夺了大队党支部、村委会的权，成立了文革小组。文革小组组长是张茂才。小组成员有周大命、周金立、周锁娃等人。直到1968年上半年恢复村级组织，取消文革小组。

1968年农村基本恢复正常生产。1971年，经大队研究决定，把第五生产队分成了两个队，也就是现在的第五队和第七队。

1966年，村里考虑到军家坡一带土地多，耕种不方便，决定分出一半人口迁到军家坡底，这样按土地分布区划，耕种就方便多了。但先后迁了50户以后，没有人再愿意迁，这样1972年就把迁到军家坡底的50户人家编成第八生产队。

1978年，由于第五队分开后粮棉产量直续上升，各方面工作都排在前列，导致其他队社员认为队小好管理。加之每个生产队都存在多年来积压的矛盾，分队呼声越来越高。到了1979年12月，根据《河津县公社经营管理局函批》，经"十二月八日县委常委会议讨论一、三、四、六生产队〈核算单位〉各分为两个生产队。从八〇年一月一日起分开办公。"这样全村形成13个生产队。（这个文件中有个错误，应是"一、二、三、六生产队核算单位，各分为两个生产队。"四、五队原已分开。）

第七节　家庭联产承包责任制施行

1978年，党的十一届三中全会后，农村实行经济体制改革，逐步建立了多种形式的生产责任制。1980年河津县黄村率先推行家庭联产承包责任制。

1981年，中共中央《关于进一步加强和完善农业生产责任制的几个问题的通知》下发。1982年中央第一个一号文件下发后，窑头村也开始实行包干到户、包产到户的生产责任制。窑头村除2队和8队外，其余11个队都实行包产到户。除集体提留一部分土地作为机动地外，其余全部分田到户。由于2队历年来吃粮多、分红高，大部分社员还不愿意分，结果坚持了半年多，无法维持，也分到户。八队实行每人3分口粮田，其余土地作为集体提留，往外承包应付交公粮、干部工资和生产队其他开支。一年以后，也全部分田到户。到了1983年全村所有生产队全部实行了包产到户的生产责任制。

1984年，根据中共中央《关于1984年农村工作的通知》精神，这一年的农村工作"一号文件"提出延长土地承包期……允许土地使用权有偿转让，进一步完善了家庭联产承包责任制。有效地破除了"大锅饭"的弊端，极大地调动了农民的生产积极性，促进了农业生产的发展，窑头村出现了不少富裕户、万元户、专业户。

1986年后，根据中央精神，乡村合作经济组织实行分散经营和统一经营相结合的双层经营形式。

1994年河津撤县设市后，贯彻执行中央农村工作会议精神，先后出台了延长土地承包期30年不变的政策，允许土地使用权有偿转让，推行股份合作制，大力调整产业结构等改革政策，揭开了深化农村改革的序幕。

2000年开始，窑头村又积极认真落实中央土地延包30年不变的政策，并实现了土地、合同、证书三到户，使农民群众吃了长效"定心丸"，极大地激发了农民的生产积极性。

2004年2月正式公布了《中共中央国务院关于促进农民增加收入若干政策的意见》，时隔18年之后，中央就"三农"问题再次下发一号文件，提出要"坚持多予、少取、放活"的方针，调整农业结构、扩大农民就业、增加农民收入。窑头村开始有不少人进城务工，经商搞企业。

从2004年开始，国家开始对农村实行粮食直补政策，并逐年增加。到2016年全村粮食直补高达18.85万元。

从2006年1月1日起，延续了2600年的皇粮国税被废止。窑头村民仅这一项就减轻了44586元的直接负担。

2018年《中共中央国务院关于实施乡村振兴战略的意见》发布，窑头村开始进行土地确权登记，为"土地流转""土地向种田能手集中"，逐步实施合作社、规模化、科学化、高效化生产奠定了基础。

第九章 企业、建筑、运输、商贸、饮食服务

管仲曾提出:"国有沃野之饶而民不足于食者,器械不备也;山海之货而民不足于财者,商工不备也。""待商而通,待工而成。"也就是改革开放之初提出的"无农不稳,无工不富,无商不活"。西窑头地处河槽,靠近县城,村民头脑相对灵活,自古有经商的意识和传统。

建国前主要是个体商贸及手工业,大致有三种情形:一种是开商铺,凭借资本和诚信把生意做到周边省、县;一种是办作坊,或借助一技之长走南闯北;还有一种是靠苦力吃饭,赶着骡子上山驮炭,挑着菜担走街串巷。

建国后大致分两个时期:20世纪50—70年代,农村走集体化道路,农民基本上固定在土地上,局限在生产队的小天地里。自由度很小,个体手工业、商贸活动受到限制。这一时期主要是村里利用传统产业优势,先后办了砖瓦厂、灰陶厂、油坊、轮窑等集体企业,作为农村经济的补充。

第二个时期是20世纪80年代以后,农村实行了家庭联产承包责任制,农业也逐步向机械化迈进,广大农民从土地上解放出来,迸发出巨大活力;另一个因素是国家铁路及市政工程建设,村里大量土地被征用,由原来的人均2亩多地降为5分左右,村民仅靠农业收入难以维持生计。在这一背景下,村民办企业、跑运输、搞建筑、开商店,八仙过海各显神通。工业、商业、建筑、运输及饮食服务等,都得到了前所未有的发展,以农为主,多种经营。务工和经营性收入,成为大多数家庭的主要经济收入来源。

第一节　工业、手工业

一、中华人民共和国成立前的手工业

中华人民共和国成立之前，本村的手工业主要是砖瓦和灰陶琉璃，其他如一些人从事木匠、泥瓦匠等，多是单枪匹马，没有形成规模。

本村烧制砖瓦和灰陶琉璃的历史源远流长。据相关史料记载，从村北的禹王庙向东，直到城北村的天神庙，包括现在唯一保存的真武庙在内的九座庙宇，都有窑头村民赶着羊群驮上去的砖瓦和灰陶琉璃等建筑材料。至于古皮氏城、龙门城、河津老城的建设，更是离不开窑头的砖瓦。20世纪70年代，第二生产队在村北庙坡打窑时挖出一个大青蛙黑陶模具；80年代在修铁路挖土方时，挖出一个直径2米的大碾盘和一口大铁锅，大碾盘应该是用来碾釉料和黏土，铁锅用来炒釉料或为工人煮饭用。这些都说明本村的先民们在很早以前就以烧制灰陶琉璃和砖瓦作为谋生手段。

20世纪三四十年代，本村烧制灰陶琉璃的主要是周治南和侯万家，周治南师从东窑头吕焕文父亲，而周治南和侯万家又是师徒关系。周治南与东窑头的吕凤山开过脊兽琉璃厂，又与侯万家在周家的南场院合伙开办脊兽琉璃厂，直到抗战时期停办，共持续了8年。1949年，侯万家与东窑头吕吉祥合伙办厂，地址在吕吉祥的场地。

二、中华人民共和国成立后的集体企业

中华人民共和国成立后，经过农业合作化和人民公社化，西窑头村也和全国广大的农村一样，走上了集体化道路，个体手工业近于消亡，集体企业应运而生。入社时，富裕家庭不愿入，入社的家庭多是人口多、家底薄，单靠农作物收入难以维持合作社支出费用。在这种情况下，党支部、社委会考虑利用本村的传统产业发展多种经营，1956年在村西办了一个砖瓦厂，并购置了两辆胶轮车，平时跑运输，农忙时拉庄

稼送粪，办起了第一个集体企业。企业负责人周龙茂，砖瓦厂从业人员有周龙茂、周江海、周章锁、周马锁、卢管锁等人。

1961年，在传统手艺人周治南的倡议指导下，在村北的禹王庙半坡办起了灰陶厂。最初有2面做活窑、1孔烧活窑，主要做脊兽、滴水、瓦盆、尿罐等，从业人员有侯万家、侯有生、周增立、吕忠良、吕正立、周快发、柴好收、周喜命等人。

1962年，农村管理体制发生了变化，实行"三级所有（公社、生产大队、生产队），队（生产队）为基础"，生产队变成了独立核算单位，村办的砖瓦窑、灰陶窑也划归生产队管理。根据当时实际情况，砖瓦窑划归第一、三、五生产队，灰陶窑划归第二、四、六生产队。划小核算单位后，极大地调动了生产队的积极性，砖瓦窑和灰陶窑的经营场所、经营规模及从业人员迅速扩大。灰陶厂刚开业时只有六七人，每年给集体增加收入上万元，下放到生产队后，人员增加到20余人，年收入增加到6万余元。

在办砖瓦窑、灰陶窑的同时，党支部、管委会还根据生产和群众的生活需要，办起了其他企业。1962年在大库房后侧办了油坊，技术员周金宝，从业人员有周水子、周正海等人，每年为本村加工棉籽6万余斤，为外村加工棉籽四五万斤，年创收近万元；在大库房内办起了铁业社，师傅杨景印，从业人员有侯恩全、周锁锁、李应禄等人。主要打造一些生产工具和生活用具（锄、铣、镰、镢、斧、刀），也为大队创收。

1977年，又在原油坊安装了磨面机，在方便群众磨面的同时，每年为大队创收近万元。

1982年，农村已实行家庭联产承包责任制，鉴于原来队办的砖瓦窑、脊兽窑已经解散，为了增加村集体收入，村里在村北的军家坡底重建了砖瓦厂，投资

大队铁业社打造的各种农具

西窑头村轮窑砖厂机械化制砖

10余万元，占地30余亩，年产砖500余万块，从业人员70余人，年创收8万余元。

1983年，随着山西铝厂开工建设，用砖量大增，村里通过在社队局（后来改为乡镇企业局）工作的本村人李建录的帮助支持下，争取省乡镇企业局贷款支持，在军家坡南坡底、文章沟口办起河津县第一个大规模轮窑砖厂，总投资30万元，年产砖1200万—1500万块，从业人员150人次，年利润10万余元。

1987年还办起了一个猪鬃厂，后变为漆布厂。由阮连锁承包。

1992年，邓小平南行讲话后，国家提倡发展乡镇企业，村里按照镇上要求，又筹建了玻璃纤维拉丝厂，周吉生任厂长。原计划投资70余万元，年产40余万米玻璃丝布，由于种种原因，这一项目未能受益，半途而废。

三、改革开放后的个体企业

1.砖厂

刘发家砖瓦厂（1980—2000年）。刘发家在村西原老窑址办了一个砖厂，投资1万余元，年产砖200余万块，从业人员日均30余人次，年收入2万余元。

庞庆昌砖厂（1985—1995年）。在新村北面建一砖厂，年产砖400余万块，从业人员日均50余人次，年收入4万余元。

侯贵胜砖厂（1985—1995年）。在辛封村老砖厂办一砖厂，投资万余元，年产砖200余万块，从业人员日均30余人次，年收入2万余元。

马效民砖瓦厂（2004—2007年）。投资200余万元，年产砖1400万块，从业人员

60人。

2. 其他企业

1982年，阮连锁投资5000余元在村北禹王庙底建设漆布厂，年产布近1万平方米，从业人员8人，年利润两三万元。

1986年，由万荣人谭华民投资，本村出地（并协助办理有关用地手续），在铁路桥北建设洗煤厂，每年向村里上交2万余元，并负责支付村民吃用水的电费（每年约2万余元），合计4万余元。

游泳馆年收入10万元。

一家一户的小灰陶烧窑

3. 灰陶琉璃厂

改革开放初期，村民们把致富的目光首先投向灰陶琉璃，纷纷在自家的院里箍起窑做脊兽、烧琉璃。侯有生是本村、也是河津县第一个办个体灰陶琉璃厂的人。1983年建设，1984年投产，并在工商局正式注册，名称为"西窑头琉璃厂"，注册商标为"鑫泰"。1985年获运城地区乡镇企业先进奖。同年10月，侯有生的事迹上了中央电视台"走向黄土地"栏目。之后从业的户数和规模不断扩大。最早办厂的还有侯斗管、侯建永、侯连生、赵三民、赵建堂、侯建祥等人。到了20世纪80年代末，仅侯家胡同、宁家巷就有近半数人家从事灰陶业，全村呈现出"家家点火，户户冒烟"的景象。1991年，侯有生在村西的后头园租用2队5亩地，建4孔窑，工作室18间，就业人员20余人，年收入达到5万元；侯金柱子承父业，于1995年把原来的"马蹄窑"改成隧道窑，2010年开始用煤气烧窑。

此后几年内村民们就在老村周边及新村兴建灰陶厂近20家，与原来的家庭作坊相比，无论是产品质量还是生产规模都有较大提高。原来的灰陶主要是用陶土（胶泥）烧制，产品单一、质地较为疏松、粗糙，多用于民房建筑；20世纪90年代后，原料配方及烧制工艺都有了改进，产品质地坚硬细致，品种、技术含量及附加值增加，广泛应用于仿古建筑、公园、楼堂馆所。生产规模方面，一般企业都有5—6个窑，年收入50万—60万元，大的企业有10多个窑，年收入超过百万元，形成了窑头村的灰陶琉璃产业集群和品牌效应。

灰陶车间生产场景

2017年前形成规模的灰陶企业有：侯金柱、侯全柱、赵三民、柴伟伟、侯建堂、侯建祥、侯连生、侯建永、赵国海、周有力、周有振、周振喜、周振刚、周振荣、侯昌兴、郝武栋、周建杰、周有思、邵亮生、邵虎生、刘云生、郭锁平等。周福禄、周良亮主要搞墙雕壁画。

侯金柱，琉璃窑（推板窑3条）每条为一个大孔。1条是4个孔，1条是6个孔，1个大孔相当于4个窑，年收入约100万元。

赵三民，1993—2008年办灰陶琉璃厂，年利润18万元，20名工人，占地10亩，产品销往临汾、太原、大同等地。

侯祥祥，2个厂，10个窑，总收入约160万元。

赵建堂，一家共4个厂，总收入约320万元。

侯全柱与柴伟伟合办厂，年收入约40万元。

侯连生，一个厂（7个窑），收入约140万元。

侯建永，3个窑，年收入约60万元。

赵国海，一个厂（8个窑），收入约80万元。

周振刚、周有力、周有振、周振喜共有6个窑，收入约60万元。

周振荣，4个窑，收入约40万元。

侯昌兴，5个窑，收入约50万元。

郝武栋，5个窑，收入约50万元。

周建杰，5个窑，收入约50万元。

周有思，7个窑，收入约70万元。

邵虎生，5个窑，收入约50万元。

邵亮生，6个窑，收入约60万元。

刘云生，5个窑，收入约50万元。

郭锁平，5个窑，收入约50万元。

周福禄制作模具，年收入约10万元。

党的十八大以来，国家加大了环境整治力度，大气污染问题是整治的重点，传统的灰陶琉璃业受到极大挑战。2015年，党支部、村委会在市委、市政府的指导支持下，在村北的军家坡规划了"灰陶琉璃工业园区"，积极组织灰陶琉璃产业集群化发展，并多次组织相关企业负责人深入河南、陕西等地学习考察，引导企业打造灰陶琉璃工业园区，提升灰陶琉璃行业的产业布局和产品档次。赵国海的"创新古艺建材有限公司"首先入驻园区，进行了技术改造。到2018年底，入驻园区的企业共11家，产值达数亿元。

4.重点企业简介

河津市创新古艺建材有限公司，法人代表赵国海，注册资本1600万元，2016年7月成立，总占地面积38600平方米，是一家集灰陶制品生产及销售、仿古建筑安装于一体的私营企业，公司位于河津市城区街道西

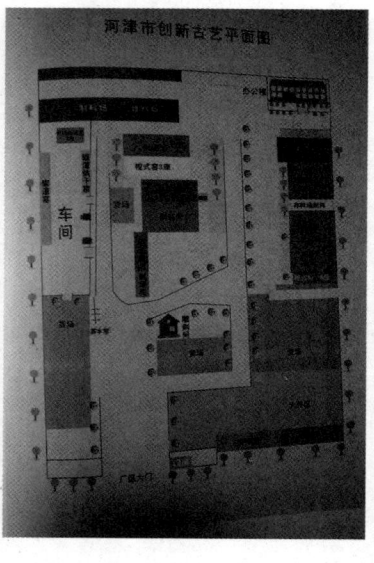

河津市创新古艺建材有限公司营业执照及平面图

窑头新村，地理位置优越，交通便利。公司可对外承接大型园林、宫殿、庙宇等屋面施工和园林装饰工程。河津市灰陶琉璃产品加工有700年历史，现已列入国家非物质文化遗产。

企业年生产灰陶制品5000万件，建有轨道窑生产线1条，梭式窑生产线9条。主要包括：新建厂房18000平方米，轨道窑1座，梭式窑9座，办公生活用房2200平方米及其他辅助设施；安装有粉碎机、干粉压力机、空压机、挤瓦机、轨道窑风机、梭式窑风机、给水泵、袋式除尘器等主要设备35台（套）。产品畅销全国各地。

非物质文化遗产证书

河津市西窑头琉璃灰陶工艺厂，成立于1983年，位于河津市龙岗西路和108国道交界处，以生产古建、仿古及民用建筑琉璃为主，2008年进行了全面技术改造，占地15亩，现有员工120余人，本厂以本地优质的陶土为原料，继承古琉璃艺术，生产出的产品质量达到国家工业建筑材料标准，色彩纯正、流光溢彩、抗冻、抗热、抗脱落。1998年荣获地区优秀产品奖，2003年受故宫博物院邀请参加产品订货会，2012年注册"鑫泰"商标。

鑫泰注册商标证

河津市津泰琉璃灰陶有限公司，位于河津市城区街道西窑头新村东工业园区，占地面积2万平方米，2016年为适应市场需求，规模化发展，公司投资1020万元新建自动化程度较高的灰陶和琉璃生产线，员工120余人，计划年生产琉璃制品1200万件，灰陶制品500万件，2018年底完成厂区和窑道

津泰琉璃厂营业执照

建设，2019年开始投产。

河津市永伟灰陶仿古建材有限公司，法人代表赵建堂，注册资本1200万元，2016年8月成立，地址在河津市城区街道西窑头村，主要产品有：灰陶琉璃制品，产品畅销全国各地。

河津市群星灰陶有限责任公司，法人代表吕建军，注册资本1050万元，2016年7月成立，地址在河津市城区街道西窑头村，主要产品有：瓦件、脊兽、吻、砖雕等灰陶琉璃制品几十种，产品畅销全国各地。

河津市盛春灰陶有限公司（原河津市建祥灰陶工艺厂），法人代表赵国海，注册资本600万元，公司始建于1997年，占地30余亩，是一家集仿古类砖瓦、砖雕、定制大型瓦件以及纯手工捏脊等古建筑产品的生产厂家。

本厂产品极负盛名，供不应求，近年来先后为大同云冈石窟、华严寺、恒山，太原晋祠、太山、天龙山、普光寺、圆通寺、省政府，平遥古城，王家大院，乔家大院，李家大院，陕西户县财神庙，关中民俗博物馆，西安黄陵，渭南桃花园，河津龙门、董其武故里、卜子夏故里等古建文物的修缮扩建添砖加瓦。产品畅销全国各地。

河津市博艺仿古建材有限公司，法人代表侯全柱，注册资本500万元，2015年10月成立，地址在河津市城区街道西窑头村，主要产品有琉璃、灰陶、砖雕制品，产品畅销全国各地。

山西思达琉璃灰陶有限公司，法人代表周有思，注

河津市永伟灰陶仿古建材有限公司营业执照

河津市群星灰陶有限责任公司营业执照

河津市盛春灰陶有限公司营业执照

册资本 300 万元，2016 年 9 月成立，地址在河津市西窑头新村，主要产品有琉璃灰陶制品，产品畅销全国各地，特别是寺庙等古建工程使用较多。

河津市君达灰陶砖雕有限公司，法人代表郝武东，注册资本 300 万元，2018 年 2 月成立，主要产品有灰陶、砖雕制品，产品畅销全国各地。

河津市皇朝灰陶砖雕有限公司，法人代表侯军杰，注册资本 500 万元，2017 年 6 月成立，主要产品有灰陶琉璃制品，产品畅销全国各地。

山西晋超琉璃灰陶工艺有限公司，法人代表侯猛超，注册资本 300 万元，2016 年 9 月成立，主要产品有各种灰陶仿古制品，产品畅销全国各地。

河津市博艺仿古建材有限公司营业执照

山西思达琉璃灰陶有限公司营业执照

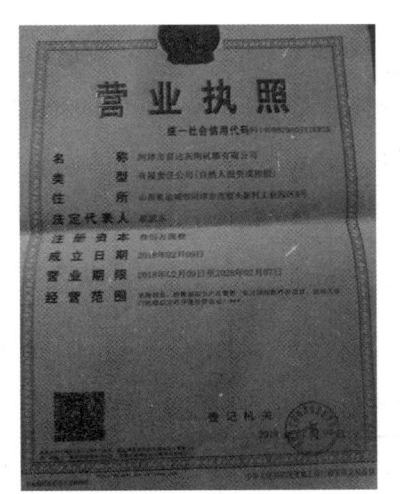
河津市君达灰陶砖雕有限公司营业执照

河津市皇朝灰陶砖雕有限公司营业执照

山西晋超琉璃灰陶工艺有限公司营业执照

2018年底注册的灰陶琉璃企业

企业名称	业主	企业名称	业主
博艺仿古建材有限公司	侯金柱	灰陶琉璃厂	周建杰
灰陶琉璃厂	侯建祥	君达灰陶砖雕有限公司	郝武东
灰陶琉璃厂	赵建堂	永伟灰陶仿古建材有限公司	赵永伟
灰陶琉璃厂	侯全柱 柴伟伟	津泰琉璃灰陶有限公司	侯文斌
灰陶琉璃厂	侯连生	青昊砖雕有限公司	庞晓斌
灰陶琉璃厂	侯建永	龙门琉璃灰陶文化产业园有限公司	周斌
灰陶琉璃厂	赵国海	鑫泰琉璃灰陶有限公司	侯文斌
灰陶琉璃厂	周振荣	晟杰灰陶工艺有限公司	周建杰
亮生灰陶制品有限责任公司	邵亮生	思达琉璃灰陶有限公司	赵国海
灰陶琉璃厂	邵虎生	晋超琉璃灰陶工艺有限公司	侯猛超
唐清灰陶制品有限公司	郭锁平	城南建祥灰陶经销部	侯建祥
灰陶琉璃厂	侯昌兴	西窑头琉璃灰陶工艺厂	侯金柱
灰陶琉璃厂	周有思	城南虎生陶瓦经销部	邵虎生
灰陶琉璃厂	刘云生	灰陶琉璃厂	周福录

5.企业情况汇总

1995年西窑头企业总表 单位：（万元、吨）

企业	厂长或经理	固定资产	人数	产品	产量	产值	收入	纯利润	个数	备注
工业		137.4	39			1442.7	1421.3	173.4	44	
建筑业		31.5	108			190	119	25.2	5	
运输业		59.2	12			1157.4	1157.4	381.3	75	
商业		230.9	69			303.9	303.8	111.9	46	
饮食服务业		118.8	50			154.9	154.9	76.5	20	
其他企业		27.2	12			45.5	29.9	12	9	
总计		1204.6	650			3294.3	3257.2	780.3	199	

1995年西窑头企业汇总表（工业）单位：（万元、吨）

工业	厂长或经理	固定资产	人数	产品	产量	产值	收入	纯利润
饮料厂	周德生	20	6	饲料	200	280	280	7

工业	厂长或经理	固定资产	人数	产品	产量	产值	收入	纯利润
脊兽厂	米猛虎	0.2	2			3	2	1.5
脊兽厂	李平安	0.2	3			3.2	2	1.6
脊兽厂	李应录	0.3	3			4	3	2
脊兽厂	周建军	0.2	2			2.8	2	1.4
砖厂	周宗明	10	20	砖	200	18	17	2
机磨	周明发	0.7				8	4	1.2
滴水厂	周章发	0.2	2			3	2	1.2
滴水厂	周越发	0.2	2			3	2.1	1.5
木料加工厂	周天奋	3	2			5	3	1.8
方砖厂	张小狗	0.08	2	方砖	15	2.5	2.5	1.6
方砖厂	周文德	0.08	2	方砖	14	2.45	2.45	1.5
方砖厂	周文海	0.07	2	方砖	14	2.5	2.5	1.8
方砖厂	柴好收	0.06	2	方砖	13	2.3	2.3	1.4
方砖厂	周建永	0.06	2	方砖	13	2.2	2.2	1.5
方砖厂	周 有	0.07	2	方砖	12	2.1	2.1	1.4
方砖厂	周虎威	0.08	2	方砖	15	2.5	2.5	1.8
方砖厂	侯建永	0.07	2	方砖	14	2.4	2.4	1.7
方砖厂	周四娃	0.06	2	方砖	13	2.2	2.2	1.6
方砖厂	周喜信	0.08	2	方砖	15	2.5	2.5	1.7
方砖厂	周 珍	0.07	2	方砖	15	2.6	2.6	1.8
涂料厂	侯四学	15	5			25	17	9
琉璃厂	侯连生	7	6			30	20	7
琉璃厂	周有思	8.5	7			25	19	6
琉璃厂	周福录	6.8	6			20	9	6.8
洗煤焦化厂	曹秀清	250	65	焦煤	4	1100	800	305
轮窑砖厂	周明芳	50	70	砖	750	80	75	14
砖厂	赵印生	12	30	砖	400	40	38	8

工业	厂长或经理	固定资产	人数	产品	产量	产值	收入	纯利润
砖厂	庞昌娃	10	25	砖	300	30	29	6
脊兽厂	周万福	0.3	2			3.2	2.5	2
脊兽厂	周梅发	0.2	2			3	2	1.5
琉璃厂	周双力	8	5	琉璃器件		25	20	8
脊兽厂	阮三龙	0.4	4			4	3.5	2
琉璃厂	侯建永	7	5			20	12	7
脊兽厂	侯艳海	0.3	2			4	2.2	1.8
脊兽厂	赵二民	0.2	2			3	2	1
脊兽厂	侯永祥	0.3	2			3.5	2.1	1.8
脊兽厂	周建华	0.25	2			4	3.5	2
琉璃厂	侯有生	8.5	6			26	20	9
琉璃厂	赵三民	6	5			15	10	5
滴水厂	周天宝	0.07	2			3.5	2.5	1.5

1995年西窑头企业汇总表（商业） 单位：（万元、吨）

商业	厂长或经理	固定资产	人数	产品	产量	产值	收入	纯利润
日杂	周荣科	0.3	1			2.5	2.5	1.2
纸花部	周燕林	0.2	1			1.8	1.8	1
汽车配件	周萌四	3	1			5	5	2
摊点	周印虎	0.2	1			1.8	1.8	1
修理	段泰祥	0.1	1			1.2	1.2	0.8
屠宰	周少南	0.3	3			8	8	2
摊点	周水得	0.2	1			1.2	1.2	0.5
卖菜	周化南	0.4	1			2	2	1
门面	周创宾	2	1			4	4	2
门面	周宗海	1.5	1			3	3	2
家具店	柴重祥	10	1			9	9	2.5
小暖门市部	周建红	20	2			18	18	8

商业	厂长或经理	固定资产	人数	产品	产量	产值	收入	纯利润
屠宰加工	周增立	10	3			35	35	12
门面	李云红	12	3			9	9	5
门面	侯喜建	1	1			4	4	1.2
配件门市部	武群海	4	1			5	5	2.5
粮油门市部	刘付立	3	2			7	7	2
成衣店		1.5	1			2.5	2.5	1.2
屠宰	侯喜丁	0.1	2			8	8	2
门市部	庞天行	0.8	1			1	1	0.5
门市部	侯六斤	1.5	1			3	3	1.2
纸花部	周正祥	1.2	1			3	3	1.8
家具店	柴增祥	10	1			9	9	2.5
家具店	柴俊祥	10	1			9	9	2.5
加油站	周建廷	30	2			18	18	9
门面	周建林	3	2			4	4	18
门面	周启明	0.8	2			5	5	2
摊点	周吉生	0.2	1			3.5	3.5	2
批发部	周昌兴	20	2			10	10	4
卖馍	武文海	0.5	4			5	5	2
批发点	米保印	15	2			19	19	4
批发点	庞顺昌	2	2			20	20	8
摊点	周海立	1	2			5	5	2
门面	刘群虎	1.5	1			3	3	1.2
纸花部	阮连锁	0.9	1			2	2	1.2
纸花部	阮金盛	0.8	1			1.8	1.8	1
装潢门市部	侯建芳	2.5	1			5	5	2
摊点	王林生	0.5	1			1.5	1.5	0.9
磁带店	侯国军	2.5	1			4	4	1.8

商业	厂长或经理	固定资产	人数	产品	产量	产值	收入	纯利润
门面	赵新民	3	1			4.5	4.5	2
寿木店	侯昌奎	3.2	1			4	4	2.5
出租模板	郭克俭	2	1			2	2	1.5

1995年西窑头企业汇总表（饮食服务业）单位：（万元、吨）

饮食服务业	厂长或经理	固定资产	人数	产品	产量	产值	收入	纯利润
旅社	周文娃	2.5	3			3	3	1.5
醋厂	周天驹	10	5	醋	200	10	10	2.5
保健站	周印祥	0.6	1			1.5	1.5	0.5
焊水箱	周益民	0.2	1			1.6	1.6	0.8
澡堂	周荣昌	3	2			3	3	2
油漆	刘春生	0.1	2			2	2	1.5
修理	赵印生	0.3	1			1.5	1.5	1
修理	侯喜万	0.5	1			2.8	2.8	1.2
饭店	侯建虎	1.8	3			4	4	1.5
修理	侯恩全	0.5	1			2	2	1.2
卫生所	侯天锁	0.5	1			5	5	2
粉碎石料	李永祥	0.5	2			3	3	1.2
修理	赵建明	0.8	1			1.5	1.5	1
修理	赵双建	1	1			2.5	2.5	1.8
餐厅	周祥生	34	8			50	50	20
门面装潢	王建元	30	4			27	27	8
汽车配件	杜印龙	20	4			32	32	10
饭店	李天祥	2.5	3			3	3	1.8
饭店	周云生	4	4			3.5	3.5	2
修摩托	周有生	6	2			8	8	6

1995年西窑头企业汇总表（其他行业）单位：（万元、吨）

其他行业	厂长或经理	固定资产	人数	产品	产量	产值	收入	纯利润
养鸡	周荣录	1.2	1			4	3	0.9
养鸡	周启发	3	2			8	6	1.5
养鸡	武长海	1	1			3	2	0.8
养鸡	侯重生	0.2	1			3	2	0.4
养猪	周会民	15	2			15	9	4
果园	周喜民	4	2			3	2.5	1
种菜	武振海	0.8	1			5	2.5	1.6
养鱼	侯硬录	2	2			5	2.8	1.6

第二节　建筑业

一、个体工程队

近20年来，西窑头村先后有10余人领办建筑工程队。形成规模的有：周建红、周茂杰、周仲建、郝建荣、周创斌、周居清、周小根、柴五收、侯怀运、周林祥。

1995—2018年西窑头村建筑业汇总表 单位：（万元、吨）

	厂长或经理	固定资产	人数	产品	产量	产值	收入	纯利润
工程队	郝建荣	2.0	50			100	100	15
工程队	周仲建	1.5	30			60	60	6
工程队	周居青	0.5	10			10	10	1.5
工程队	周吉祥	0.5	10			8	8	1.2
工程队	柴五收	0.5	8			12	12	1.5
工程队	周建红	100	120			1000		
工程队	周茂杰	100	120			1000		

二、比较有名的工匠（木匠、泥瓦匠）

吕胜才（在宜川开木匠铺）、周德印、周吉庆、周俊法、郭克俭、周长法、阮喜荣、赵新民、吕正管、柴增祥、柴俊祥等。

第三节　运输业

中华人民共和国成立前，本村的运输业主要是家庭较富裕的人家养骡子到北山驮炭，拉到汾南的通化、里望及裴庄等地去卖，赚些差价。从业人员主要有周木挠、周二芒、周永厚、武万明、侯小狗、赵全学等。

1956年实行高级合作社，村里在办砖瓦窑时购买了2辆胶轮车，成立了运输队，主要向外地拉砖送瓦，为集体创收。

20世纪70年代中期，大队购买了1台30拖拉机，主要为村办企业上山拉炭、运输砖瓦。一些生产队也先后购买了手扶拖拉机、12马力拖拉机（俗称"小四轮"），农忙时运庄稼拉粪，农闲时对外跑运输创收。

改革开放后，农民的自主经营权扩大，运输业作为村民的一项主要创收渠道，迅速发展起来。主要有两种模式：一种是货运业务，主要运输煤炭、矿石、建筑材料及农副产品等；一种是客运业务，主要跑长途线路及市内公交，以及出租车业务。

一、货运车经营情况

20世纪80年代初，周少廷、侯连生、武顺昌、周有新四家合伙率先购买了1台唐山12马力拖拉机（小四轮），主要为周边建设工地运输砖瓦、水泥、沙子等建筑材料，年收入达7000—8000元。在当时"万元户"就是农民追求目标的背景下，这一可观收入吸引带动了一批村民纷纷跟进，购买小四轮比较早的还有米虎锁、李殿中、米官录、侯贵胜、周六锁、侯降登等。

20世纪80年代中后期,村民开始购置货运汽车。最早是周宗明、周建华购买的"改装车"(先是由侯马一些企业改装而成的车,后来本市黄村、百底等村村民从外地购买报废车辆组装,一度生意红火,被戏称为"中国三汽",本村周建华、侯玉堂也曾组装经营过改装车)。与"小四轮"相比,该车运量大、运距长。主要是上山拉炭,往黄河坝运石头。之后,周卫来与周创合合资;侯建章与米勤昌合资先后购置了"依法""青海湖"等车,到四川等地搞长途贩运,年收入近万元。

20世纪90年代初,侯连生、周少廷合资率先购置"解放141""解放142",为山西铝厂上煤,年收入2—3万元。之后几年,养车户及运输车辆急增,据初步统计,2003年全村货运车辆达60余台。这一时期,主要是运输煤炭、矿石、水果蔬菜等长途货物,运输区域扩大到内蒙古、四川及广东等地。

进入21世纪,特别是2008年金融危机之后,国家经济发展速度趋缓,运输业随之萧条,加之国家加大对运输车辆安全环保的要求和限制,村里跑运输的车辆减少。到2017年底,本村跑运输的有郝武朋、周青水、侯建军等户。

西窑头村村民经营的大货车

运输业（2000—2018年）

企业名称	业主	产品	生产规模	年收入
城南瓦帮货运部	郝武朋			
城区周建荣个人运输户	周建荣			
城区周长江个人运输户	周长江			
城区周青水个人运输户	周青水			
城区周建军个人运输户	周建军			
城区吕峰个人运输户	吕　峰			
城区吴吉生个人运输户	吴吉生			
城区赵瑞军个人运输户	赵瑞军			

1995年西窑头企业汇总表（运输业）单位：（万元、吨）

运输业	厂长或经理	固定资产	人数	产品	产量	产值	收入	纯利润
三轮车	周海立	0.4	2			2	2	1
三轮车	周喜录	0.3	1			1	1	0.5
三轮车	柴建民	0.4	1			1.8	1.8	1
三轮车	周连锁	0.4	1			2	2	1
三轮车	周洲立	0.4	1			2	2	1
解放汽车	周青山	1.2	1			5	5	1.5
解放141	周仲武	50	3			40	40	15
解放141	周存运	6	2			15	15	3
解放142	刘燕辉	12	2			20	20	2
解放142	卢永民	15	2			20	20	5
拖拉机	李电中	1	2			5	5	2
四轮车	米虎锁	1.2	2			5	5	1.5
黑豹车	米喜德	2.5	1			6	6	1.5
解放142	米官录	15	2			25	25	10
解放车	米双喜	3	1			5	5	2
解放142	米勤昌	13	1			21	21	8

运输业	厂长或经理	固定资产	人数	产品	产量	产值	收入	纯利润
解放车	李平定	3	1			5	5	2
解放142	周吉荣	13	1			20	20	3
解放车	周良生	4	1			10	10	2.5
解放142	徐建民	13	1			25	25	10
解放142	徐卫民	13	1			25	25	10
收割机、中巴车	周天降	12	2			20	20	12
解放142	侯建康	13	1			25	22	10
解放141	周 斌	8	1			20	20	5
解放142	武来清	13	1			25	25	10
汽车	李吉祥	4	1			7	7	2.5
解放142	周建生	14	1			2.5	2.5	11
三轮	赵四民	0.4	1			1.5	1.5	0.5
嘎斯汽车	赵中良	4	1			12	12	3
解放142	侯贵明	13	1			25	25	9
解放142	吕建国	13	1			22	22	8
汽车	侯世清	4	1			8	8	2
汽车	赵武荣	4	1			7	7	2
四轮	王玉树	0.5	1			3	2	0.8
解放141	庞小昌	7	1			1.5	1.5	5
18马力拖拉机	周天存	1.8	1			5	5	1.2
解放142	周建伟	13	1			25	25	10
四轮车	周增发	1.5	2			3	3	1.5
解放142	周乃民	13	1			20	20	10
东风140、142	周 斌	100	3			75	75	25
18马力拖拉机	米学祥	3.5	2			10	10	3
四轮	刘宝生	0.5	1			2	2	1
解放	吕全有	3	1			5	5	3

运输业	厂长或经理	固定资产	人数	产品	产量	产值	收入	纯利润
解放142	周文立	13	1			25	25	10
老解放	赵武勤	3	1			7	7	2
解放142	赵建民	13	1			25	25	8
解放142（2台）	侯国济	15	3			100	80	25
解放142	郝世伟	13	1			22	22	8
老解放	侯怀云	4	1			8	8	2.5
解放142（3台）	侯平生	35	1			70	70	20
客车	侯双锁	12	1			18	18	6
南京跃进	赵虎民	3	1			7	7	2
解放141	周宗宽	9	1			20	20	7
解放142	周邵杰	13	1			26	26	8.5
解放142	米永昌	13	1			25.3	25.5	8.9
解放142	周建堂	13	1			25	25	8
解放141	周虎立	13	1			18	18	5
五十菱汽车	周生荣	7	1			16	16	4
解放车	周瑞杰	4	1			15	15	3.5
四轮车	侯江来	4.5	1			6	6	2.5
18马力拖拉机	周卓立	1.8	1			6.5	6.5	3
15马力小四轮	周喜命	1.8	1			3	3	1
15马力小四轮	侯昌兴	0.7	1			3	3	0.8
15马力小四轮	侯马锁	0.6	1			2.5	2.5	0.7
15马力小四轮	李伟民	0.7	1			3	3	0.9
15马力小四轮	周红卫	0.5	1			2.3	2.3	0.8
15马力小四轮	周瑞斌	0.8	1			3	3	0.9
15马力小四轮	侯建强	0.7	1			2.8	2.8	0.8
黑豹车	周有旺	2.4	1			4	4	1.5
三轮车	侯会生	0.7	1			2.5	2.5	0.9

运输业	厂长或经理	固定资产	人数	产品	产量	产值	收入	纯利润
三轮摩托车	侯民生	0.05	1			2.3	2.3	0.8
三轮摩托车	周刚生	0.6	1			2.2	2.2	0.75
解放142	侯畅义	13	2			25	25	10
解放141	周天红	5	2			12	12	4.5

二、客运车经营情况

本村村民经营客运车业务始于20世纪80年代初，最早是长途客运及市内公交，20世纪90年代后期，有了出租车业务。

1.经营客车的有：阮朋伟、阮俊平、柴晓斌、李建军、周红伟、侯世杰（新村）。

西窑头村村民经营的客车

2.经营出租车的有：侯振杰、侯振红、武俊青、赵永勤、赵耀勤、周霞、周三平、周会朋、周晓朋、米二军、周红伟、侯会生（新村）。

西窑头村村民经营的出租车

第四节 商业

一、中华人民共和国成立前的商贸活动

本村的商贸活动最早可追溯到周家的周纯修与胞弟周懋修,在绛州(现新绛县)经商。根据《周氏家谱》记述,周纯修七十大寿时,绛州30余家字号共赠一寿匾,上书八行楷字"惟我周兄,令德有名;治家勤俭,交友存诚,策名天府,兰桂峥嵘,兹登耆境,同祝长生",足见其在当地商界的影响力及威望。

粮店用的"斗"

米家在陕西省朝邑县(现划归大荔县)做生意,主要经营粮油、百货日杂、烟酒等,由于其经营有方,生意兴隆,店铺占了半条街。《河津县志》载:清光绪年间,河津的粮食集散中心主要有三个:县城、樊村镇、清涧湾。清涧湾共有13家粮店,其中,西窑头米家经营的"大丰粮店"历史最长,开设于清道光年间,有100年以上历史。县博物馆存有大丰粮店用的斗,此斗高24厘米,上边宽39厘米,下边宽28厘米。每斗容量17.3公斤(小麦)。斗形低而宽,上大下小,中间略呈凸肚状。斗中有一横梁,可提。此粮店于1938年日军攻占河津后关闭。

周如玺在绛州做生意,此公生性忠厚、诚实守信,生意扩大到西安、兰州等地。

周万户在北方平开钱庄,字号为"祥盛悦",《河津县志》载:光绪二十九年(1903年),全县有"仁义公"等十多家钱庄,"祥盛悦"列于其中。

《河津老城》载:王苏林在河津老城西关,开有"德茂永"粮店,1938年关闭。

20世纪40年代,周效文、周山娃、周全娃三兄弟精诚合作。老大效文坐镇绛州

经营，老三全娃在陕西韩城、宜川设点，老二山娃往返于两地跑运输，生意很快做大。另外，还有李克良、李克恭、侯天恩等人也在绛州做过生意。

河津解放前后，比较富裕的人家在自家地里种菜，自营或批发，到北坡、汾南去卖，主要有周富居、阮胜泉、李银照、侯奎位、侯家录、侯天恩、赵全学等人。一些村民在本村开了小卖部，主要经营烟酒、油盐、糖果等日常生活用品。周治南在周家巷李平定北房东占有两间房开设小卖部，武万户在宁家巷东头（现阮连锁院）开设小卖部，周安成开过小卖部，李金照摆摊卖过小商品。

二、中华人民共和国成立后的商贸活动

1954年，国家实行"统购统销"，1956年对私营资本主义工商业进行社会主义改造，本村在外的私营商业活动自然消失，村民的日常用品主要由村内代销店经营。

20世纪六七十年代，周存立在自家南房开小卖部。在新村，周选科等开设过小卖部。

20世纪80年代后期，周全发在城里开外贸公司，规模效益比较好。

20世纪八九十年代，周宗明在宁家巷东口开商店。

20世纪八九十年代，柴增祥、柴俊祥、柴仲祥、柴茂胜、柴玉胜等先后在城里开杂货店，至今生意兴隆。

2000年之后，周天存、周记生、吕存有开设超市，周振华在城里开设超市，周泽在城里开设网吧、商店，赵汝珍在城里开设曼陀罗化妆品商店，周平在城里开设袜业内衣批发部，周正祥、阮连锁、侯玉珍分别在村里、城里、铝厂开设纸花部。

1990—2000年以后，规模较大的商贸业主有：米雪生、周平、周振华等人，高强在杭州开店。

商　店

商店名称	业主	产品	生产规模	年收入
二狗二手汽车销售有限公司	侯建军			
康森贸易有限责任公司	王建斌			
晋瑞矿山设备有限公司	王建文			

商店名称	业主	产品	生产规模	年收入
山泉钻井有限公司	庞小昌			
国红二手车行	周国红			
城区农资经销部	周红生			
阳村汽车轮胎修补部	王 文			
特富瑞工程机械设备有限公司	张建伟			

重点商户介绍：

河津市耿诚商贸有限公司，成立于2010年，注册资金200万，法人代表米雪生。公司旗下有七家烟酒副食连锁店，员工60人，代理雪花、戎子、张裕、加多宝、红牛等知名品牌产品，是一家集批发、连锁经营、零售为一体的股份公司。公司前身是雪生水果店，于1992年成立。近三十年来，公司本着诚信为本，信誉至上的经营理念，时时考虑为老百姓服务，让人民吃放心食品，喝放心酒，抽放心烟，在河津获得了良好的口碑。争取做古耿大地最讲诚信的公司——河津市耿诚商贸有限公司。

河津市耿诚商贸有限公司营业执照

周平袜业内衣批发部是河津品牌最全、品种最多，以销售袜子、内衣为主的知名品牌批发部。1991年冬，在高家湾市场摆摊销售化妆品。1992年，南下浙江义乌采购小商品百货。2000年，借贷13万元，在河津市中兴西路北，开设周平袜业内衣商店。凭借"质优价廉，诚信经营"的理念，在亚飞百货开起较大的品牌内衣大卖场。2005年，联系全国众多品牌厂家，大胆推出"品牌保98元""品牌内衣39元"系列促销活动。连续三年十几个品牌内衣销售荣获全国单

周平袜业内衣批发部营业执照

店销量第一,并连续多年,荣获河津市商业系统颁发的"河津十佳经营户""河津十佳诚信示范店",亚飞百货颁发的"十佳优秀经营户"。2006年参加在武汉举办的全国内衣袜业销售精英大会。2008年参加西北品牌袜业内衣展示会。

振华副食批发部,总资产40余万元,经营副食、烟酒等100余种产品,年营业额400余万元。

 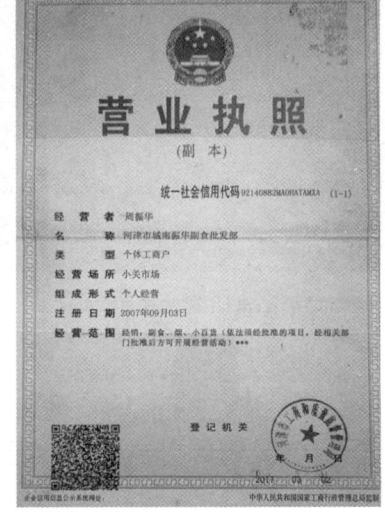

振华副食批发部　　　　　　　　　　振华副食批发部营业执照

城南存有副食综合商店,总资产20余万元,经营日杂、副食、烟酒等100余种商品,年销售收入200余万元。

城南存有副食综合商店　　　　　　　城南存有副食综合商店营业执照

佳佳烟酒副食店，总资产10余万元，经营日杂、副食、烟酒等80余种商品，年销售收入100余万元。

佳佳烟酒副食店营业执照

佳佳烟酒副食店

第五节　饮食服务业

一、名厨名吃

1. 周仁娃、周狗子、周秃子、周印科是西窑头村的名厨。

2. 周印娃蒸晋糕名满河津。

3. 周林祥做的油糕、粉皮质优价廉。

二、豆腐坊

周选科、赵存家、武长河分别在家里开过豆腐坊。

三、醋坊

1. 周小根经营醋坊（2000年）。

2. 周颜林经营醋坊（2000年）。

3. 周田驹与城关供销社合办醋坊（1983—1990年）。

第六节　饲料加工、养殖场

周国军的亚森养殖有限公司建于2008年，经过十年的发展，养殖场占地面积0.9公顷（约7.3亩），猪舍面积1200余平方米，现存栏母猪25头，商品猪250头，年出栏生猪500头，是一家集母猪繁育、仔猪保育、商品猪育肥的综合性生猪规模养殖场。年产值75万余元，实现利润15万余元。

亚森养殖有限公司营业执照

亚森养殖有限公司养的猪

第七节　其他服务业

一、自行车修理部（侯志清）西窑头村口

侯志清从1958年开始在本村村北开办自行车修理部，直到2000年。

二、三轮车、摩托车修理部

侯虎伟、吕敬昌在城关村龙岗路南北两边开修理部。

三、理发铺

20世纪六七十年代，高平人老马在第六生产队落户，于村北108国道北开理发铺为村民理发，本村村民凭票理发，老马凭票记工分。后来周文华也在108国道北边开理发店。20世纪80年代，侯小芳、周改改在自家院里开设理发店。

第十章　教育

第一节　传统私塾

民国九年（1920年）西窑头国民学校学生毕业合影

私塾是古代沿袭下来的私人办学形式，在封建社会创办私塾的不多。到了清朝末年，私塾很快发展起来，在河津差不多遍及各大村庄。私塾的办学形式也是多样化的。主要有官宦富豪之家办的私塾、有名望的文人学士之家办的私塾、村里的殷实富裕之家合办的私塾。窑头村的私塾多属本村殷实富裕之家合办的私塾，如侯家、周家、米家分别在各自祠堂内开办过私塾。清末秀才周登庸还在老院场办过私塾，供族人求学。非本族人家的孩子支付一定的束脩，也可以在这些私塾内临时听讲受业、释疑解惑。私塾的教学内容多为《三字经》《百家姓》《弟子规》《千字文》之类的蒙学知识以及一些基础算学、珠算算法等知识。每天就是识字、读书、背诵。这些私塾也为窑头村培养了不少有用人才，如周维新，生于康梁维新变法时代，因赞成变法而取此名。他精于民间医术，专治疑难杂症，疗效颇佳，为附近村民看病，大多数不用花钱或只花一点钱，服务乡民。米耀立，当过和顺县县长、武乡县承审。米耀中，在本村学校教过学，教书育人数十年。还有侯俊荣、侯德安、李俊英等有识之士都为窑头村做过贡献。

第二节 学前教育

学前教育，亦称幼儿教育，是指把4—7岁左右的儿童组织起来，开展生动活泼的学习教育管理。窑头村的学前教育始于1958年。当时，主要是为了适应大跃进的形势，解放妇女劳动力而举办的。窑头村最初召集了30多名幼儿园学生，教师有赵巧凤、周晶娥、王凤珍、赵姣绒等人，王凤珍任园长，地址在周永光的老院。开设课程有语言、计算、唱歌、美术和手工。语言要求学会汉语拼音，认会150个汉字；计算要求是学会100以内的数字，能计算20以内的加减法。这个幼儿园从1958年一直办到1962年。

第二排：王凤珍（左），赵姣绒（右）　　　　第二排：王凤珍（右三），赵姣绒（右二）

1973年，县政府把6岁儿童的学前教育纳入了教学计划。大多数村级小学均附设了学前班，教师由所在生产大队配备，教学由学校统一领导。当时，西窑头的学前班先后设在老大队院废弃的油坊内、原大队办公楼下的窑洞里。后来搬到在老爷庙遗址新建的小学校内。教员有张巧兰、周巧梅、杜菊叶等人，一直办到1975年。

1976年以后，全县各小学普遍附设了学前班。

1983年4月县教育局对全县幼教工作进行了全面检查，同时要求各乡镇建立独立幼儿园，幼儿园活动器具必须具备五大件，即秋千、滑梯、转盘、跷跷板、单杠等，幼儿入园率要达到65%以上，并普及了大、中、小三年制幼儿教育。西窑头村的幼儿园验收达标，地址在当时的大队院窑壁上。教员有周荣娥、柴云英、杨效梅、王桂云等人，学生达60多名。

2000年，幼儿园搬到了大队院新建的北房内，学生30余名。

2001年，因各种原因幼儿园停办。是年，由吴家关村的张建稳、张玉梅兄妹二人租用周宗康老院私人办起了幼儿园。东西窑头、西关等村30名幼儿在这里上学，直到2008年停办。

2009年，本村的侯天民、郝晓梅夫妇在东窑头村口王万安院内办起了"未来之星"幼儿园，本村多数幼儿在这里上幼儿园，直到2018年还在开办。村民也有把孩

六一儿童节"未来之星"幼儿园儿童节目表演

子送到西关蓓蕾幼儿园的,还有送到城里幼儿园的。在此期间,新村(8队)的幼儿多数送到了城里或私人办的幼儿园,非常分散。

第三节 小学教育

一、西窑头村小学

清末"废科举,兴学堂"。民国三年(1914年)河津西窑头国民学校应运而生,当时在河津是最早建立学堂的村子之一。学校就设在新建成的关岳庙内。据《关岳庙记》碑文记载:"河津县西,西窑头村北,旧有关公庙岁久坍塌。元年,有村医人李君茂枝并周君正修等,邀同本村父老共倡重修之议……先后经营三年工竣,计费用外,尚有百余金,又就中创立义学,以育村中子弟……余观其中所修之正殿及献亭两廊、屏门、石供桌,全堂伏仪,兼讲堂、黑板、桌凳及需什物。一切具备,轮换一新,倍觉壮丽。"据曾在此上过学,现在仍健在的周国英讲:教室门口悬挂着"乐育英才"牌匾,题字人周自道。东西厢房门口分别挂有两副楹联。东为"两个黄鹂鸣翠柳,一行白鹭上青天。"西为"窗含西岭千秋雪,门泊东吴万里船。"环境非常幽雅。

当时,学校采用教育部规定和颁发的《共和国文》《共和修身》《共和算术》等课本。《国文》《修身》等课本共16本,每本50课,共800课时,初小学生读过四年就全部烂熟于心了。有条件的就继续到县城贡院设的"河津第一高等小学"深造,如:周维贞、李克良等人,没有条件的读到十来岁便自动辍学,自谋职业或务农了。

民国十年(1921年)前后,上海商务印书馆同中华书局,各自印行版本不一的课本,向各省推销。在河津就出现了"共和制""新学制"和山西本省编的"通俗白话"

等几种课本，教材不统一。直到民国十五年（1926年）全县初小教科书才统一用"新学制"（商务版）课本。西窑头国民学校也选用这套新学制教材。从民国九年（1920年）"河津西窑头国民学校全体纪念摄影"的照片看，当时学校已初具规模。有学生30余名，根据记载和辨认，照片上的学生有：周仁义、周德家、周焕朝、王世英、周志祥、周文清、周创子、周效文、周宗文、周荣魁、周定南、周指南、周印祥、周义、侯武魁、杜长全、王盛林、王苏林、阮盛泉、侯天恩、侯喜恩、侯章禄、侯明禄、李克温、李克良、李克恭等人。照片上领小孩的老人是周国彦（创兴爷），两个小孩一个是周树本（掌运），一个是周恩茂（书山），后来也都在这所小学里上过学。从照片上看，当时的学生一律穿校服，戴民国时兴的大檐帽，着装整齐划一，非常有气魄，应该属当时农村学校的佼佼者，也彰显了窑头村人十分重视教育的优良传统。窑头村曾经在"关岳庙"上过小学，到2000年后仍然健在的村民有周林江、杜胜云、周选科、周换家、侯江丁、周振祥、刘艳魁、周长发、周长印、周景龙、周增存、周允科、周国英、周正科、周创生、周创星等人。据说东窑头还有不少人也在这里上过学，如吕心宽、吕茂元、吕银元等人。看到这张照片，有如置身于当时的"关岳庙"学校内，仿佛还能听到当年的琅琅读书声和那弦歌不辍的场景。中国耕读传家的传统文化在窑头村这块土地上根深蒂固、代代相传。

刘向明

根据周国英等人回忆，曾在"关岳庙"学校教过学的教师有李耀祥、张敬学、侯五恩、米耀中、周丙科、高步云、赵中国（连伯人）、刘向明（字黎阁，西关人）等人。

米耀中，乳名卓立，字正高，别号"鹤一"，享寿87岁，曾在西窑头国民学校教学数年。逝世后，他的学生李克良为他撰写了一副挽联："教书数十年，乐育栋梁才；享寿八七载，欢度新社会"。

西窑头关岳庙内的国民学校，从民国三年（1914年）建校始，到民国三十四年（1945年），日本投降时被毁掉，整整办了31年。

米耀中

31年间，这所学校为西窑头村培养了一大批各种类型的有用人才，这些人也为社会、为窑头村做出了不小的贡献。如曾任过大宁邮政局局长的周宏道；精通兽医，数十年为窑头村及附近村民的牲畜医治疾病，集体化时代负责全村牲畜保健医疗的周文清；曾当过窑头村小学首任教员和村会计、被誉为城关西片"大先生"的周仁义；祖传中医，尤精于针灸，数十年为附近村民治病服务的李克温；曾参加过著名蒲剧学家墨遗萍创办的"蒲剧学社"，当过新绛剧团文化教员兼编剧，回村后数十年为村民书写春节对联、红白事对联，笔耕不辍的李克良；曾当过河津解放后西窑头小学校首任教员、民校教员和大队、生产队会计的王世英；曾在宜川剧团担任过负责人的周义；曾当过村保健站中医医师的周印祥；当过延安人民武装部副部长、河津法院副院长的周长印；曾当过村小学校长、教员数十年，为窑头村培养了不少优秀人才的周振祥、周国英；中华人民共和国成立后首批考入太原邮电学校的周允科等人。

1947年河津解放，新政权稳固之后，西窑头村首先在周万户的大院里办起了小学。当时还没有公办教员，就由周仁义、王世英担任教员，教了两年学。到了1949年中华人民共和国正式成立后，窑头村就在周家巷南面的周家老祠堂里设立了一座小学校。这时的小学还是初级小学，只有1—4年级，5—6年级要到老城贡院后的一完小或阳村完全小学继续学习。这时国家已把教师纳入了公职人员队伍，由国家发工资。西窑头村首任校长兼教员是王化民。当时的学生有周福印、周宗康、李灵娃、李庆禄、柴增祥等十余名学生。这批学生中的周福印、周宗康1959年分别考入太原理工大学、太原师专，成为中华人民共和国成立后窑头村第二、第三名考入大学的学生。周福印大学毕业后成为一名高级工程师，周宗康成为中学高级教师。这批学生中的李庆禄成为兰州市自来水公司总经理、书记、高级政工师。

继任校长为冯志立。学校实行四个年级复式教学，共有50多名学生，还招收了不少女学生。这批学生中的米五立、侯建荣、柴天收等人，成为1958年河津设立高中后的第一批高中生。他们大学毕业后都成为河津中学的高级教师。这批学生中的周宗堂、杜占龙小学毕业后参加了中国人民解放军，并被提拔为营级军官，后转业到地方成为科级干部。李敬禄担任过数十年民办代理教师，还担任过本村村委主任。周昌印复员后担任过村支部委员、民兵营长等职务。

1957年西窑头学校由薛宗管任校长。教师先后有冯志谦、张印娥、岳启珍、许春信、岳培文、刘维凯、杜庚寅等人。这时，学校扩建了北教室。一二年级还是复式教学，三四年级单级上课，还属初级小学。五六年级学生要到一完小或阳村完小上学。这一年，开始了小学普及教育，学校动员所有适龄学生入学。学校初具规模，学生总数已达150余名，其中女学生30余名。开设课程为语文、算术、音乐、美术、体育，教材由国家统一提供，拼音字母还是原来的老拼音字母。

冯志立

当时的教育方针是："我们的教育方针应该使受教育者在德育、智育、体育几方面都得到发展，成为有社会主义觉悟的有文化的劳动者。"后来又增加了"教育必须为无产阶级政治服务，必须同生产劳动相结合"的教育方针。1958年，因行政区划的变动，西窑头村与东窑头村，不久又与太阳、永安、三迁、郭家庄合为一个社，还收过三迁村的学生在西窑头学校上学。

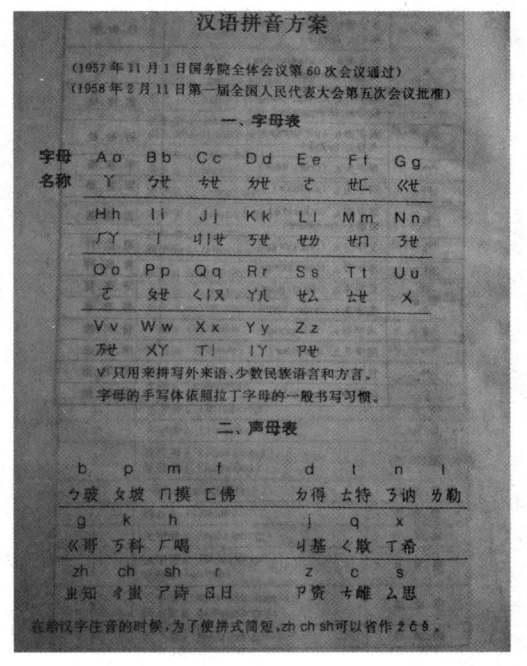

老拼音字母表

1961年秋开始，学校开始新的汉语拼音方案和普通话教学，就是现在一直沿用的新拼音字母方案，并严格执行《小学各科教学大纲》和各科教学计划，严格执行《小学生守则》和学校的规章制度，教学成绩明显提升。当年西窑头村的学龄儿童入学率已达到99%，在校学生达到了160余名。教员有柴定理、柴九功、张景贤、高淑贤、赵万录、赵存旺、李盛泉、赵兴录、韩永跃、郝建文、樊香朵等人。

20世纪五六十年代的西窑头小学校，也为社会、为窑头村培养了不少人才。如先后在河津（县）市委及政府部门任职的科级干部：周文建、李建录、米永昌、侯伟民、米俊生。周文生成为"介休洗煤厂工贸公司"经理；侯建设参军后成为海军特装转运办事处副师职主任，大校军衔，正师职干部；还有成为高级教师的侯牡丹、李喜梅等人。

1964年，村里为了让适龄儿童都能正常入学，又在原"关岳庙"旧址建起了一座新学校。学校占地3亩，建了五个教室，还有会议室、教员室、灶房，建筑面积达320余平方米。教学条件明显改观，教学质量不断提升，并成为六年制完全小学。校长张印娥，共有200余名学生。开设课程有语文、数学、自然、地理、历史、音乐、体育9科，达到了小学教育鼎盛时期。

1966年，"文化大革命"开始后，小学教育也遭受严重破坏，不能正常上课教学。从此，小学教学工作处于半瘫痪状态。

1968年，根据上级"学制要缩短"的指示精神，把原来四、二分段制改为五年一贯制，并执行了县教育局组织编写的一至五年级语文、算术新编教材，取消了自然、地理、历史课。这部教材，突出了阶级性、政治性、乡土性。民办教师有周文生、周巧兰等。

到了1968年12月，全县公办教师实行家乡化，造成不少学校因缺教师迟迟不能开学。不过由于西窑头村在外的公办教师人数比较多，家乡化后还不存在缺教员的情况，如当时在河津中学任教的周宗康、侯建荣、米五立，还有在外校任教的周振祥等人都回村学校教学。这时学校改为"西窑头五七学校"，实行七年制小学、初中义务教育（五年小学，两年初中）。在校学生已近300人，校长先后为张印娥、周振祥、张东管等人。

1970年，各学校由民办教师坚持上课，公办教师集中于县城，参加"三个照办"学习班。是年10月停止了教师家乡化，公办教师由县统一分配，此时的校长为柴金锁。民办教师有周文建、侯牡丹、周文生、米永昌、周宗明、张巧兰等人。

1972年，经过整顿，各学校大抓语文、数学两科教学，加强了基础知识和基本技能训练。曾一度恢复了成绩考核，开始弥补学生6年的知识缺陷，恢复了正常的教学秩序，直到1976年"文化大革命"结束。

1977—1981年，西窑头小学得到恢复，小学教育基本转为正规，使用全国统编教材，执行1978年颁布的《小学各科教学大纲》以及《小学各科教学计划》。1981年还恢复了"文化大革命"前的课程设置，增设了自然、地理、历史等科，改为六年制小学。

这一阶段，校长相继为柴金锁（1970—1972）、王锁娃（1972—1976）、周印荣（1976—1978）、张龙印（1978—1980）、王广林（1980—1984）、赵全立（1984—1986）。公办教师有柴云山、张中立、韩永跃、王锁管、赵超贤，民办教师先后有周新发、王增发、周国英、米永昌、赵全家、周宗明、张巧兰、周文建、侯牡丹、冯喆玲、李建录、周巧梅、周健康、周章立、周文立、杨惠芳、杜菊叶、周正科、周桂叶、周玉伟等人。这一阶段，西窑头小学也为社会，为西窑头村培养了一大批栋梁之材，如：周文谦、侯建伟、侯金良、赵虎锁、周伟平、周国新、周玉芳、周雪娥、周桂珍等人。赵虎锁成为山西铝厂秘书处处长、工会主席；周伟平成为山西师范大学高级讲师；周国新成为山西省大同中学校长；周玉芳成为建筑工程师，移民加拿大；周雪娥成为正高级卫生技术人员；周桂珍成为太原市政法系统正团职干部；在运城任职的侯三伟；在永济银行任行长的米俊录。特别是周永杰清

1973年西窑头小学五年级毕业照

华大学毕业后就任华为集团高级管理人员；周茂玉任职太原市检察长；侯伟建任职运城市人大常务委员会常务副主任，成为目前窑头村行政级别最高的人，还有一些在特殊岗位任职的人。

1985年，西窑头小学搬到了现在的武校楼，已有450余名学生，入学率达99%，巩固率99.4%，毕业率达95.4%，普及率达97.1%，"四率"全部达到国家标准。直到2000年，西窑头小学的教学质量、升学率都一直名列全镇前茅。从1986—2018年，这一阶段的校长先后有王祥瑞、齐殿林、栗月发、高义民（1998—2009年）、马变芳、马朋进、米晓斌。1998—2004年西窑头学校属双轨制，开设课程为语文、数学、英语、写字、音乐、体育、美术、信息技术等，学生数量最多时达500余名。

2005年后，随着农村的变革，外出经商、打工的人数越来越多，经济也越来越活跃。还有不少人在城里买了房子，子女也到城里条件更好的小学上学了。所以，学生逐年减少，到2005年就变为单轨制，2018年底，学生总数已减至87人。开设课程为语文、数学、英语、社会、科学、音乐、美术、体育。

2018年学校占地3700平方米，建筑面积1375平方米。单轨制，6个教学班。在校学生87人，有教职员工14人，校长米晓斌，副校长侯江霞，教员李克敬、张晓兰、郝惠霞、王伟、柴晓娜、周冬霞、吴喜军、陈丽玲、王宝梅、周丽霞、侯敏、高彦红等人。

二、西窑头新村小学

1966年，西窑头村在军家坡下建了一个新村，共有50余户，242人，后不断发展壮大。由于距老村学校较远，小学生上学不方便。1968年实行教师家乡化，杨惠芳当时房子建在那里，就办起了一个五年制复式教育小学，学生有10余名。当时条件虽然简陋，但由于杨惠芳老师业务精通，教学认真，所以每年统考都在全公社名列前茅，直到1998年停办。

新村的小学校长是许敬锁，教师分别有：公办教师杨惠芳，1973年分来公办教师杨占英（永安人）、孙民占、吴三芳等。民办教师有杜菊叶、周梅芳、周青珍、李俊祥、王增发、周新法等。

第四节 中学教育

1968年，全国教育系统提出"学制要缩短，教育要革命"的口号，提倡"队队有初中"。这一年西窑头村办起了初级中学校，与当时的完全小学校合在一起，学制为小学5年，初中2年，统称"七年制学校"，也叫"五七中学"。校址就在原关岳庙旧址上建的小学校内，一直办到1982年，共办了10年。培养了300余名学生，升入高中的学生有200余名。

一、西窑头"五七中学"

中学开设语文、数学、物理、化学、政治、农业（劳动实践课）等课程。学制是二年（当时实行二·二制）。初中2年，高中2年。1979年，初中改为三年制，到1981年，高中也恢复三年制。

这一时期的校长先后有：周振祥（1968—1970）、柴金锁（1970—1972）、王锁娃（1972—1976）、周印荣（1976—1978）、张龙印（1978—1980）、王广林（1980—1984）、赵全力（1984—1986）。

1985年，全县初中进行调整，城关公社只设米家湾一所社办初中。所以，西窑头村的初中班取消，学生分散到米家湾中学、杨家巷中学上学。

二、城西中学（西窑头中学）

1991年，西窑头村经申请重新办起了城关镇西片中学。校址设在原西窑头小学教学楼。主要招收西窑头、东窑头、西关、杨家巷等村的学生。

1. 双轨制学校

按照当时的学生数量和上级要求，学校实行双轨制。

2. 学制三年

按照教育部要求，学校学制为三年。

3. 开设课程

语文、数学、英语、物理、化学、生物、地理、信息技术、政治、历史、音乐、美术、体育。

4. 历任校领导

首任校长许效荣（1991—2008年）；第二任校长胡堂管（2008—2012年）；第三任校长胡克晓（2012—2013年），副校长陈谦（1991—2001年），教导主任柴志俊、姚睿杰，总务主任武顺气、吴喜军。

5. 教职员工名单

许效荣、胡堂管、胡克晓、陈谦、孙立萍、柴志俊、武顺气、吴喜军、米俊霞、吴文敏、杨发学、薛世卿、高彦红、周思杰、郝惠霞、李彩萍、杨效梅、吴改英、胡勤亮、米万平、樊英俊、刘勤生、柴元明、段云霞、严春生、杨红杰、张兴华、张健康、张月玲、柴瑞娟、严俊玲、许青华、武英泽、王淑莲、赵伟鹏、李彩萍、史振学、畅惠馨、卫东红、原俊峰、原雪梅、刘静、郭英、范丽、卫学文、杨晓红、柴瑞亮、周红生、周宗芳、畅文兵、侯敏、张菊红、王贵云、吴改英、刘沁生、姚瑞杰、高俊霞、杨荣山。

中学教师在原西窑头中学门楼前合影

6.主要成绩

西窑头初中的建立,首先为西窑头村适龄儿童上学提供了方便,建校第一年,西窑头村在巷子里玩耍或已经辍学的孩子重返学校,完成了他们的义务教育。为了使城西服务区所有适龄儿童都能进得来、留得住、学得好,确实完成九年制义务教育,城西中学数任校长带领一班人实施科研兴教,狠抓课堂教学,注重教师素质的提高,取得骄人的成绩。1995年在校学生数达500余人,教学成绩为中心校第一,1999年中考荣获"河津市先进学校"称号,2003年考入高中40余名学生,受到上级领导的表彰。

建校以来,毕业48个班级,为高一级学校输送1000余名学生,为当地经济和社会建设培养了一批又一批合格人才,收到良好的社会效益。

2013年7月,因基础设施、教学设施未通过标准化学校验收,教育资源整合,撤点并校。

西窑头中学教师中考表彰会后合影

1991—2013年城西中学历届毕业生及全体教师合影

第五节 农业中学

20世纪60年代中期,根据教育部提倡发展职业教育的要求,西窑头建起了一所农业初级中学。

校长周林江(村干部兼任),教师周贵印(负责人)、周喜运(代数学课)。

学生有周海录、侯徐锁、周建廷、吕克刚、周居清、周风仙、周梅英、张珍子、李青花等20余人,班长侯徐锁,教材使用初中教材,辅以农业技术知识。

学校实行半农半读,劳动实践课就在本村林场(枣树沟),主要由林场管护员张胜学、卢锁娃负责在牙沟枣树园开垦荒地并学点林业管理知识。每天早上还要学习毛主席著作,文化课就在当时的大队院东房内上。

1967年,周贵印还带领农中学生步行到延安参观学习。由周居清打着一面"山西河津西窑头农中"的红旗,到延安参观了中央领导故居、枣园、杨家岭、大礼堂,还去了南泥湾。

1968年,周文建接任农业中学负责人兼教员。

1969年,农中并入到本村"五七"中学,作为八年级,西窑头农业中学至此停办。

第六节 农民业余教育

农民业余教育,也称冬学、民校或夜校。中华人民共和国成立初期,农村的青壮年文盲占到85%以上,窑头村识字的人也不多。为了扫除文盲,窑头村也和全国、全县一样办起了冬学。

1953年村里夜校开展了速成识字运动，积极开展扫盲活动。教员周仁义、李克恭、王世英、周焕朝、阮盛泉、侯武魁、周振祥等。后来村里小学毕业未上高一级学校的学生，也先后成为识字班的老师，李庆禄、柴增祥、侯茂江、周晶娥、周全发、栗万昌、吕玉命、周有福、王增发等人都成为兼职教员。吕玉命和一队的周正科还担任过农机教员。民校地址先后在周家巷老祠堂，周德厚、柴增祥等家设过。全村青壮年全部参加，大约150名学生。

当时主要是利用冬季或下雨天、晚上，不耽误农业生产的情况下组织学习。夜校分识字班、普通班，还有业余高小班。

毕业标准为经过三个月学习，识汉字1500个以上，能基本阅读通俗书报，写200—300字的短文。

1956年，随着合作化运动的开展，西窑头村和全县一样开始了声势浩大的向文化进军运动。

1958年又掀起了"全党动手、全民动员、规模壮阔"的扫盲高潮。全村大约有400余人次先后上过冬学。

1964年，全村有300余人达到了扫除文盲的标准。这批人以后都成了村里的党员、团员、干部和农业机械操作人员，如张盛学、吕鸿才、周景龙、周长太、周省科、周林江、吕中良、郝金锁、周马驹、侯亲娃、赵存家、侯正江、周大命、庞明学、刘成家等人。

第七节　红专学校

河津县红专大学建于1958年7月份。由时任县委书记焦存刚、县长宋志仁主持组建，共招收了两个班100余名学员（教师进修班和农业技术班），校址在真武庙。1958年大跃进时期，为了响应党中央号召，8月份全体学员奔赴吕梁山投入了大炼钢铁运动。10月份全体学员下乡参加了秋收活动。1959年12月，河津与稷山合为一个县，定名为稷山县。教师进修班的50余名学员分到学校任教，农业技术班的60余名学员合并到稷山上柏村农学院学习。

西窑头村有一批中小学生和村夜校学生，考入红专大学，到稷山上柏村农学院学习。其中有周宗昌、侯建康、刘发家、侯建登、周金立、杨香娃、陈春香等人。周宗昌、侯建康等人后来还分配了正式工作，周金立成为"四清"借调干部。

第八节　河津市武校

河津市武术学校2014年迁入西窑头村（原西窑头中学），交通便利，环境优雅。学校创办于1995年，是一所集小学、初中、高中为一体的全封闭、寄宿制、正规化的文武特色学校。学校以文为主、武为特色，文化课使用全国统编教材，开全开齐各门课程。武术课开设武术基础班、武术套路班、武术散打班、影像培训班、高考强训班等专项。

校长薛伟华毕业于北京体育大学武术专业，国家一级运动员、一级裁判，曾多次参加全国武术比赛，勇夺桂冠，并蝉联多届山西省武术锦标赛拳术、九节鞭冠军。

总教练杨旗，自幼习武，师从一代武术名师薛盛才，后至少林寺武术院深造学习，多次参加山西省武术锦标赛，获得拳、刀、棍三项冠军，并应邀参加多部电影、电视剧的拍摄，有丰富的武术教学、管理经验。

教导主任原杏杏，毕业于山西师范大学，有多年的教学管理经验。

教练武银钢，山西省鑫度武术俱乐部运动员，多次参加省内及全国散打比赛，获得山西省散打锦标赛52公斤级第一名。

教练袁朝勇，毕业于山西省体育职业学院武术专业，自幼习武，多次参加山西省武术比赛，获得运城市武术比赛散打56公斤级第一名。

学校成立以来，在校学生曾多次代表本市参加全国、省、市级武术比赛，取得多项优异成绩，并给各大本科院校以及影视基地输送了大批人才，获得社会各界的赞誉和认可。

2013年张玉琪同学获得山西省武术锦标赛男子散打52公斤级第一名。

2014年王崇辉同学获得运城市武术比赛散打48公斤级第一名，杜乔丹同学获得52公斤级第一名，师亚飞同学获得刀加棍第二名，张凯宁同学获得拳术第二名。

2015年张玉斌同学获得山西省全民运动会男子散打70公斤级第一名，张智皓获得运城市武术比赛男子剑加枪第一名。

2016年暴磊磊同学考入河南理工大学。

2017年张楠、高楠考入河南理工大学。

学校连续三年被市教育局评为"先进单位"，荣获"武术教学工作一等奖"，被山西省民政局评为"全省先进组织"。

中华人民共和国成立后历届大中专学生统计表

姓 名	性别	入学时间	录 取 学 校	学历	家长姓名
周允科	男	1951	太原邮电大学	大专	
周富印	男	1959	太原理工大学	本科	
周宗康	男	1959	太原师范专业大学	大专	
周全印	男	1959	山西邮电学校	中专	
柴天收	男	1960	山西大学历史系	本科	
米五立	男	1960	山西大学体育系	大专	
周巧梅	女	1974	运城师范学院	中专	周苟子
周宗芳	男	1975	康杰中学师范班	中专	周长科
侯春仙	女	1976	运城农校	中专	侯安家
周章立	男	1977	太原医药学院	中专	周景龙
侯伟民	男	1978	山西农业大学	本科	侯祥生
侯建伟	男	1979	山西水利学校	中专	侯恩福

姓　名	性别	入学时间	录　取　学　校	学历	家长姓名
周玉娥	女	1979	稷山师范学校	中专	周贵印
周春莲	女	1980	运城师专	大专	周选科
周建康	男	1980	黑龙江煤炭大学	中专	周富驹
柴海宾	男	1980	运城师专	专科	柴天收
周伟平	男	1980	山西师范学院	本科	周恩发
周桂珍	女	1980	保定军官学院	本科	周长发
侯伟建	男	1981	山西农业大学	本科	侯祥生
侯金良	男	1981	运城地区农机学校	中专	侯有生
周玉芳	女	1981	邯郸煤炭矿业学院	本科	周贵印
周会敏	女	1981	山西警察学校	中专	周创生
周文谦	男	1983	山西司法学校	中专	周培良
柴荣珍	女	1983	运城师范学院	大专	柴增祥
周国新	男	1983	徐州师范大学、江苏师范大学、北京师范大学	硕士研究生	周正海
周凤莲	女	1984	山西财经学院	本科	周选科
周世伟	男	1984	山西财经学院	本科	周天林
赵虎锁	男	1984	山西大学文史系	本科	赵存家
侯国勤	男	1985	山西财贸学院	中专	侯建堂
侯云芳	女	1985	山西农业大学	本科	侯祥生
李云皋	男	1985	兰州大学	专科	李庆禄
王新荣	男	1986	山西师范大学	本科	王建娃
周永杰	男	1986	清华大学电子系、清华大学	硕士研究生	周喜运
周光辉	男	1986	山西电子计算机学校	大专	周月旺
周少敏	女	1986	湖南有色金属学院	大专	周宗康
侯伟强	男	1987	山西农业大学	本科	侯祥生
周茂玉	男	1987	山西财经学校、北京大学、武汉大学	博士研究生	周贵印
杜楼生	男	1987	山西师范大学	本科	杜恩锁
周会良	男	1987	西安交通大学	本科	周创生
周梅珍	女	1988	河北水利水产学校	大专	周宗昌
柴瑞霞	女	1988	运城幼师	中专	柴俊祥
周思杰	女	1988	稷山师范	本科	周振祥
侯建珍	女	1989	太原冶金工业学校	大专	侯千锁
周茂军	男	1990	二炮指挥学院	本科	周全印
周少华	女	1990	运城学院	大专	周宗康
侯金芳	女	1991	运城高专	专科	侯有生
周国强	男	1991	太原理工大学	本科	周万福

姓　名	性别	入学时间	录取学校	学历	家长姓名
侯玉霞	女	1991	运城体育学院	本科	侯建永
周永胜	男	1992	东北电力大学	本科	周喜运
周永清	男	1992	西安第四军医大学	硕士研究生	周喜运
周玉红	女	1992	运城学院	大专	周贵印
周宗平	男	1992	大同煤炭学院	大专	周选科
周国芳	女	1992	西安航空工程学院	本科	周仲学
周云杰	男	1992	稷山师范学校、山西大学	本科	周海立
米红斌	男	1993	太原理工大学	本科	米俊生
周艳红	女	1993	太原幼师	中专	周仲建
米　丽	女	1994	运城幼师	中专	米双喜
侯建耀	男	1994	运城卫校	中专	侯千锁
周红霞	女	1994	运城体校	本科	周正祥
周小红	女	1994	运城体育学院	本科	周吉生
柴国胜	男	1994	山西计划统计学院	中专	柴俊祥
侯丽华	女	1995	郑州铁路师范铁路学院、中央电大	中专	侯玉珍
周懿娜	女	1995	稷山师范学校	中专	周宗强
周春红	女	1996	山西财经大学	本科	周喜运
吕　瑞	男	1996	山西税校	中专	吕六锁
米改丽	女	1996	杭州煤矿大学	本科	米双喜
周华婷	男	1996	职业高等学校	中专	周印虎
侯江霞	女	1996	河南师范学院	大专	侯健康
柴新胜	男	1996	山西税务学院	中专	柴仲祥
柴红斌	男	1997	运城师范学院	大专	柴五收
周冬霞	女	1997	临潼师范学院	大专	周连锁
周丽霞	女	1997	河南师范学院	本科	周文华
侯国华	男	1997	运城中专、运城学院、电大	大专	侯玉珍
阮　梦	女	1997	运城职业学校	大专	阮建平
周海梅	女	1997	山西财经学院	本科	侯硬录
郝月玲	女	1997	稷山师范学校、运城高专	大专	郝建荣
侯建星	女	1997	奎屯银行学校	大专	侯千锁
周喜珍	女	1998	天津武警学校	本科	周天句
米　玲	女	1998	中国女子学院	本科	米俊生
周　鹏	男	1998	南京理工大学、北京邮电大学	硕士研究生	周茂存
周军峰	男	1998	长春航空学院	本科	周建伟
周平伟	男	1998	运城农业大学	大专	周林祥

姓　名	性别	入学时间	录　取　学　校	学历	家长姓名
张　静	女	1998	稷山师范学校	中专	张建平
周孟良	男	1998	大同煤炭大学	本科	周化南
郝　玲	女	1998	运城农校	中专	郝建荣
米铁军	男	1999	太原理工大学	本科	米喜德
侯云霞	女	1999	运城会计学院	中专	侯平芳
周瑞杰	男	1999	郑州工业大学	本科	周创海
徐向辉	女	1999	运城高专	大专	徐会民
赵晋昌	男	1999	吕梁学院、运城学院	大专	赵新民
周瑞平	女	1999	运城高专	大专	周建明
李瑞娟	女	1999	燕北师范学校	本科	李应发
侯晓霞	女	1999	山西农业大学	本科	侯建民
侯改珍	女	1999	运城卫校	本科	侯再锁
侯锦浩	男	1999	山西青年职业学院	大专	侯建峰
周旖旎	女	1999	稷山师范学校	本科	周宗芳
周俊红	男	1999	长治学院、山西大学	大专	周吉祥
周飞飞	女	2000	山西邮电学校	中专	周少庭
武　鹏	男	2000	太原理工大学	本科	武振海
周军杰	男	2000	天津工业大学	本科	周创海
周冬飞	女	2000	运城高专	大专	周荣录
赵文刚	男	2000	洛阳师范学校	大专	赵三民
周晓明	男	2000	太原铁路学校	大专	周寅时
侯阳阳	女	2000	银海外语学校	中专	侯世清
周国飞	男	2000	华北科技学院	本科	周庆昌
侯国霞	女	2000	运城师范学校	中专	侯玉堂
武云霞	女	2000	太原统计学校	大专	武江海
李云山	男	2000	山西师范大学	本科	李建录
侯　宁	男	2001	中国人民公安大学	硕士研究生	侯伟民
周　宁	男	2001	天津大学	硕士研究生	周茂存
李俊霞	女	2001	山西财经学院、武汉财经学院	硕士研究生	李贵娃
赵晓霞	女	2001	运城师范学院	中专	赵三民
侯瑞丽	女	2001	内蒙古职业技术学院	本科	侯晋康
周晓伟	男	2001	天津科技大学、华东科技大学	博士研究生	周寅时
周丽丽	女	2001	山西农业大学	本科	周建堂
侯军军	男	2001	山西医科大学、天津医科大学	博士研究生	侯降林
周　晓	女	2001	运城学院	大专	周茂兴

姓　名	性别	入学时间	录 取 学 校	学历	家长姓名
武云杰	男	2001	太原电力学校	大专	武江海
侯泽霞	女	2002	太原理工大学	本科	侯喜丁
米　龙	男	2002	忻州师范大学	本科	米勤昌
侯　敏	女	2002	临汾师大	本科	侯存稳
侯晓娟	女	2002	运城幼师	中专	侯贵明
柴国平	男	2002	山西大学信息管理系	本科	柴建民
周阳飞	男	2002	山西水利学校	大专	周付伟
周义飞	男	2002	中国煤炭经济学院、上海同济大学	硕士研究生	周宗芳
周　凡	男	2002	太原理工大学、西北政法大学	硕士研究生	周建堂
周　飞	男	2002	沈阳农业大学、华北电力大学	硕士研究生	周光明
周思甜	女	2002	中国民航大学	本科	周宗将
侯飞飞	男	2002	运城卫校	本科	侯有学
柴锦峰	男	2002	中国刑事警察学院	硕士研究生	柴茂胜
周　峰	男	2003	商丘师范学院	大专	周群运
周　帅	男	2003	山西水利技术学院	大专	周荣录
周晓朋	男	2003	兰州政治大学	本科	周宗宽
周晓玲	女	2003	山西医科大学	本科	周宗宽
侯晓辉	女	2003	运城幼师、云南艺术学院	大专	侯贵明
庞秋萍	女	2003	运城师范学校	中专	庞小昌
侯水霞	女	2003	山西师范大学、太原科技大学	大专	侯建堂
周晓峰	男	2003	南京解放军理工大学	本科	周建廷
周云鹏	男	2003	运城口腔学校	大专	周海立
周少杰	男	2003	太原科技大学	本科	周宗康
吕　军	男	2004	太原中北大学	本科	吕六锁
吕　民	男	2004	山西大学商务学院	本科	吕六锁
周文正	男	2004	太原科技大学	本科	周天句
周茂林	男	2004	山西师范大学	本科	周贵印
柴华斌	男	2004	燕山大学	本科	柴五收
武飞鹏	男	2004	石家庄科技大学	本科	武振海
周　盼	女	2004	中北大学	本科	周根生
米智军	男	2004	山西工程职业技术学院	大专	米双喜
米　娟	女	2004	山西财大经济信息学院	大专	米勤昌
米　雷	女	2004	山西医科大学	本科	米加昌
徐向红	女	2004	临汾师范学院	大专	徐会民
周　阳	男	2004	长治学院	本科	周文华

姓　名	性别	入学时间	录　取　学　校	学历	家长姓名
周　敏	女	2004	运城财经学院	大专	周应玺
周　芬	女	2004	运城农校	本科	周大宾
侯丽军	男	2004	运城机电学校	中专	侯晋康
卢瑞娟	女	2004	太原理工大学	本科	卢永民
周丽飞	女	2004	天津工业大学、北京邮电大学	硕士研究生	周庆昌
赵金霞	女	2004	临汾师范学院	大专	赵长生
侯阳阳	女	2004	运城外语学院	大专	侯世清
赵晓刚	男	2004	山西财经学院	硕士研究生	赵文生
柴晓华	女	2004	稷山师范学校	大专	柴仲祥
柴晓峰	男	2004	晋中学院	大专	柴茂胜
周向阳	男	2004	山西农大	本科	周孟发
侯宇鹏	男	2004	中防科技学院	本科	侯建伟
米武军	男	2005	哈尔滨工业大学、瑞典皇家理工大学	博士研究生	米喜刚
米智杰	男	2005	沈阳工业大学、空军工程学院	硕士研究生	米双喜
侯云峰	男	2005	张家口职业技术学院	本科	侯平芳
侯　杰	男	2005	天津大学	本科	侯群稳
周晓平	男	2005	江西蓝天学院	本科	周清海
庞彩霞	女	2005	太原大学	大专	庞庆昌
郭蓓蕾	女	2005	陕西师范大学	本科	郭贵平
周国平	男	2005	山西农业大学	本科	周文立
周晓萍	女	2005	伊春职业学院	大专	周寅时
周小凡	男	2005	运城学院、省委党校	硕士研究生	周建堂
米　欢	女	2005	湖北云阳高等学院、湖北大学	大专	米雪生
周　哲	男	2005	天津商学院	大专	周建康
周晓菲	女	2005	北京大学	硕士研究生	周建生
周晓飞	男	2005	山西建筑学校	大专	周光明
周思君	女	2005	湖南湘潭大学、中南大学	博士研究生	周宗将
柴锦磊	男	2005	山西师范学校	中专	柴玉胜
侯茜霞	女	2006	山西师范大学	本科	侯建伟
侯晨波	男	2006	北京交通大学	硕士研究生	侯伟杰
赵　婷	女	2006	东北石油大学	本科	赵虎建
周小华	女	2006	石家庄铁路学校	大专	周益民
柴华梅	女	2006	沈阳建筑大学	本科	柴五收
周秀红	女	2006	襄樊师范学校	本科	周存运
米　丽	女	2006	山西警察学院、英国赫尔大学	本科	米俊录

姓　名	性别	入学时间	录　取　学　校	学历	家长姓名
侯改红	女	2006	大同医学院	大专	侯万学
侯彩霞	女	2006	山西师范大学	本科	侯建永
周博文	男	2006	长安大学、吉林大学	硕士研究生	周俊生
邵东霞	女	2006	山西财经大学	本科	邵亮生
栗　鹏	男	2006	太原设计学校	大专	栗飞康
周丽霞	女	2006	大同外语学院	本科	周吉荣
周晓波	男	2006	山西综合技术学院	大专	周有民
侯东妮	女	2006	西南大学	本科	侯喜建
卢瑞娜	女	2006	太原理工大学、重庆大学、太原理工大学	博士研究生	卢永勤
郝武娟	女	2006	山西农业大学、延安大学	硕士研究生	郝世伟
周　欣	女	2006	山西师范大学	本科	周黎明
刘晓幸	男	2006	运城外语学院	本科	刘玉民
柴锦山	男	2006	山西旅游学院	大专	柴伟胜
侯晓娜	女	2006	中国农业科学院	硕士研究生	侯金良
侯敏平	男	2007	山西财经大学	本科	侯存稳
侯　欣	女	2007	运城师范大学	大专	侯天民
周　楠	男	2007	山西农业大学、扬州大学	硕士研究生	周安平
周超英	女	2007	黑龙江师范大学	本科	周章立
侯江波	男	2007	长治政法学院、四川政法学校	硕士研究生	侯健康
张　磊	男	2007	太原科技大学	本科	张建平
米丽梅	女	2007	山西戏剧学院	大专	米官录
周　磊	男	2007	太原电力高等学院	大专	周建堂
侯红宾	男	2007	大同大学	本科	侯四学
周　帆	男	2007	运城学院	大专	周孟发
周晓凡	男	2008	忻州学院、山西大学	博士研究生	周少廷
赵　康	男	2008	西安机电信息学校	专科	赵武勤
米晓霞	女	2008	山西农业大学、中国农业科技大学	硕士研究生	米俊平
周新阳	男	2008	北华航天工业学院	本科	周文谦
米世军	男	2008	运城学院	本科	米喜刚
周　华	男	2008	运城农业学院	本科	周向阳
周　宏	男	2008	武师科技大学	本科	周存运
徐向玲	女	2008	新疆石河子大学	本科	徐安民
侯一凡	男	2008	太原中北大学	本科	侯建胜
周　倩	女	2008	山西煤炭管理干部学校	大专	周喜德
周晓鹏	男	2008	大同大学	本科	周天思

姓　名	性别	入学时间	录取学校	学历	家长姓名
侯青霞	女	2008	西安理工学院	博士研究生	侯登春
周　峰	男	2008	太原财会学校	大专	周锁立
周盼盼	女	2008	大同大学	本科	周美荣
王龙飞	男	2008	山西工商学院	大专	王建文
周晓星	男	2008	太原大学	大专	周建生
周　谦	男	2008	太原轻工学校	本科	周黎明
周津阳	男	2008	上海同济大学、西安科技大学	硕士研究生	周伟平
周东京	女	2008	山西师范大学	本科	周凯杰
李云仙	女	2008	山西医科大学	本科	李建录
周鹏程	男	2009	运城学院、内蒙古农业大学	硕士研究生	周茂林
周子程	男	2009	西安城市建设学院	大专	周茂林
周晓菲	女	2009	北京大学	硕士研究生	周建生
侯博仁	男	2009	中北大学	本科	侯建耀
赵芬芬	女	2009	华中师范大学	硕士研究生	赵虎建
柴瑞东	男	2009	运城学院	硕士研究生	柴存义
米　乐	女	2009	西安工业大学	硕士研究生	米喜刚
米军佩	男	2009	晋中学院	本科	米喜林
米立敏	女	2009	山西大学	硕士研究生	米喜林
周　鑫	男	2009	天津理工大学	本科	周根生
徐向军	男	2009	山西警官高等学院	大专	徐安民
周世企	男	2009	中北大学	大专	周茂兴
庞亚斌	男	2009	山西经贸学院	大专	庞小昌
米　彪	男	2009	北京师范大学、英国威尔士大学、英国伦敦政治经济学院、英国雷丁大学	博士研究生	米俊录
庞　荣	男	2009	山西农业大学、西北农林大学	硕士研究生	庞吉昌
李　玲	女	2009	运城学院	本科	李平安
李　林	男	2009	山西建筑学院	大专	李云红
赵建行	男	2009	中北大学	本科	赵虎锁
米二欢	女	2009	太原科技大学	大专	米雪生
王　博	男	2009	山西大学	本科	王建斌
周　鑫	女	2009	临汾师范学院	本科	周利明
周晓昆	男	2009	临汾体育学院	大专	周少伟
周晓壮	男	2010	忻州职业学院	大专	周少伟
赵二康	男	2010	重庆师范大学	本科	赵小勤
米晓军	男	2010	渭南师范学院	本科	米喜清

姓　名	性别	入学时间	录　取　学　校	学历	家长姓名
赵　鑫	男	2010	山西大学	博士研究生	赵效勤
侯　婷	女	2010	西安音乐学院、澳大利亚麦考瑞大学	硕士研究生	侯国泽
侯云廷	男	2010	太原理工大学	博士研究生	侯振民
周阳奇	男	2010	渭南永河职业学院	中专	周付明
庞丽萍	女	2010	运城师范学校	大专	庞顺昌
郭帅雷	男	2010	陕西电子科技学院	大专	郭贵平
周小田	女	2010	太原电力学院	本科	周喜将
栗　阳	女	2010	运城学院、内蒙古科技大学	硕士研究生	栗飞康
阮乔娜	女	2010	运城幼师高等师范学院	中专	阮明伟
吕　梦	女	2010	山西水利学校	大专	吕建国
邵　强	男	2010	中北大学	本科	邵虎生
周琦森	男	2010	山西体育大学	大专	周三宾
周振武	男	2010	运城技校	大专	周正祥
周　婧	女	2010	中北大学	本科	周茂杰
柴　佳	女	2010	西安外语学院	本科	柴振民
侯园园	女	2010	山西大学	硕士研究生	侯富荣
柴锦涛	男	2010	山西旅游学院	大专	柴玉胜
柴锦琦	男	2010	山西大学商务学院	本科	柴伟胜
周　森	男	2010	沈阳何氏医学院	本科	周青军
周　璇	女	2010	湖北黄冈水利电力学校	大专	周　勇
侯丽娜	女	2010	山西师范大学	本科	侯金良
周戈洋	女	2010	乌克兰国立师范大学	博士	周文谦
周欢欢	女	2011	湖北江汉大学	本科	周启发
侯聪聪	男	2011	北京对外贸易学院、巴黎高等对外贸易学校	硕士研究生	侯国泽
侯晋川	男	2011	火箭军青州士官学校	本科	侯国勤
侯晋瑶	女	2011	山西师范大学、西南财经大学	硕士研究生	侯国勤
周　涛	女	2011	山西交通学院	大专	周应玺
阮阳飞	男	2011	西安电子学校	大专	阮俊玉
侯智文	男	2011	西安外语学院	本科	侯贵成
侯　冲	男	2011	晋中学院	大专	侯海生
周超锋	男	2011	武汉军校、北大	硕士研究生	周章立
赵树立	男	2011	石河子大学	本科	赵虎刚
侯猛超	男	2011	西安培华学院	大专	侯建祥
杜春萌	女	2011	东北农业大学、武汉大学	硕士研究生	杜楼生
阮　强	男	2011	山西电子科技学院	大专	阮金伟

姓　名	性别	入学时间	录　取　学　校	学历	家长姓名
米潮潮	男	2011	北京技术专科学院	大专	米雪生
周晓京	男	2011	山西大学、西北工业大学	硕士研究生	周振喜
周　浩	男	2011	运城学院	本科	周会勤
周欢欢	女	2011	运城体校	中专	周红杰
周玉霞	女	2011	新疆农业大学	本科	周俊杰
周　涛	男	2011	太原工业学院	本科	周邦喜
周阳林	男	2011	太原旅游职业学院	大专	周大宾
周振武	男	2011	运城职业技术学院	大专	周河宾
杜　燕	女	2011	武汉体育学院	本科	杜小军
周佳欣	女	2011	山西师大	硕士研究生	周青军
侯兴旺	男	2011	山西农业大学	本科	侯金良
刘津刚	男	2011	天津第一商业学院	专科	刘玉红
米军琪	男	2012	天津中德职业学院	专科	米喜龙
侯　程	男	2012	运城学院	大专本科	侯伟强
侯宛昕	女	2012	山西师范大学	大专研究生	侯伟杰
周怡冰	女	2012	运城职业技术学院	大专	周宗民
刘　姗	女	2012	大同大学、西北政法大学	硕士研究生	刘云刚
庞侠斌	男	2012	山西职业技术学院	大专	庞小昌
庞智华	男	2012	山西建筑学院	大专	庞三昌
侯红戈	男	2012	福建工程学院	本科	侯国庆
侯梦婷	女	2012	运城高等专科学校	大专	侯海生
杜　娟	女	2012	山西旅游学院	大专	杜武勤
周子璇	男	2012	大同大学、山西大学	硕士研究生	周永生
周义山	男	2012	河北金融学院	本科	周宗芳
周舒锐	女	2012	西安思源学校	大专	周永军
侯文斌	男	2012	山西财经学院	大专	侯金柱
侯梦龙	男	2012	山西职业技术学院	大专	侯建群
李　娜	女	2012	山西大学商务学院	大专	李云红
周国峰	男	2012	山西农业大学	本科	周建军
杜　荣	女	2012	云南大学	硕士研究生	杜　波
刘津亚	女	2012	运城幼师	大专	刘玉红
周德华	男	2012	吉林医药学院	本科	周凯杰
周佳豪	男	2012	太原科技大学	本科	周乃民
周毛娅	女	2012	山西中医学院	本科	周建强
周晓凡	男	2012	大连外国语学院	本科	周建军

姓 名	性别	入学时间	录取学校	学历	家长姓名
侯星辉	男	2012	山西长治学院	本科	侯国军
柴 敏	女	2012	太原理工大学	本科	
侯婉新	女	2012	山西师范大学	本科	
周 欢	男	2012	内蒙古机电工程学院	本科	周利明
侯亚华	男	2012	广播电视大学	专科	侯金柱
周梦华	男	2013	晋中职业学院	大专	周武军
周彤辉	女	2013	太原城市艺术学院	大专	周 杰
周梦凡	女	2013	运城学院、西藏大学	硕士研究生	周青水
周江波	男	2013	山西大学工程系	本科	周建功
郭少雷	男	2013	西安建筑科技学院	大专	郭锁平
马 飞	男	2013	沈阳大学	大专	马振锁
马 海	男	2013	太原财贸职业技术学院	大专	马振锁
王质彬	男	2013	山西大学、西北大学	硕士研究生	王新荣
赵 倩	女	2013	太原财经税务学院	大专	赵耀勤
周光超	男	2013	长春理工大学	硕士研究生	周国新
周丽红	女	2013	山东礼铭技术职业学校	大专	周丑恩
李 春	女	2013	太原城市技术职业学院	大专	李 峰
阮 文	男	2013	河津职中	大专	阮水平
周舒悦	女	2013	广西电子科技学院	本科	周建平
周子强	男	2013	大连高配制造学校	大专	周梅生
赵晓琴	女	2013	山西财税学校、大同大学	大专	赵文生
张 楠	男	2013	永机电机高级技术学校	大专	张效勤
侯晓雅	女	2013	华北外语学院	本科	侯海林
周赞赞	女	2013	兰州交通大学	本科	周凯杰
周雅洁	男	2013	兰州交通大学、西北工业大学	硕士研究生	
李 玉	男	2013	太原工程学院	本科	李云峰
侯雅婷	女	2013	太原工程学院	本科	侯宗兵
高 岩	男	2013	运城学院	本科	高喜中
周 猛	男	2013	太原工程学院	本科	周二平
侯帅红	男	2013	山西中医学院	本科	侯建丁
周炜雄	男	2013	山西大学商务学院	本科	周 平
侯佩佩	女	2013	太原师范学院	本科	
周 万	男	2013	运城少儿推拿学校	专科	周 明
李世民	男	2014	山西大学	本科	李电伟
周芙名	女	2014	美国伯克利大学	硕士研究生	周永杰

姓 名	性别	入学时间	录取学校	学历	家长姓名
周思程	男	2014	澳大利亚昆士兰大学	本科	周茂玉
侯博中	男	2014	山西职业技术学院	大专	侯建耀
刘剑锋	男	2014	山西农业大学	本科	刘云刚
赵艺华	女	2014	山东畜牧学院	大专	赵武勤
杨思梦	女	2014	太原戏剧学院	大专	杨振峰
米旭涛	男	2014	西安航空技术学院	大专	米智永
王 杰	男	2014	山西农业大学、大连工业大学	硕士研究生	王新民
王 甜	女	2014	山西农业大学	本科	王新民
侯武斌	男	2014	山西财经管理学院	大专	侯金柱
周 翔	男	2014	天津冶金职业学院	大专	周青山
周培栋	男	2014	晋中高等职业学院	大专	周军峰
周宇宁	男	2014	运城职业技术学院	大专	周海伟
侯朋霞	女	2014	运城幼师	大专	侯建军
周新洛	女	2014	运城工业学院	大专	周效民
周雅青	女	2014	西京学院	大专	周红军
周 欢	女	2014	运城师范学院	本科	周建堂
周鹏杰	男	2014	山西建筑职业技术学校	大专	周红生
周岩岩	女	2014	临汾职业学院	大专	周喜春
周文惠	女	2014	运城学院	本科	周红锁
周晶晶	女	2014	兰州大气探测学校	大专	周平喜
柴锦婷	女	2014	山西经贸学院	大专	柴玉胜
周亚荣	男	2014	山西农业大学	本科	
周锦强	男	2014	福建农林大学	本科	
周含怡	女	2014	对外经济贸易大学、新加坡国立大学	硕士研究生	周茂军
周宇童	男	2014	四川西华师范学校	本科	周伟泽
周雅洁	女	2014	湖北医药学院、西北工业大学	硕士研究生	周振刚
赵 鹏	男	2014	江西井冈山大学	本科	赵永勤
周文斌	男	2014	陕西安康学院	本科	周天胜
周含怡	女	2014	对外经济贸易大学	本科	周茂军
米 川	女	2015	山西广播电视大学	大专	米加昌
周晓洋	女	2015	太原旅游学院	大专	周茂兴
周迪颖	女	2015	合肥工业大学	本科	周宗平
周 静	女	2015	吕梁学院	本科	周国泽
侯博宁	男	2015	太原机电学院	本科	侯天民
周沐娟	女	2015	西安唐都学院	大专	周志辉

姓　名	性别	入学时间	录取学校	学历	家长姓名
周梦立	女	2015	山西旅游学院	大专	周武军
周彤欣	男	2015	山西艺术学院	大专	周　杰
赵　悦	女	2015	运城幼师	中专	赵永刚
杜　磊	男	2015	山西水利学院	大专	杜武勤
周梦豪	男	2015	山西农业大学	本科	周　斌
侯浩博	男	2015	成都新东方烹饪技术学校	大专	侯喜荣
周锦宇	男	2015	运城师范学院	大专	周江峰
侯伟杰	男	2015	晋中职业技术学院	大专	侯念军
周壮壮	男	2015	山西煤炭职业学院	大专	周红斌
阮　博	男	2015	运城职业技术学院	大专	阮水平
杜　峰	男	2015	山西警察学校	大专	杜小军
周佳丽	女	2015	山西医科大学汾阳学院	本科	周良生
阮祎楠	女	2015	山西农业大学	本科	阮俊山
周　钏	男	2015	西安工业大学	本科	周俊良
周亚森	男	2015	太原科技大学	本科	周国军
杨　凡	男	2015	太原科技大学	本科	杨有生
李世玉	女	2015	重庆工商大学	本科	李殿伟
周义博	男	2015	太原理工大学	本科	周振荣
周迪烨	男	2015	河北工业大学	本科	周宗平
侯晋乔	女	2015	长治医学院	本科	侯国红
柴萌芸	女	2015	太原工业学院	本科	柴海军
周义杰	男	2015	牡丹江医学院	本科	周有力
郭少帆	男	2015	山西农业大学	本科	郭锁平
周　婧	女	2015	吕梁学院	本科	周国泽
柴亚宁	女	2015	南京航空航天大学金城学院	本科	柴效民
王嘉惠	女	2015	晋中学院	本科	王建文
周煜迪	男	2016	吉林大学	本科	周永胜
侯钊文	男	2016	北京现代音乐学院	本科	侯伟杰
周姗姗	女	2016	太原卫校	本科	周红伟
周仕达	男	2016	北京大学	本科	周茂军
周锦平	男	2016	临汾师范学院	大专	周付伟
杜蓓华	女	2016	太原城市技术学院	大专	周付明
阮妮娜	女	2016	运城职业技术学院	大专	阮金伟
米将博	男	2016	山西应用科技学院	大专	米永杰
侯萍萍	女	2016	山西财贸管理学院	大专	侯金柱
周　津	女	2016	山西大学商务学院	本科	周青山

姓　名	性别	入学时间	录　取　学　校	学历	家长姓名
周佳怡	女	2016	辽宁农业职业技术学院	本科	周小勤
周帅帅	男	2016	运城技术学院	大专	周红杰
米俐颖	女	2016	兰州大学	本科	米红宾
周宇坤	男	2016	长安大学	本科	周伟泽
周欣怡	女	2016	山西大学	本科	周海伟
周晶晶	女	2016	山西医科大学	本科	周　霞
周　林	男	2016	天津城建大学	本科	周会强
侯梦渊	男	2016	山西晋中大学	本科	侯建军
周煜迪	男	2016	吉林大学	本科	周永胜
周亚林	男	2016	山西工程技术学院	本科	周国军
周玉鑫	男	2016	太原理工大学	本科	周清军
侯艺伟	男	2016	长治医学院	本科	侯碾军
杜　玉	女	2016	华北科技学院	本科	杜　波
杨冬飞	男	2016	吕梁学院	本科	杨建生
侯佳乐	男	2016	湖北第二师范学院	本科	侯雷青
周玉鑫	男	2016	太原理工大学	本科	周三锁
周戈阳	女	2017	乌克兰国立师范大学	博士研究生	周文谦
张卜云	女	2017	天津渤海技术学院	本科	张效乐
周仕泽	男	2017	太原理工大学	本科	周茂杰
周宇柯	男	2017	北京大学	本科	周国强
侯雅景	女	2017	北京交通大学	本科	侯国斌
周　璇	女	2017	山西警察学校	大专	周徐录
周怡阳	女	2017	北京八维研修学校	大专	周建杰
周晓婷	女	2017	太原学院	大专	周建红
周毓泽	男	2017	山西职业技术学院	大专	周　轩
周凡兴	男	2017	江苏职业学院	大专	周建荣
马亚琳	女	2017	三门峡职业技术学院、郑州大学	大专	马会军
李亚同	女	2017	榆次专科学校	大专	李向泽
阮祎博	男	2017	山西建筑技术学院	大专	阮俊山
周彦斌	男	2017	山西服装工程学院	大专	周志辉
周亚杰	男	2017	中北大学朔州校区	本科	周海军
张建录	男	2017	晋中学院	本科	张效康
周亚森	男	2017	华北科技学院	本科	周红伟
周宇柯	男	2017	北京大学	本科	周国强
王　怡	女	2017	吕梁学院	本科	王　文
张　硕	男	2017	太原理工大学	本科	张喜军

姓 名	性别	入学时间	录 取 学 校	学历	家长姓名
周鹏坤	男	2017	长安大学	本科	周建杰
周 颖	女	2017	运城学院	本科	周二平
周晓芬	女	2017	长治学院	本科	周建杰
李 玺	女	2017	中国矿业大学	本科	李云峰
李 玉	女	2017	西北工业大学	硕士研究生	李云峰
侯未希	女	2017	太原理工大学	本科	侯振杰
侯景翔	男	2017	山西医科大学	本科	侯宗宾
郝玉玲	女	2017	长治学院	本科	郝建昌
高文静	女	2018	太原工商学院	大专	高 强
周怡文	女	2018	运城幼师专科学校	大专	周 会
周晓雨	女	2018	太原职业技术学院	大专	周喜康
吕雅妮	女	2018	太原计算机学院	大专	吕全有
米欣桐	女	2018	山西师范大学	本科	米东永
刘锐朋	男	2018	山西建筑技术学院	大专	刘林生
张玉珊	女	2018	山西大学	本科	张 峰
周津津	男	2018	空军工程大学	本科	周 霞
周晓晗	女	2018	海南大学	本科	周海红
赵岚旭	女	2018	宁夏大学	本科	赵永刚
侯依然	女	2018	贵州大学	本科	侯建强
李赫晨	男	2018	太原理工大学	本科	李云刚
周玉敏	女	2018	山西师范大学	本科	周国伟
侯昊男	男	2018	山东建筑大学	本科	侯军强
周志怡	男	2018	针灸推拿学校	本科	周军杰
周 鑫	男	2018	太原理工大学	本科	周益平
吕晓洋	男	2018	太原学院	本科	吕云杰
侯一卓	男	2018	太原工业学院	本科	周瑞英
杨 洋	男	2018	渭南轨道学校	大专	杨永峰
周子怡	女	2018	山西中医药大学	本科	周军杰

为了鼓励青少年上学读书，西窑头村从2012年开始，给考上大学的学生发奖学金。考上一般大学的学生每人500元，考上北大、清华等名牌大学的学生每人5000元。

西窑头村2017、2018年获奖学金学生与村干部合影

第十一章 文化、艺术、体育

第一节 文化

一、碑文

关岳庙记

日月经天、江河行地,亘万古而不息。声名洋溢、中外无间,凡血气之伦,莫不尊亲者。阙惟我先师孔子,学孔子而以武功著。或限于时势、或馅于奸佞,遭际不辰,未竟其志;而后世俎豆馨香以奉之者,又无如汉之关庄缪侯、宋之岳忠武王。孔子之作《春秋》也,惧乱臣贼子接迹于天下,笔削褒贬,荣于华衮而严于斧钺,故后世称为素王,称为至圣。关庄缪值汉献之时,权臣当国,挟制天子;而公素好《春秋》,深明大义,与孔明诸佐,匡辅昭烈、讨除僭伪、与复汉室,奈三分数定,人力难以胜天。惜哉!岳忠武值宋祚式微、女真猖獗,徽钦先后被掳,中原几于沦陷,此诚人臣之大辱;而公亦素好《春秋》、力伏大义,与宋韩张刘诸将同心勠力、扫荡强敌,方将克复神州、迎还二帝,乃君若相忍,共戴天力成和议,以肤功而蒙显戮,赍恨以终,悲夫!然二公之勋业,虽及身而未竟,而忠义历久而愈伸,浩气塞天地、精忠贯日星,其立庙绘形以祀者,盈天下孰不尊而敬之？曰圣，曰夫子。其与尊至圣先师者何以异？此固潜德绩而必彰、幽光郁而必发，其理则然，无可疑者。

民国初建、世变非常，祀典不修、纪纲废弛。政府虑诋毁圣教者之破坏学术也，议除经典者之锢蔽人心也，弃灭伦常者之沦入异类也，于是乎，兴典礼以祀天坛、崇圣教以祀孔孟、励忠勇以祀关岳，凡以立大本、正人心、张国势也，实协人人心理之同然。河津县西、西窑头村北，旧有关公庙，岁久坍塌。元年，有村医人李君茂枝并周君正修等，邀同本村父老，公倡重修之议。佥曰，此善举也！李君于是毅然以修葺为已任，缘比年以针灸售医，所治辄愈，因藉此劝募主人，靡不乐从。翌年，所募捐资并诸同事捐募，共售若千金。先后经营凡三年工竣，计费用外，尚有百余金，又就中创立义学，以育村中子弟。甲寅秋初，社内经理首事人，公乞记于余，余观其所修之正殿及献亭、两廊、山门、舞台，并创建教员室于献亭两旁，增加山门前穿廊、屏门、石供桌，全堂伏仪兼讲堂、黑板、桌凳及需用什物，一切具备、轮换一新，倍觉壮丽。余因有请于诸君，谓若遵功令，关岳合祀制一（关庄缪侯、岳忠武王）之神牌，悬一关岳庙匾，不费巨资而体制更完备矣。时诸君欣然允诺无他，以平日皆敬信关岳二公，而要皆孔教中人，由敬信孔子而来故也。夫神圣之尊，原不关乎奉祀，然有功德于民者，千载后犹寄遐思。况二公之精神磅礴、震烁古今，懔懔然至今尤有生气。行见拜祝之余，忠义感发而兴起，常好对越二公焉。虽谓其人至今尤存焉，可也。呜呼！孔子兴文教于《春秋》，二公成武功于汉宋，文武神圣并立于两大之间，盖孔子以《春秋》教人，而二公学《春秋》之道，亦能深造神圣之域，后先辉映、殊途同归，余故乐为之记。

　　清例授承德郎、吏部侯铨分州、乙酉科副贡　后学周自道顿首拜，撰文书丹

　　　　　　　　清登仕佐郎、经理人李茂枝

　　　　　　　　户头周国彦

　　　　　　　　首事人周自修、周盛河、周春桂、周俊炎、周正修

民国三年岁次甲寅九月吉旦

碑额：永垂不朽

　　此碑文是由老城南火巷人周自道撰文书丹的一篇大气磅礴、文采飞扬的美文。作者简介如下：

　　周自道，字诚斋。系前清孝廉，名列副魁，理学渊深、造诣精髓、严己宽人、乐善好施，终生在闻名遐迩的南书院（即以薛瑄谥号为名的"文清书院"）设教讲学，授徒数百。驰名全国的爱国主义历史学家乔鹤仙先生和著名文字学家李亮工教授，皆其中佼佼者。20世纪50年代曾任陕西省教师进修学校校长的诗人高子仁先生，当时年龄虽然较小，亦是诚斋公及门弟子，其诗词学问得益于诚斋公者居多。他们为感激诚斋公培养之恩，追念其倾心提携之情，于其逝世后，曾在老城东关树立了一座高大的教泽碑，碑额为"尊师"二字，可惜在十年浩劫中被毁。在民国十七年（1928年）由"笙渔乔壎撰文，亮工李镜蓉撰额，雨亭郭庆云书具"的诚斋公墓志铭中有这样几句："笃生夫子，道承王薛，阐明圣教，羽翼程朱。巍然灵光，与古为徒，设教河汾，盈门桃李。"可见诚斋公当时既是一位精通理学的大师，也是堪为人师的表率。

西窑头文化活动中心落成碑志

　　日月经天，江河行地。亘万古而不息，声名洋溢，中外无间。为官一任，造福一方。选贤任能，邑兴可期。此乃古今不易之常理。西窑头村历届领导班子，牢记在心，常以此语自励，未敢稍有懈怠。近年来，紧紧围绕"中心村"建设，立足本村实际，确立"一村一园一中心"的发展思路。按照"科学规划、分步实施、因地制宜、集约用地"的原则，在不放松农业的基础上，狠抓灰陶琉璃特色产业的集群、规模、环保发展，年销售收入已达2亿元。2012年启动中心小区住宅楼建设，总投资8000余万元，已建成9栋，入住229户。2013年引资3000万元，建成了碧水佳园游泳馆，实施道路、排水、电网、宽带、通信等新建改造工程。基本形成了老村、新区相辅相成，农工、商贸相得益彰的发展新格局。百业正举，上下同心，共谋发展，大展宏图。

西窑头村民自古喜文好艺。明、清、民国时期，曾建有三座舞台，规模虽不大，却功能齐全，但终因战火风霜，早已荡然无存。1969年，时任村支部书记周景龙、村委主任吕鸿才带领村民同心勠力，又建了一座砖木结构、琉璃脊兽覆顶、小巧玲珑的舞台。村民得以"近水楼台先得月"，尽情赏戏，自娱自乐，但也因年久失修，风雨剥蚀，几成危房，非但不能演戏，乃至危及安全。村民呼声剧增。面对如此现状，经本届村领导班子集体研究，村民代表、全体党员议定，在支部书记周根生、村委主任周斌带领下重建西窑头文化活动中心暨舞台。

西窑头文化活动中心由陕西华建建筑设计公司精细构图，河津市小梁工程建筑有限公司（马庆荣）工程队精心施工。建筑面积1518平方米，总投资180余万元。于古历丙申孟秋（七月七日）奠基，到仲冬（十一月六日）告竣。

游目细观，俯仰上下。文化活动中心舞台，融唐代风格与清代结构为一体，借鉴清故宫舞台和洛阳大舞台式样。五檩四坡二架梁，明三暗五古款式。正面开口采用中国大剧院式样，立柱为方形花岗岩挂壁。方形"看墙"，东墙为"鹤鹿同春"灰陶图案，顶额"不忘初心"；西墙为"松鹤延年"图案，顶额"继续前进"。舞台内后壁正中，嵌挂有琉璃烧制的"迎客松"巨幅壁雕。舞台顶正中为3.8米高的姜子牙楼。楼上有不锈钢钛金精制的"中国梦"三个金字。名家书丹，画龙点睛之笔；高台教化，抑恶扬善之声。其构筑之奇妙：古也？今也？莫名其情状。木也？石也？未谙其虚实。其寓意之深邃：藏也？露也？难穷其内涵。俗也？雅也？谁解其韵味？

舞台东西两侧，各建有二层十二间集读书阅览、老年活动、会议办公为一体的耳房，还附有图文并茂的文化长廊。舞台前广场地板、花草、树木修葺栽植一新。中央轴线矗立着国旗标杆和38米高的悬空景观灯架。广场内各种体育活动设施齐备，村民可在广场内晨操晚练，载歌载舞。

巍巍乎文化活动中心，北坐而南向，覆压600平方米，上蔽天日、气凌霄汉。正所谓：万民齐心、改天换地，钢筋石柱、框架结构、飞檐斗拱，举千秋豪健，蔚为壮观、雄踞耿邑；众志成城、除旧布新，琉璃屋脊、筒瓦包沟、雕梁画栋，展百代辉煌，亭亭玉立、姿倾群芳。

时逢盛世，村党政领导高瞻远瞩、与时俱进，倾心精神文明、着力文化建设。广大村民、在外工作人员、企业名流，一呼百应、同襄盛举。遂有今日凝心聚力，营造文化活动中心之硕果。实盛世之壮举、千秋之功业。堪当碑志，以传其不朽！

谨志

撰文：李建录

西窑头村 党支部 村委会

二〇一六年　岁次丙申仲冬　吉旦

西窑头文化活动中心建设捐款碑记

天地形胜，村以盛民，而文明传焉！

西窑头，是一个千年古村落。前辈筚路蓝缕、矢志创业、功垂千古；后世栉风沐雨、砥砺前行、大展宏图。今西窑头文化活动中心胜利落成。全仰赖本村父老赤诚奉献，在外贤达鼎力相助。尤其是侯伟杰、侯金柱等一批灰陶琉璃企业有识之士慷慨解囊。正所谓，集万众之心，创千秋功业。理当碑而彰之，晓之千古。故榜其功臣如下：

捐款名单：

伍万圆：侯四伟

叁万圆：周文谦　周建红（混凝土）　晋清学校冯常俊　施工队马庆荣

壹万捌仟圆：周振刚

壹万伍仟圆：赵永伟

壹万叁仟圆：周　敏　侯军杰　侯昌兴　周有思　赵国海　郭锁平　赵建堂

周建杰　邵虎生　刘云生　王渊明

壹万圆：米俊录　侯国泽　米雪生　侯建祥　腾信洗煤厂

陆仟伍佰圆：柴伟胜　侯全柱

伍仟圆：周茂玉　邵亮生　吕六锁　杜　波　周茂杰　周大宾　吕建军
　　　　周　斌　周根生　侯建永　侯国鹏

叁仟圆：侯喜泽　赵二刚

贰仟圆：周国军　周红生　周茂军　周建伟　侯金良　赵永胜　张世勤
　　　　张效乐　米家昌　安丽娜　周乃民　郝武斌　西窑头教会

壹仟圆：卢胜民　李云汉　周振华　赵三民　柴锦峰　周国伟　侯军强
　　　　周懿格　侯宗兵　李电伟　柴海斌　柴小峰　周朝阳　侯建军
　　　　周应喜　吕存有　周银柱　周瑞军　侯建耀　郝世伟　庞晓斌
　　　　周天胜　赵虎锁　杜楼生　周红斌　周茂存　周　强　李爱军
　　　　周福存　周青军　米勤昌　周建芳　王新荣　周清水　李电强
　　　　河津武校

陆佰圆：周未来

伍佰圆：赵建民　邵瑞珍　周建平　赵喜刚　周少平　周东存　周云杰
　　　　赵云刚　赵文刚　周永杰　周永胜　周永清　刘玉红　周永光
　　　　米树梅　张茂胜　李云峰　张效康　周吉生　周振祥　李云刚
　　　　周长江　周建廷　周青山　李建录　李云山　阮建平　侯天民
　　　　周建堂　周宗强　赵四民　卢瑞军

叁佰圆：周连锁　周建康　周立生　侯恩家　张建伟　赵晋昌　周建林
　　　　周马句　侯彦河　刘付立　周全印　周文平　周三宾　陈五学
　　　　米喜林　周会生　侯建虎　周小勤　周　杰

贰佰圆：周民锁　卢国军　周国强　卢国栋　赵全家　周宗明　周海录
　　　　米俊生　周建生　杜占龙　阮全锁　米玉芳　侯建荣　侯玉凤

　　　　　侯晋荣　侯晋康　侯印荣　李爱芳　周创生　米智军　侯国兵
　　　　　周月旺
壹佰圆：杨锁发　周昌印　侯晓东　周美勤　赵瑞刚　李敬录　周振民
　　　　米世军　王胜琳　周宗民　侯贵鹏　杨国兴　周茂林　周帮柱
　　　　周俊平

琉璃产品全套：侯金柱

灰陶产品：侯建永　侯国鹏　侯建祥　赵建堂　郭锁平　赵国海　周有思
　　　　　侯昌兴　赵军杰　侯全柱　周　敏　周振刚　周建杰　邵虎生
　　　　　刘云生　王渊明　赵永伟

50型铲车：周少廷　侯建虎　吕仲祥　周　强

翻斗车：侯世清　武存海　周海江　周　轩

20型铲车：周红生　侯建章

三轮车：周茂立

监理：侯有生

收料：周俊杰　张效勤

　　　　　　　　　　　　　　　　　　　　　党支部
　　　　　　　　　　　　　　　　　西窑头村
　　　　　　　　　　　　　　　　　　　　　村委会

　　　　　　　　　　　　　　　　二〇一七年 元月一日

二、家谱序文

侯氏族谱序

侯伟建

家谱，乃家族发展繁衍的历史记载。民殷修谱，国泰修史。

重修家谱，乃追本溯源之举，延根续脉之功。重修家谱，可知族史、可续族根、可褒族功、可记族德、可范族风、可凝族心，乃侯府之盛事。

辛卯春，族人修谱，瞩余为序。欣悦之余，颇感踌躇：一虑离乡有年，恐难尽其要；二虑笔力不济，亦难达其意。奈根祖为重，无以可辞，族人盛情，无从却之，乃应允之。

余生农家，故里巷陌，久植于心：稚年嬉戏雀跃之状，历历在目；村校就读八载寒暑之乐，恍如昨日；课余假日随父兄耕牧之劳，未敢稍忘；街坊邻右音容笑貌，常忆于怀。此等思乡情结，随斗转星移而益炽。

西窑头侯氏一族，素以勤劳著称。稼穑耕耘于田间，闻鸡即起；奋力劳作于家园，更深始眠。创家立业之辛本邑鲜有，勤俭治家之风历代相传。其志之奋、其行之善、其德之厚，邑人尽知，莫不钦服。时逢盛世，侯氏族人如鱼得水，农工兼营。伺田之余，重操祖传旧业。土陶、琉璃诸般工艺遍及全族，大小作坊星罗棋布；因品优质高而名噪省内外，甘陕客商纷至沓来，本地用户频增不衰，各家各户因之而富。起新房者十有八九，巷道面貌焕然易容；侯家胡同今非昔比，蔚为壮观。

"仓廪实而知礼节，衣食足而知荣辱。"故盛世修谱，亦属情理使然。更堪欣慰者，乃近年来，子孙后代乘改革之风，叨祖荫之福，出息者甚众，尤以入仕者居多。职至军级、处级者累亦有之。高校毕业生多达数百名，恃科技而成功者亦不鲜见，盛世之盛，于我族尽见矣。

究本族经济繁荣，人脉鼎盛之由，可溯及先祖崇节尚德之家传。据清代《侯氏族谱》载，侯氏元代先祖侯庆公因军功赫然而陞，时任河中府（辖今河津、稷山、乡宁等七县）制事总裁。公曾力主"多学为定，人以不贪为宝，含光不耀，藏器不发"。彼时立有此识以戒后人殊属难得。故侯氏一脉所以历代繁盛，人才辈出且品行端正者与家风传承缘近矣。太史公曰："天下君王，至于贤人众矣，当时则荣，没则已焉，孔子布衣，传十余世，学者宗之。自天子王侯，中国言《六艺》者，折中于夫子，可谓至圣矣！"先祖之论与太史公此言，颇多相承之处。故家谱之修重在复彰其义、再传其要，功莫大焉。

《侯氏族谱》凡八章五万余字，内中年代久远，史实及谱序无从考处甚多。工程浩繁，整理不易。幸族中有识者不惮辛劳、多方奔波、宵衣旰食、挥毫案头，历时二载，终至稿定。一经成册，乃为范本，后世受益无穷，永敦亲睦之风，更为长进之力，则兴家振国之效长显矣。鉴此，窃感修谱者辛劳并倍加钦敬。至盼族人及后世秉承先祖遗风，懿行永继；不负盛世之遇，更铸其昌！是为序。

周氏族谱序

周文建

混沌初分，乾坤鸿蒙，沧桑有道，张弛无穷。胄衍祀绵，族乃兴焉，是以周岐扶摇而垂天下也。

家君略通文字，余垂髫之年，即择授，初识曰："周"，深以为趣，时铭于心。

幼喜"连环画"，尤喜"三国"。卷中诸英栩如生、义如天，甚崇之。尤周公瑾，文韬武略、风华绝伦，悍将周苍，随驾武圣、徇躯至忠。彼时，颇以周姓为荣，故偏厚此二公也。后读封神，周岐之威、之圣尤觉撼焉，周之情节尽注矣。

愚生于斯、长于斯，故土情缘，每怀于心。少时曾求学异地，乡土之念尤烈。高堂之音容、田园之奇香，久绕于心，未能稍忘，及入公门，供职于衙，乡情益炽，凡族人之望济者，必系于心。奈职微言轻，未尽责矣。

戊子夏，族中有识者议及修谱之事，叹以吾族之盛，竟未成谱，长为太息。溯而究之，依南阳族人之谱载，先祖茂英公明末离京畿避祸入晋，历三百余年，凡十四世矣。盖以明吏之名，孑然之躯，辗转于此，立命安身，耕读传家，瓜瓞延绵，乃衍至数千人之大族，实可叹亦可敬矣。当今盛世，泱泱大族，倘无谱以载，有负先祖苦心也。然观吾族今状，世情渐薄；手足阋于墙、夫妻詈于市、乡邻弃于义、同族忘乎情，虽未多见，实伤大雅。子女不孝、忘恩负义、为人不诚、工于心计者亦未绝迹。究其源，盖因未悟同族之亲也，此无谱之弊一也。

先祖英贤，生六子曰康、泰、兴、治、元、利。以六份名讳观之，重礼修文、耕读传家之意昭矣。然惜后世驽钝，未有大贤鸿儒颖出。抑或有之，奈无据可搜。遍访诸户，竟无片牍，本邑史志，亦渺无迹，此诚非本族之哀乎？此无谱之弊二也。

家不振，读书少也；读书少，兴无望矣。"古之欲明明德于天下者，先治其国；欲治其国者，先齐其家；欲齐其家者，先修其身；欲修其身者，先正其心；欲正其心者，先诚其意；欲诚其意者，先致其知；致知在格物。"族之修谱，即为格物，既彰家望、亦明礼义，有礼乃凝聚，凝而壮志、聚而兴家。仰物华天宝、得人杰地灵，何其壮哉！

此识晓喻，众皆赞同，旋即共举，各纂修分工合作，诸事顺遂。倡事者富印慷慨出资，立促此事，虽远居津门，屡屡电询。首事者宗堂、宗康赴南阳、上北山，访同族、寻遗迹，虽年高体衰，无懈怠之意。余宗昌、贵印、宗强、明双、建庭、立生、宗明、正祥、海录、永光、仲德、青山、荣录、创兴、创锁、少庭、瑞生、彦林、全印、德印诸君，昼夜兼程、入户细访、编录谱系。恩龙、毓龙虽迁出多年亦参与始终，摄影修文，与卷大益。

《周氏族谱》，凡七章四十五节，逾十万字。本族列祖及今人名字尽录其上，六份瓜瓞、走势清晰，各支各户、一目了然。另人文、经济、社会史料及诸多知识并收其中，以达亦庄亦趣、把卷不释之效。更兼取名辈谱确定，免后世辈分有误、名讳不工之弊；十要十戒制定，勉子孙修身树德、立志进取为要。区区一谱，旨在两期：期后人有成，期家振族兴。

家谱既成，合族共悦，辟如行远，驭乘有方，既生我族，当知循矩，天地苍茫，百代其昌。是以序之。一言既叙，四韵亦成，兼具七律一首，敢竭鄙怀：

窑头一周临河山，

含珠吐玉三百年；

为觅桃源去故都，

欣逢盛世修长卷。

避雨遮风成旧梦，

弄潮扬帆看今天；

风流后辈唱大风，

列祖含笑怡九泉。

三、家规族约

1.侯氏家规族约

引 言

族有谱，国有史，省县有志。史所以稽治乱盛衰、志所以考风土人情、谱所考源流世系，大小虽异、其理一也，为了弘扬祖德、端正族风、维系族誉，使我族众及后世子孙，知所遵循，特作《族约》如下：

（1）国有国法、家有家规、族有族约，遵守国法、遵守家规、遵守族约，这都是我们应尽的义务，对国家要争取做一个好公民、对家庭要争取做一个好成员、对宗族要争取做一个好族众，愿我广大族众，一体共勉之、身体力行之。

（2）端正族风、维系族誉、孝养父母、尊敬叔伯、友爱兄弟、夫妻相敬、善待亲朋、和邻睦里，都是我们立身处世之良规，愿我广大族众，一体共勉之、身体力行之。

（3）刁顽蛮恶、恃强欺弱、贪财霸占、斗殴凶杀，一切邪恶所不能容，家庭伤心、父母痛心，社会切齿之事，愿我广大族众，一体共勉之，切不可为之。

（4）偷抢拐骗、嫖赌酗酒、扰乱治安、破坏法纪，一切都有伤家风、族风、社风之事，愿我广大族众，一体共勉之，切不可为之。

（5）父母要重视教育子女，培养好子女，要一视同仁，重男轻女乃封建残余思想，必须抛弃，要尽力投资，开发智能，以家庭教育为基础，逐步送上大中专院校深造，替国家培养人才，重科学、讲文明、讲道德。国强家亦富，渐次形成读书风气，为人父母者，须切切注意之。

（6）父母自小须要教好子女，使之行正道、务正业，一切骄奢淫逸、浪荡不羁、为非作歹之行为，父母须切切注意之，必不许子女为之。

（7）子女要赡养好父母，使老有所终，乌鸦尚知反哺，羊羔亦能跪乳，所以一切养老送终之事，为人子女者，应尽终孝道，以娱亲心。蛮横悖逆、欺压虐待，乃禽兽之行为，凡我族人，必不许为之。

（8）兄弟如手足，重要在和睦，鸡毛蒜皮之事，使口角顶撞，甚至斗殴流血，栽下祸根，结成深仇大怨，世代不得安宁，应知兄弟乃同母所生，大被同眠、共乳而食，豆萁相煎，千古所羞，凡我族人，须切切注意之。

（9）夫妻相敬如宾，重在白头偕老，生男育女，皆造端于夫妻，一旦风生枕畔，使尔鸾凤分飞、分衣割袂、两相离异，从此长使：影里情郎，浪迹天涯海角；画中爱宠，飘零楚尾吴头。凡我族人，须切切牢记之，必不宜为之。

（10）家庭之内、夫妇之间、叔伯之间，兄弟之间、姐妹之间、姑嫂之间、婆媳之间、妯娌之间，须勤勤恳恳、和和气气，搞好生产、过好生活，不利于团结的话不说、不利于团结的事不做，照顾大局，以共同利益为重，不搞小动作、不要小聪明，愿我广大族众，一体共勉之、身体力行之。

（11）亲朋戚友邻舍，要一视同仁，时时要宽厚待人、时时要检点自己，关心病残，行直道、守信义，不义之财不取、不义之事不做，嘲讽谩骂、粗言恶语不说，一切邪恶奸诈之行为，凡我族人，须切切牢记之，必不可为之。

（12）乱搞男女关系，乃淫邪恶习，有伤家风、族风、社风，凡我族人，须切切牢记，必不可为之。

（13）近亲结婚，必生痴呆愚顽；凡我族人，必不可为之。

（14）我族族大人多，内部纠纷，时有所闻，意见如有分歧，看问题需要一分为二：犯错误可能是自己，过去之事当无必要记；宽厚待人、谦虚和气，求大同存小异，凡我族人永远共同牢记之。

2.周氏家规族约

(1) 十要十戒

要孝敬父母，戒虐待忤逆；

要弃恶扬善，戒违法乱纪；

要诚实守信，戒见利忘义；

要惜时奋进，戒虚度光阴；

要光明正大，戒阳奉阴违；

要见义勇为，戒损人利己；

要教子成才，戒放纵胡为；

要举止文明，戒粗俗伤人；

要尊老爱幼，戒以强凌弱；

要品行端正，戒吃喝嫖赌。

(2) 和谐歌

和为贵、忍为高，至理名言传今朝。

天时地利人要和，这里表表和谐歌。

天不和来灾害到，暴风骤雨下冰雹。

地不和来灾害起，山崩地震火山喷。

世界不和起战火，亿万人民遭恶果。

国家不和暴乱掀，人民生活不安然。

家庭不和最可怕，三天两头常吵架。

身体不和疾病多，卧床难起常吃药。

古人有训和为贵，三字充满人情味。

居家老小过光景，和气生财喜盈盈。
父育子来子养老，和和气气配合好。
兄弟相和讲憨厚，手心手背永不离。
姑嫂相和两投缘，世人爱见小姑贤。
妯娌相和互信任，不听闲言和议论。
婆媳相和密无间，俩人合顶半边天。
邻里相和赛金银，远亲不如好近邻。
今日提倡讲文明，待人接物要热忱。
开口先带三分笑，尊老爱幼有礼貌。
遇事多把人原谅，切莫傲慢言语伤。
自己有错先赔礼，出言谦让"对不起"。
朋友有难多帮忙，"友谊"二字为桥梁。
婚丧嫁娶家家过，主动帮忙莫推托。
谁家东西难置全，调剂使用莫刁难。
娃娃玩耍打了架，切忌护短莫护驾。
委屈之事须讲清，心平气和互通融。
对己严来对人宽，群众常站你这边。
千古绝唱将相和，历史佐证立强国。
党中央、做决定，和谐社会要实行。
天和谐、地和谐，人与自然要和谐。
知荣明耻树新风，家和国和万事兴。

3. 家规族约对村风民风的影响

中国古代"皇权不下县"，广大乡村地方大都由乡绅治理，乡绅的治理方式常常是通过把家规、祖训、家范转变成族约，再通过族约影响村风，实现乡规族约的民间自治。所以常常出现一家兴而一地兴，一族衰而一地衰的景象。

这与窑头村宁、侯、周、米、吕五大家族，在不同历史时期的兴衰状况，与窑头村的兴衰历史看来也是十分契合的。中国古代有许许多多良好家教和家风家训，"尊老爱幼""妻贤夫安""母慈子孝""兄友弟恭""读书，起家之本；勤俭，治家之源；和顺，齐家之风；谨慎，保家之气；忠孝，传家之方。"耕读传家、勤俭持家、知书达理、遵纪守法、家和万事兴等中华民族传统家庭美德都融入其中。窑头村的五大家族乃至赵、李、武、王等小户人家，千百年来也都把这些家庭美德转变为家风家训，世代传承。同时也助长了淳朴的民风、村风的形成。正所谓："家风一破，污秽尽来；家风纯正，雨润万物。"

从窑头村的许多古门额楹联以及各大家族兴衰成败的历史中，也能感知到家风家教的重要性，感觉到家规族约对村风民风的深刻影响。宁、侯、周、米乃至赵、李、武、王等家族对族人子孙的立身、处世、持家、治家，都做了全面的规范和教诲，滋养了一代又一代子孙。如宁家的"尚宁干止，和气致祥"；侯家的"勤俭为本，自必丰享""一日之计在于晨，一生之计在于勤"；周家的"忠厚传家，乃能长久"；米家的"为善自然获福，修身可以齐家"；赵家的"成由勤俭，败由奢"；李家的"忠厚传家久，诗书继世长"。乃至每个小家小户坚守的"一粥一饭，当思来之不易""锄禾日当午，汗滴禾下土；谁知盘中餐，粒粒皆辛苦""远亲不如近邻""妻贤夫少祸，子孝父心宽"等等良好的家风家训，使这些家庭自然形成了"入门虽三岁顽童，见客皆彬彬有礼"的良好习惯。也使得这些家族兴旺发达、家兴业立。同时，也促进了窑头的村风民风好转，使当时的窑头村岁熟丰稔、百业兴旺、盛极一时。

在靠天吃饭、靠地养生的年代，一个农耕古村，温饱平安已然不易，还能让习文修身、尊礼尚贤的理念蔚然成风；让尊师重教、耕读传家的思想代代赓续，真是难能可贵。

又比如20世纪的五六十年代，窑头村基本上是"路不拾遗，夜不闭户。"更没有什么"防盗门"之说，大都是敞开门户。那时村邻里舍的人们"来往有胸襟，相互有信任"，左邻进门喊一声：有人吗？用一下你家"拉拉车！"；右舍亦是喊一声：有人吗？用一下你家的"低桌子"。主人若在家应一声，你拿走；若家里没有人照样拿走，用完后送回原地放好就行。晚上不到10点不关门，是为了"晚点关门，省得来了人还得敲门"。那时，人们互相有事喊一声立马就到。往往一家有事，百家帮忙。特别是谁家盖房建厦，打土墙，年轻小伙子都是抢着干。站在丈余高的房架上，扛得动水桶般粗的大梁。尤其是哪家有了白事，送葬起灵时，管事的人一声令下，在场的所有壮小伙立马抬起棺椁，在数十名小伙子的簇拥下棺板不下肩、双脚不停留，号子声声、黄尘滚滚，排着队，一拨换一拨，一气送到了墓地，使逝者入土为安。这是对逝者的尊敬，也是对祖训的坚守。这种淳朴的村风民风，实在是难能可贵，值得世代传承。

四、取名要领及辈谱

姓名，属我国传统文化的重要内容之一；不仅涉及许多社会历史内容，闪烁着传统文化的光彩，而且对现代社会生活有着广泛深刻的影响；还可以体现家族的文化素质，浓缩饱含着父母的厚望和祝福，也是伴随一个人终身的珍贵礼物。所以，命名要遵循流畅性、音乐感、持续度、和谐美的原则。同时，要注意宜平实、易解释、忌拼凑、禁夸张、戒慵懒，一定要严肃认真。

1.取名要领

（1）三美：形美、音美、意美。力求达到爽口、顺口、悦耳有内涵的审美效果。

（2）四要：新颖——不落俗套，独彩；典雅——趣味高尚、不染俗尘；含蓄——意境深沉、内涵深刻；响亮——顺口悦耳。

（3）五不宜：不以官职、山川、隐疾、牲畜、器币起名。

（4）注意声调：单名不可与姓同声调，双名忌声调三叠（三个字同调）。阳声、上声、去声要避免双叠；阴平可双叠，但勿与姓双叠。

2.取名辈谱

（1）辈字，又称范字。用范字命名，是中国文化的一大特色。目的是"明世次、分经纬，永葆同血脉的长存贯通"。字辈对理顺整个家族的谱系，具有不可替代的作用。每代同用一个字，秩序井然，有助于推算世次辈分，增强宗谊。所以，过去不少名门望族都制定了严格的字辈谱，一以贯之，严格遵循。

根据《侯氏家谱》记载，侯氏家族制定了一个三十字辈谱，从二十八代开始，用"晓"字，二十九代起都用"友"字，以此类推。

下面是侯氏三十字辈谱：

忠良振国光，晓友传家本。
立显荣朝士，文方运济祥。
起元敦圣学，风雅列明章。

《周氏家谱》记载："从我村迁徙到河南南阳的周家族人，制定了二十字辈谱。现已使用十二个字，加上前两代（那里是从第三代起用）用到第十四代。所以，我村周家族人决定从十四代开始，全族统一用这个字辈谱。从十四代开始起名都用'进'字，第十五代都用'荣字'字，依此类推。"

下面是周氏六十字辈谱：

年南风元书，章昌世玉长。甲进荣国宝，永平化治光。
道德立业本，仁义启端祥。忠厚尚礼信，勤俭庆廉芳。
敦学眙贤儒，弘振秀锦榜。祖思润泽远，文武昭隆康。

如窑头周家第六世登字辈有：登庸、登弟、登殿、登高、登基。

米家第二代米登殿为第三代取"学"字辈名：学宾、学贤、学明；

第四代"含"字辈：含珠、含宝、含启；

第五代"天"字辈：天宪、天德、天墙、天轩、天赐、天麻；

第六代"国"字辈：国基、国祯、国俊、国华、国祥、国程、国昌、国杰、国治；

第七代"立"字辈：高立、稳立、本立、成立、根立、有立、正立、宦立、公立、明立、五立、荣立、十立、耀立、卓立、官立、庚立、龙立、义立、先立、敬立等。

（2）窑头村有典故、有内涵的人名范例。周氏六世祖永财、永和，根据儒家"五常"——仁、义、礼、智、信，为五个儿子分别起名：怀仁、怀义、怀礼、怀智、怀信。

周氏第七代根据"穷则修身齐家，达则兼济天下"的寓意，起名：自修、进修、正修、懋修、圣修、杰修。

周万户生于康梁维新变法时期，为了拥护维新变法，把自己的原名更改为"维新"，其三个弟弟更名为"维贞、维西、维邦"。

李俊英信奉孔孟之道，尊崇儒家学说。按照《论语·颜渊》和《论语·学而》篇的典故，为四个儿子分别起名：克温、克良、克恭、克俭，实可谓"克己复礼通典籍，温良恭俭谐辞章"。

侯家二十三世祖侯鸿子为四个儿子起名：恩志、恩福、恩发、徐恩，寄望他们知道感恩，学会做人做事。

侯氏二十三世祖期盼儿子们能文能武、文武双全，为二十四代男孩起名：文学、武学、文魁、武魁。

周氏第九世有命名为"德厚"的，源自《谷梁传·僖公》："故德厚者流光，德薄者流卑"。

窑头村还有许多家庭崇孔孟、重教化、倡德善、论济世，为晚辈起了许多内涵丰富的名字，如秉权、秉衡、忠和、忠厚、崇德、文德、德家、德才、德厚、德印、文建、文华、文谦、效文、文清、宗文、宗武、宗昌、思温、思恭、思忠、思敬、卫国、建国、保国等。

五、古今门额题字、楹联及释意

窑头村是一个千年古村落，一砖一瓦皆是史、一草一木总关情。实可谓："人行巷子里，如在画中游。"随处可见青砖黛瓦，层层叠叠的飞檐翘角。一块砖、一片瓦，一栋房子、一座庙宇、一座舞台、一家祠堂、一副楹联、一帧门额，都是古文明的见证。特别是家家户户的门额、楹联，或崇孔孟、或重教化，或倡积德行善、或论治家耕田，内容丰富、寓意深刻、耐人寻味，实属一个有文气的村庄。

门联，也称楹联，形式独特，文化内涵深厚；而且能让进进出出家门的子子孙孙，时时得见、耳濡目染，从而在潜移默化中传承良好的家风，获取教益。

门联有歌颂祖国壮丽山河和大好春光的；有赞美自己心爱的宅院和邻里环境，表示了睦邻友好愿望的；有传递了家世渊源的古老信息，总结了持家经验，宣传自己的良好家风的；有写出修身立德的人生格言，表述自己远大抱负的……通过这些内容各异的门联，宅院主人可以抒发心志、自勉自励，每天出出进进家门的人会在重复的相见中受到教育，潜移默化中受到熏陶。即便来访之客，或是路人，也会在诵读与欣赏之余有所受益。

1.门额题字

尚宁干止：最早定居窑头村的"宁"家，在所建巷道东头过厅戏台门额题字。此题字引自《尚书·周书·多士》："尔乃尚有尔土，尔乃尚宁干止。"蔡沉《集传》："干，事；止，居也。庶几安尔所事，安尔所居也。"意思就是说，如果你有你的土地，还能安心做事，安心居住，就差不多了。可惜，世事无常，宁家人这最基本最简单

的愿望、梦想也未能得到满足。在"洪武赶散"的年代，全国性大移民中整体迁往外地。宁家一族为国家的"屯边"政策做出了贡献。好在这条古巷道"人去巷犹存"，宁家巷的名称一直沿袭至今，从未改变。

和气致祥：宁家巷西头照壁题字。《汉书·楚元王传》中有"和气致祥，乖气致戾"的话。西汉刘向进呈汉元帝的《条灾异封事》："和

气致祥，乖气致异。祥多者，其国安；异众者，其国危。天地之常经，古今之通义也。"其意是说和睦的氛围会带来吉祥，不和谐的氛围则招致灾祸。意思就是和气会换来吉祥如意。

南极流辉：侯家胡同南门额题字。南极，星名。《史记·天官书》："狼比地有大星，曰南极老人。"汉王充《论衡》："火位在南，水位在北。北边则寒，南极则热。"流辉：流光，闪动的光，也表示福泽流传后世。《穀梁传·僖公》："故德厚者流光，德薄者流卑"。

北辰拱翠：侯家胡同北门额题字。北辰，北极星。《尔雅释天》："北极谓之北辰"。这里指代最北端。拱翠，被翠色环绕。翠：指优美景色。

钟灵毓秀：周家巷东头原关门额题字。晋左思《齐都赋》："幽幽故都，萋萋荒台，掩没多少钟灵毓秀。"钟：聚集。毓：养育。这里指山川秀美，人才辈出。

爽气常萦：周家巷西头过厅舞台门额题字。清爽之气，喜悦之声，左右绕出，让人心情舒畅、眼前豁然开朗（20世纪60年代遗迹尚存）。

紫气东来：米家巷东大门门额题字。紫气：瑞气。杜甫《秋兴》："东来紫气满函关"，借用老子出函谷关的

故事。《史记·老子列传》说老子是东周掌管藏书的史官。在都城洛邑住了很长时间，看到周朝衰败了，就离开洛邑西去。到了函谷关，守关官员尹喜说："您就要隐居了，请您勉为其难，为我写几句话吧！"老子听罢，就写下了五千字的《道德经》，然后离去，没人知道他的下落。传说他来去都骑着青牛，青牛腾蹄，紫气横空。

西接瑞峰：米家巷西大门门额题字。瑞峰，祥瑞之气的最高峰。

乐育英才：设在关岳庙内的西窑头国民学校教室门额题字。汉孔融《荐祢衡疏》："淑质贞亮，英才卓砾。"君子三乐出自《孟子·尽心上》。孟子曰："君子有三乐，而王天下不与存焉。父母俱存，兄弟无故，一乐也；仰不愧于天，俯不怍于人，二乐也；得天下英才而教育之，三乐也。"

筑路济贫、建桥扶困：这是民国十八年遭灾时，由英国人设计督建的窑头村北一过水涵洞，南北洞额题字。

耕读传家、耕读第、耕读：都不应简单理解为一般的耕田和读书。作为一个历史概念，它有特定的含义。"读"字的意思是通过诵读儒家经典，接受儒家思想；"耕"字的意思是读书以后要从事社会基本经济活动。同时，不忘圣人教诲，穷则修身齐家，达则兼济天下。中国是农耕国家，窑头村民以农耕为主。所谓"传家无别法，非耕即读。"耕田可以事稼穑、丰五谷，养家糊口、以立性命；读书可以知诗书、达礼仪，修身养性、以立高德。这是千百年来中国固有的"耕读传家"的真正内涵。民众在耕读之中学做人、学谋生。"读书，起家之本"。"耕读传家"也是传统文化中最有影响力的人生理念，所以此类门额在窑头村最多。如：周宗武、周昌印、赵长生、阮三龙、侯恩福、侯有生等家

都是此类门额。

居之安：宋魏了翁："居之安，于胥乐，咏而归。""居安资深"出自《孟子·离娄下》："君子深造之以道，欲其自得之也。自得之，则居之安；居之安，则资之深；资之深，则取之左右逢其原。故君子欲其自得之也。"古人的理想就是"居之安"。周志祥、周建廷、侯正江等家门额皆如此，现有遗存。

安居乐业：《汉书·货殖列传》："各安其居而乐其业，甘其食而美其服。"安于所居，乐其本性。安定的生活，愉快地劳作。此为李敬禄家大门门额题字。

安汝止：汉朝大儒郑玄："安汝止，无妄动，动则扰民。"意思就是安稳的居住生活，稳健行事，不要因妄动而扰乱他人生活。此为周建堂家门额题字。

四爱居：《诗经·小雅·斯干》："似续妣祖，筑室百堵，西南其户。爰居爰处，爰笑爰语。"三国魏阮籍《咏怀》："优哉游哉，爰居爰处。"《诗经·魏风·硕鼠》："乐土乐土，爰得我所。"爰，于是。意为我这才得到了我所希望安乐的地方。此为周存立家门额题字。

谦受益、谦和处世：《尚书·虞书·大禹谟》："满招损，谦受益。"意思就是骄傲自满招致祸害，谦虚谨慎获取益处。此为周喜存、阮盛泉家门额题字。

庆有余、庆余第：《周易》："积善之家必有余庆；积不善之家，必有余殃。"意思就是说不断做好事的家族，不仅自己的福报不会断绝，家族后代也会继续享用；常常做不善之事的家族，会经常发生灾祸，也必然要连累他们

的后人。此为侯伟民、周仲生家门额题字。

庆三多：意为多子、多福、多寿，也是过去人们的期盼。此为侯恩家家门额题字。

福泽绵长：周福禄家门额题字。

眺远景：周海禄家门额题字。

瑞气永凝：意思就是祥瑞之气永远凝聚在这里。

奕世其昌：《国语·周语》"奕世载德，不忝前人。"意思是只有世代以德立身，才能不愧对祖先。

福寿康宁：祝福语，健康长寿安宁之意。

和为贵、人和第：《论语·学而》："礼之用，和为贵"，意思是说礼的应用，以和谐为可贵。如果居家对外和气、对内和睦，这是很宝贵的，此类门额在窑头村比比皆是。

善中和：孟子曰："子路，人告之以有过则喜……善与人同，舍己从人，乐取于人以为善。""中和"是中正和平之意。《礼记·中庸》："喜怒哀乐之未发，谓之中；发而皆中节，谓之和。中也者，天下之大本也；和也者，天下之大道也。致中和，天地位焉，万物育焉。"周文建家南小院门额题字。

勤俭：勤可补拙，俭可养廉，是传家的金玉良言，常见。

勤俭忍：勤勉、节俭、容忍。

诗书第：表示要以诗书中的思想精神持家、律己，有书香之家的意思，还有"诗书传家""诗书生香"等。

懿德居：懿德就是美德，嘉言懿行。懿德高风，令人景仰。周宗康家门额。

忠信：周建廷家南小院门额题字。

安居、乐业：米永昌家东西院小门门额题字。

宁静：李敬禄家书斋题字。

永沐春晖：周宗武母亲过寿时的赠匾。

贤德高寿：李敬禄母亲过百岁寿诞时的赠匾。

2.门联、楹联

禹王庙献亭联：

今古乾坤照化育，海天日月共光华。

关岳庙正殿木刻楹联：

秉烛春秋大节至今昭日月，存心忠义英风通古振纲常。

志在春秋功在汉，心同明月义同天。

关岳庙内国民学校东西厢房教室门联：

东房：两个黄鹂鸣翠柳，一行白鹭上青天。

新建仿古门楼

新建仿古门楼

西房：窗含西岭千秋雪，门泊东吴万里船。

宁家巷观音庙联：

西方绿竹千年翠，南海莲花九品香。

周家巷观音堂联：

白莲台上慈悲主，紫竹林中自在仙。

清静无为（横批）。

周家巷奶奶庙联：

心向莲台频结子，德昭香炷自生花。

多子多福（横批）。

家家户户土地爷神龛两边对联：

土能生万物，地可发千祥（地可载山川）。

农家建新房上梁时要请姜太公出面保平安，贴一副对联：

上梁正遇黄道日，立柱巧逢紫微星。

花梁上贴"姜太公在此，诸神退位。"

周万户家门联：

世事让三分天宽地阔，心田存一点子种孙耕。

米国祥家石刻门联：

天地无私为善自然获福，圣贤有训修身可以齐家。

李克温家门联：

杏林春暖人登寿，橘井宗和道有神。

李克良家照壁联：

紫芝日静隐居乐，白壁云和养德深。

赵虎锁家照壁联：

斯是陋室苔痕上阶绿草色入帘青，

吾克明德谈笑招鸿儒胜友集如云。

还有这样几副常见的门联：

持家有道惟存厚，处世无奇但率真。

居家有道惟能忍，处世无奇但率真。

几百年人家无非积善，第一等好事只是读书。

忠厚传家久，诗书继世长。

传家无别法，非耕即读；裕后有良图，惟勤与俭。

人民公社化时期，米家巷食堂门口有一联：

人民乃衣食父母，公社即温馨家园。

六、文学作品

1. 散文

老　家

我离家在外已经半个世纪了。五十年来，工作生活之余，每遇闲暇，思乡之情便会悠然浮上心头。而且随着年龄的增长，这种思绪越来越强烈，这大概就是人们所谓的叶落归根的故土情节吧。

虽然离家时间很长，但老家在我青少年时代给我留下的印象十分清晰。那条不宽但却整齐的周家巷，令人魂牵梦绕。那一座座清代的农家小院让人流连忘返。老宅背后的场院及小菜园让人回味无穷，特别是每到麦收季节，人们像过节一样紧张地割麦子、打场，欢笑着吃白馍，就着凉拌葱笋菜，一边说笑，一边谈论着小麦的收成和夏播的打算，其情其景，真如画图一般。值得一提的是，我家场边上有一棵"绒线花"树，麦收时节，树上鲜花盛开，那股醉人的香味至今仍然飘在心头。每每提起，倍觉温馨。家乡地美水美人更美。周家巷的左邻右舍、父老乡亲一个个熟悉的面孔经常出现在我眼前。那时邻里之间十分和谐，在我的印象里，很少听到邻里之间出现什么恶性吵嘴打架事情。平时，男人们上地劳动，女人们便在家操持家务。那窄窄的巷道便成了大家彼此聊天、干手工活的场所。天热时，大家都把碗端到门口边吃边聊天。日子虽然清苦，但人们似乎在和谐的气氛中冲淡了苦味。这也可能是大家的骨子里都有祖先遗传下来的勤劳向善的血脉的缘故吧。

五十年来，在思乡之情难以抑制时便回家小住。家乡和全国各地一样半个世纪里变化也真大。河津不再是当年的河津，西窑头也不再是当年的西窑头，周家巷同样也发生了巨大的变迁。一座座旧房子不见了，代之而起的是一座座瓷砖贴面的高大门楼；过去那条留着两条深深车辙的土巷道不见了，而变成了平坦整齐上下水道齐全的水泥路，路边装上了路灯。许多人的院子里盖起了车库，巷里面经常停放着小轿车，这是过去连想也不敢想的。这比五十年代人们向往的"楼上楼下、电灯电话"的社会主义生活要好许多。看到这些，真是感慨万千。然而最遗憾的是，村子里六十岁以上的乡亲还有印象，六十岁以下的几乎都不认识了，真是"儿童相见不相识，笑问客从何处来"。

多年来，在我心头挥之不去的一个情节便是想为老家做点事。我虽在天津工作，并且小有成就，但我忘不了生我养我的家乡水土；忘不了给我启蒙教育，并让我上了几年小学的西窑头小学；忘不了培养我成才的河津中学。人生在世，根基为先，无根何来梢，无有根基输送营养，何来满树花繁叶茂？因此，我决心在有生之年以实际行动向家乡表示一点小小的心意。2008年清明，回家祭祖，与当年的同学，也是同族宗康、宗堂二兄弟谈话之中，忽然提到目前西窑头周氏虽然从明末落户在此，已历十四代三百六十余年，人口已达数千人，但多年来一直没有一个族谱，没有一个流传于后世的文史资料，实在令人遗憾，于是便产生了完成此项工作的心意。决定自己出资完成西窑头《周氏族谱》的修订工作，并且印刷成书，让周氏子孙世世代代都能晓根知祖，托今追昔，秉承先祖懿德，光前裕后，创造更加美好的未来。

据了解，早在解放初，周志祥老先生即有修谱愿望，并开始案头工作，后终因诸方面原因而搁置。20世纪90年代，周贵印、周海录、周景龙、周书山、周文奎、周宗武等人受南阳族人启发，亦拟修谱，后亦因故未果，但已为此次修谱打下了基础。此次再启动修谱大事，我族许多热心人，许多在外退休人员，许多村干部以及全族父老兄弟都予以很大支持，并做了大量的资料收集和案头写作工作，终使此书付梓，了却了本人及族人的一番心意，为我们子孙后代留下了一笔丰厚的精神遗产，窃以为族人当共以此为荣、以此为喜。在此遥祝族人身心健康、万事如意，望我族后人都能刻苦读书、积极向上，愿我村周氏世世代代繁荣兴旺、人才辈出、百代永昌。

（作者周富印，字一舟，毕业于原太原理工学院，高级工程师。）

喜读《窑头赋》

"赋"在中国文学史上是产生的较早的一种文体，它始创于周末，到汉代得到特别的发展。"汉赋"与汉代的诗、文一起，成就了汉代文学的灿烂与辉煌。

李建录先生很好地把握运用了这一文体，他在千余字的《窑头赋》中，以清隽淡雅的文笔，用点线面相结合的方式，引领人们走进历史、走进村落、走进生活、走进文化，倾听窑头这个古老村落以往发生和正在发生的故事，将一个千年古村优秀传统文化的血脉和源泉清晰地呈现在人们面前，追根溯源，穿越古今，真实地展示了龙门大地华夏子民的文化自信。

村名是一个村落的文化符号。"欲知其村史，先问其村名"。赋文以此为命题，追述了窑头村"因窑而兴，傍窑而建"的悠长历史。从中使我们看到了"秦砖汉瓦"在龙门大地产生、发展、流变、升华的历史轨迹；看到了"侯、周、米、吕"四姓族民在这块热土上的聚居、繁衍和生息；更看到了这个村庄的人们，不避"俗"，不追"雅"，始终坚守着"窑头"这个既不"文"也不"雅"的村名。正是由于这个既不"文"也不"雅"的村名，才使得人们感受到了更多的泥土气息，才使得人们"听得见乡音、闻得到乡味、记得住乡愁"，才使得人们体会到，"乡愁"这个字眼并不深奥，它实际上就是一种家国情怀、一种文脉绵延、一种精神回归。此为赋文的第一个层面。

在第二个层面中,赋文以"壮哉窑头"为起笔,满怀激情地讲述了窑头这个古老的村落正以勇立潮头的姿态,向人们展示着它在时代与历史交汇处的新生。有着近千年历史的窑头古村,受中国优秀传统文化的熏陶和晋商文化的影响,虽然历经战乱和灾荒,但每次都能用自己的方式实现新的突破。特别是改革开放以来,窑头人民以进取求变的时代精神,在坚持以"烧制"为支柱产业,将产品打入到全国各地乃至日本、新加坡、美国、澳大利亚等国市场,并被列入"国家级非物质文化遗产"名录的同时,正朝着产业兴旺、生态宜居、乡村文明、生活富裕的方向发展,以加快推进农业农村现代化的进程。

在第三个层面中,赋文以窑头村在精神和文化建设方面的诸多成就(仅莘莘学子就有清华骄子、北大才女、文科状元接连涌现),诠释了"乡村振兴,文化同行"这一命题。从中使人们认识到:村庄,是村民的安居之所。村庄的文化,是村民心灵的家。村庄的民俗,是族群和村落的地标。"乡村振兴,文化同行"是现实的需要,是时代呼唤的使命,是面向未来的选择。学习贯彻党的十九大报告中关于"实施乡村振兴战略"的精神,就要挖掘农村文脉,坚持以文化人,以美丽的农村建设扮靓我们美丽的祖国。

窗前灯下,仔细品读着这篇《窑头赋》,触发了我诸多情思。它勾起了我心灵深处的记忆,勾起了我对"家"的思念,更激起了我对龙门这片栖居大地的热爱。坚定文化自信,离不开对中华民族历史的认识和传承。这篇赋文通过简洁的语言和亲切温煦的叙述,挖掘提炼了窑头这个传统村落沉淀在岁月深处的中华民族优秀精神,传递出了爱国爱家、相亲相爱、向上向善、共建共享的价值追求,有着潜移默化、润物无声的说服力。我殷切期望龙门大地能有更多传统村落的"村赋"展现出来,使这些村落的悠长历史为更多的人知晓,使这些村落优秀的传统文化得以弘扬光大,使更多的人获得心灵的慰藉与享受!

(作者周敬飞,系山西省人民政府文史研究馆馆员)

收下这份馈赠

　　齐素兰，这位年近期颐的老母亲，凭着她清醒的记忆，如数家珍似的向她的儿孙晚辈们讲了那么多动听的故事、歌谣，还有许多有趣的谜语。我细细地阅过记录稿，当下就觉得十分珍贵。一是除了《巧手村姑》《三姐妹赛梳头》《懒媳妇跳河》三则外，其余的都是我过去不曾见过的作品；二是这些作品，可以说，每一件都洋溢着劳动者的风趣和幽默，闪耀着他们的聪明和智慧，同时散发出浓浓的"草根"情味。

　　以下四篇故事都是夸女人的。夸农家妇女的能说会道、爽直伶俐。故事《姑娘巧嘴难先生》有趣之处在于这位姐姐和先生的对句"驴踏板凳入骨响"是先生的出句，这句话可能就是先生在课堂上难为这个学生的原因（不但不好好听课，竟然"乱说乱动，乱踩板凳"）。而学生的姐姐则针锋相对，回敬以"兽打铜盆铜锣声"，骂先生为"兽"。可见姐姐口角之锋利，才华之出众。第二句用"公鸡还是母鸡要"（生下的），对答先生之"公鸡不叫母鸡叫"（意为学生答不上，姐姐多说话），同样还先生以颜色：你骂我为"母鸡"，我辱你为"母鸡"所生。第四、五句最为有趣。你说"男子头上三分火"，好像让女人不敢惹你，但是我说"妇人胸前有半斤"（指奶头），先打埋伏，引其上当。结果先生果然问道："要你外半斤有何用？"然后姐姐便顺势狠狠回敬了一句："奶大了我儿当先生"，骂先生为"儿子"，让先生大败而逃。《巧嘴媳妇》的那个"九"字，回避的真巧。一会儿用乘法（三三得九），一会儿用加法（四加五得九）；一会儿又用比喻（林林草）。总之，应对裕如、对答如流，不愧为一位"巧嘴媳妇"。《哑妇开口》同样夸赞农家妇的能说会道，只不过用的是"不鸣则已，一鸣惊人"的手法。这位"哑妇"的高明之处在于能做到触景生情、出口成章，而且能做到寓情于景、借物言理、情景两宜、物理相融。《多嘴长舌》的相公只因为"职业"兴趣，戏说了一位姑娘，竟遭到了这位有才气的村姑的有力回击。堂堂相公、翩翩秀才，其才华竟落在村姑之下。

歌谣俗称"口歌"，乡下人你念我念，因之称"念口歌"。口歌要押韵上口，但更重要的是要有情趣。《巧手村姑》我过去曾经听说过，把那个会和面、擀面、切面的村姑的手工技艺，形容夸张到极致。一个个的比喻、想象和联想，让人不得不佩服人民群众集体创作的高明和精彩。同样，《三姐妹梳头》照样比喻得十分贴切自然。《颗粒不丢》显然是在戏讽山里人的简陋、俭省。只为丢了一颗米，全家人出动，有撵喜虫子的，有送盘缠的，竟然一口气撵了十里之遥。谁能说这不是一篇漂亮的文学作品？就这件事，就这个主题，我不知道如果让大作家们去描写，他们是否还会有比这个更高明的手法？还有那首《懒媳妇跳河》，这位懒得出奇的婆娘，一过了大年初一，就开始生发着怎么再继续懒下去。从初二到十三，天天都有懒的说头、懒的理由。眼看到了十四，实在寻不下理由了，于是就想着去跳河。但又想到清明还是一个"节"，还可以懒它一段时间，就不想去死了。把这懒婆娘慵懒的心理活动，刻画得惟妙惟肖，非常生动细腻。

至于那些谚语、谜语都是些很有价值的作品，就不加细说了。我实在想说的是这位年至九十九岁的沧桑老人，实在让人可敬可钦。在老人家记忆里竟然珍藏着这么多（肯定还有）美好的、有价值的民间精品，这本身就是一笔无价的精神财富，这是其一。再则，我未来得及问及她的孩子，但我可以推知，这位老人肯定有相当的知识、相当的大家风范，并且肯定还有一个宽阔的胸怀和极其良好的心态。不然，她怎么能如此的长寿，如此的清醒如初？第三点，老人家的这笔精神财富不仅属于她的家庭，而且属于我们这个村、这个社会。我们都一定要把它一代一代的用心传承下去。都应怀着十分感激的心情，接受老人家这份高贵的馈赠。

（作者原艺文，系山西大学中文系毕业，曾担任河津市第一届文联常务副主席）

父亲的书房

"书房，在中国文化人的心目中，就是精神的巢穴、生命的禅床、心灵的殿堂。"

父亲生于1909年2月11日，一生经历了清王朝、中华民国、中华人民共和国三个时期。这期间，时代更迭、沧桑变迁、战火硝烟、雨雪风霜，父亲在动荡中艰难地跋涉了80个春夏秋冬，但一生始终以书为伴，以书房为家。书房就是他的芳草地、伊甸园！

祖父信奉孔孟之道，尊崇儒家学说，按照《论语》中"克己复礼为仁"的典故和"温良恭俭让"一词，为四个儿子分别取名克温、克良、克恭、克俭。正所谓"克己复礼通典籍，温良恭俭谙辞章"。父亲排行老二，名克良，字明轩。幼年，父亲先后在曾祖父创办的西窑头国民学校和设在贡院里的河津县第一高等小学堂读书。他聪颖好学，每次考试都在前三名。

河津是"鲤鱼跳龙门"故事的发源地。祖父望子成龙，对父亲寄予很大的期望，一心想让他跃过龙门，走上仕途。但天不遂人愿，在父亲高小毕业后，因特殊原因，情势所迫而辍学，去绛州城做生意。后来，由于他酷爱文学，又喜欢文艺戏曲，20世纪50年代初，被邀请到新绛蒲剧团任文化教员兼编剧。从此，他"醉心墨海终无悔"。从一个一个演员识字、写字、学习文化知识的基础抓起。尔后，又从台词念白、理解释义、剧情分析，直到角色把握，多方辅导演员。在此期间，他负责改编的《八义图》剧本得到山西省文化厅的好评。他还参加了蒲剧大家墨遗萍创办并任社长的山西省蒲剧学社。他编撰的"蒲剧音起于击壤歌，五千年民族艺术，莫忘平阳康衢老；舞台戏创自西厢记，六百载文化遗产犹记解梁关汉卿"对联，被收入《中国对联集成》一书。编者评价这副对联对蒲剧的源流做了高度的概括。正当他得心应手，全身心地投入心爱的文艺事业时，1957年的反右斗争开始，他这个不大不小、不上不下的知识分子，被无端扣上了右派分子的帽子，遣返回乡。从此，30余年来，父亲以一种特有的方式，努力跟踪、适应着他所处的风云变幻时代，体验着沧桑人生况味，并小心翼翼地演绎着平淡无奇，且还有些许悲凉，颇值得玩味的乡村知识分子的漫漫人生之路……父亲一生嗜书如命，平素最讨厌借书不还的人。他曾因一人借书久久不还，拄着拐杖三次登门讨书。别人借他的钱他也没有这样在心过。由于当时家境的原因，父亲没有独立的书房，只能是卧室兼书斋。房内虽没有以书为壁的庄严气势，但也是文房四宝齐全，书香墨绢浓浓。他存有一大箱书，内藏《红楼梦》《三国演义》《西游记》《水浒传》《聊斋志异》《小五义》等文学名著，还藏有小说剧本、药书医典、论文诗集、《辞海》、词典，应有尽有。可惜，"文化大革命"中红卫兵抄家时，把他数十年来日积月累买来的书籍洗劫一空。特别是他珍爱的《康熙字典》、《新绛县志》、小说剧本、药书医典，让他长时间承受着心灵的压抑，难以释怀。他书房的墙壁上，常挂着一幅字，上书"淡泊明志，宁静致远"，还有一幅栩栩如生的白描老虎工笔画和真、草、隶、篆各种字体的毛主席诗词。书桌上铺着红绒毯，笔筒中各种型号的毛笔皆有。有可写巨幅标语的特号笔，有写蝇头小楷用的小字笔。石砚、黄铜镇纸、笔洗、墨汁一应俱全。数十年来，他就是用这些家什为全村老百姓，乃至邻村村民义务服务的。他在村里巷道的墙壁上写过宣传总路线、大跃进的巨幅标语；写过《婚姻法》《宪法》摘文。他为村民写过调解书、家产分单、房梁、门额牌匾，数十年来，乐此不疲。尤其是春节为村民写春联，平时写寿联、喜联、挽联，更是不遗余力。其实，与其说他在写字，不如说他是在用这文房四宝来维系自己的文化人格。

当时，农村有文化的人很少，特别是能写一手好毛笔字的人更是寥若晨星。所以，在这个有着四五百户人家的乡村里，父亲就包揽了全村的红白事对联和春联，这几乎成了父亲的一项专业任务，也成了他劳作之余，面壁南窗、展吐余丝、织补过往的生活乐趣。每年春节来临，从腊月二十三起（有时更早），父亲就放下家里的活计，什么也不干（实际上也没法再干），专心致志地写对联，一直写到除夕下午。有时晚上还要加班写，不仅是他一个人忙，还把我们兄弟和妹妹，甚至母亲也要搭上，帮他裁对联纸、研墨、抓对联，全家人都忙了个不亦乐乎。实所谓"古墨轻磨满几香，砚池新浴灿生光，非人磨墨墨磨人啊！"

特别是偌大的一个村子，每年都有数十家过红白事，家家、事事父亲都得到场编写对联、记礼单。一家忙上三天，十家就是一个月，每年就得两三个月专门应酬这种事。不仅费时费力，还得搭赔上笔墨纸砚。这一额外的负担，父亲一直干到临终前一年，才得以解脱，但父亲从来都没有因费时费力而推辞过、拒绝过，也没有敷衍马虎过，从来都是认认真真、一丝不苟。红白事对联，他总是提前根据这家人的家庭特点、职业爱好，字斟句酌、认真推敲、实事求是、总结评价，最后公公正正用毛笔写在纸上。直到今天，他的笔记本上还留存有部分村民家的红白事对联底稿，有的甚至是两代人的，不少对联成了这些家庭子孙有趣的回忆和当时社会历史现状的见证。如他为李姓和王姓两家喜结连理写的对联："李花白为首，披红插花盈其顶；王者梅占奎，丰艳富禄裕枝头"。他为本村周志祥医生写的挽联："周君朝考夕究推研精微求哲理；祥翁日将月就不作忽辍追病源"。又联："勤俭持家，精耕细作讲农事；严格教子，日积月累研医道"。20世纪60年代，国家三年困难时期，他为投河自尽的一位中年妇女写了副挽联："投河绝非本意，唉——只因家境所迫，徘徊沿岸；寻死并无此心，啊——实属生活难当，绝望入水"。这样用心良苦的红白事对联，可说是比比皆是、不胜枚举，现在已无法全部收集。

父亲一生酷爱祖国古迹文化，走到哪里，看到哪里；学到哪里，笔记记到哪里。河津的高禖庙、真武庙、卜子夏祠、文中子故里、薛瑄家庙，韩城的司马迁祠，洪洞县的广胜寺、苏三祠、大槐树，太原的晋祠，兰州的五泉山公园，北京的故宫博物院等，他全都游览过。每到一地，他都要把那里的经典楹联、古诗名词、文物掌故抄录下来，细心钻研学习，直到了然于胸。他在医院看病也是手不释卷，直到命悬一线的时刻，他嘴里还喃喃地念着清朝张汾宿赞颂河津的一副名联："莫为人弗杰，周卜子、汉马迁、隋传仲淹、明表敬轩，那几家硕士高贤，洵足接千秋道统；漫言地不灵，东虎冈、西龙门、南来飞凤、北迎卧麟，这一带山清水秀，亦堪壮三晋观瞻"。实所谓，"少年喜读书，白首意未足，幽窗灯一点，乐处超五欲"。他就是这样日积月累、积少成多；锲而不舍、积善成德；活到老学到老，不断丰富提高着自己的文学素养、文化知识、品性道德。

谁能把人类千百年来积累下来的既符合自己的人性需要，又与现实社会和谐相处的文化基因传给子孙后代；谁能用儒家的心性哲学、文化理念，帮助子孙，澄清自己的人性、涵养自己的品格、形成学习自立的能力；谁能用炎黄子孙共享的精神乳汁，对子女进行人性的关怀和人格的培养；谁应该就是一个成功的父亲，成功的长辈。

父亲并没有给我们留下一份丰厚的物质财富和家产，也没有教给我们外部世界的知识或谋生的手段、技巧，而是留下了满屋书香，留给了我们这种心性的关怀和人格的培养，留下一份百读不厌的人生教材和一份弥足珍贵的人生遗产，它犹如"江上之清风，与山间之明月"，成为我们取之不尽、用之不竭的精神财富、文化乳汁，让我们终生受用。

我们心满意足了！

（作者李建录，系河津市史志文化研究会特邀研究员）

父亲的盖房情结

在人世间与父亲的交集不到三十年。三十年间，对父亲印象最深的，就是父亲无休止的盖房。

一

我出生时，已经在一幢三间小北房。房屋长三丈、阔九尺，前墙及山墙为砖基址胡殖墙，后墙为砖基址土打墙。问母亲这幢房盖于何时，母亲讲记不得了，她嫁来时已经有了，是父亲手里盖的。大致推算，应该在五十年代中期，一九五五或一九五六年吧？

一九六六年或一九六七年，父亲又张罗着盖房，那时二爸已长大，该成家了。新房紧靠老房子西边而建，有三间北房，结构同老房子一样。新老房中间夹一间平房，祖父母住。这时我对建房已经有些印象，记得我也在房地上搬砖、运瓦，忙个不停，一边还念叨着要住新房。

第三次盖房，是八十年代初，一九八〇年。原来的老房子经岁月磨蚀、风吹雨打已显破旧，下雨天屋里开始渗水、漏雨。阴雨连绵时，墙壁上的一道道水印，接水盆里不时的滴答声、屋里堆积的粮食散发出的潮霉气味以及母亲的长吁短叹，在我的心里留下了湿漉漉、乱糟糟的印痕。这次盖的是一线起大六间正北房，长六丈七尺，阔一丈五，与之前相比，结构属老百姓通常说的"砖包壳廊"，屋顶是通直的松木椽，房间宽敞明亮。房门台阶下是砖铺的月台，长六丈七尺，宽约一丈，可以晒上千斤粮食。

第四次盖房，是一九八六年。规模不大，在院东建了两间砖混结构的平房加门楼。门楼高大挺括，门头是父亲请村里的德高老人题写的"安乐园"，照壁有河东名师吉光三老师撰写的楹联："斯是陋室，苔痕上阶绿，草色入帘青；吾克明德，谈笑招鸿儒，胜友集如云。"吉老师引经据典、郑重其事，想来也是对他学生的一种教诲和期望吧！

这次建房完成了父亲对院落的布局设想，父亲似乎已经心满意足了。但是没过几年，父亲又有些心动。那时我已参加工作，院子西边还有六队队部拆分后留下的九尺空地，父亲有意无意地鼓动我，好好干，过几年把咱家的房子重新盖一下！对此，我只是笑笑，不以为然，也纳闷父亲哪来的这股心劲儿？

二

父亲哪来的盖房心劲，当时我不能理解。许多年后，与母亲聊起家里的历史，聊起过去的苦日子，我似乎理解了父亲。解放初，我家只有两间低矮的老房子，按母亲的说法，手一伸能摸到椽沿，父亲从小就在村里东住几天、西住几天。人常说，家贫闹市无人问，富贵深山有远亲。生长在这样的境况下，父亲应该对世间的眉高眼低、人情冷暖有更深切的体悟吧。这也让我想明白了父亲终其一生古道热肠、怜贫惜老、仗义疏财而无怨无悔的缘由。

西方有个哲学家叫阿德勒，写了本书叫《自卑与超越》，他讲人生来都有自卑感，有人在自卑中走向沉沦，有人却能克服自卑、超越自卑，愈挫愈奋、成就卓越。父亲不知道阿德勒，也没读过《自卑与超越》，但是他却能够在苦难中奋进，在奋斗中完善，一步一步实现自己的人生梦想！

三

老百姓常说，娶媳妇盖厦，提起来害怕。父亲盖房，我没有出过力；前两次盖房，我也不知道钱从哪里来。但是第三次盖房，我却知道父亲的艰辛，也钦佩父亲的精明。回到村里，经常有人与我谈到父亲，你爸那人，能干，明眼！"能干、明眼"，这是村里人对父亲最朴素也最精到的评价。从记事起，我就能感受到父亲肩上的重担和压力，上有两个白发老人，下有四五个台阶式的孩子，按照父亲的说法，一直是在淖泥窝打滚。但是父亲没有抱怨、没有气馁，而是凭着吃苦耐劳，凭着脑筋活络，没有让我们缺衣少吃，没有让母亲在人前抬不起头。

父亲是农民，没多少文化，却是早年在外地工作又返乡的农民。个人禀赋加社会阅历，使他很快嬗变为一个新社会有见识的农民。父亲爱干净，每天早起第一件事，就是拿着扫帚把院里院外打扫干净；父亲的衣服大都是自己洗，总是穿得干干净净，有时候祖父看不惯，就嘟嘟囔囔："穿的整齐洗的净，没有钱治不了病。"父亲善于接受新生事物，据母亲讲，那时村里刚兴起有线广播，父亲就请人装了一台，夜色降临或闲暇时间，常常有乡亲们坐到我家院里闲聊，听"洋戏匣子"；一九八五年，彩色电视在农村很少，父亲毫不犹豫用卖牛的钱，买回一台牡丹牌彩电，晚上屋里也是挤满了看电视的人。

父亲敬畏土地，一辈子都在精心侍弄土地，也从土地中收获了养家糊口的信心和支撑。父亲始终与土坷垃打交道，但没有被土地羁绊、束缚，劳作之余总是把目光投向外面的世界，即使在"一大二公""割尾巴"的时代，他也会抽空跑翼城、走韩城、上乡宁，靠着精明的头脑赚些辛苦钱补贴家用；他善于捕捉信息，今年种什么，明年种什么？常常有年轻人过来咨询、跟随；他不拘泥于单一手段谋生，常常是东抓一块、西挖一块，就能积少成多、集腋成裘，积攒下一疙瘩钱买椽、置砖，在不声不响中备齐了盖房所需。

父亲的吃苦耐劳和精明，更多的是用在了村里面、队里面。父亲当生产队长多年，把一个家底单薄、人心涣散的生产队，带成了分红领先、令人羡慕的集体。七十年代末，父亲负责村里各生产队的脊兽窑，西窑头的脊兽、滴水销售点开到了周边的韩城、稷山、万荣……

近几年，家里的老房子趋于破旧，又成了母亲的一块心病。2016年，我和弟弟齐心协力，在原地基上盖起了一栋二层小楼，解了母亲的心病，也了却了父亲的遗愿。我想，如果真有灵魂，父亲当会含笑九泉。

（作者赵虎锁，系山西大学中文系硕士研究生、山西铝厂秘书处处长）

母亲最后的眼神

母亲离开我们已经十三年了，然而母亲在弥留之际的眼神却深深地刻在我的心里，离开人世之前，她什么也没说，但她人生最后的眼神已经告诉了我她想说的一切。

严重的心肌梗死，几经抢救，她的生命延续了半年，最后还是走了。那天晚上在医院，我紧紧握着她的手腕，感到脉搏越来越弱、越来越慢，点滴已经打不进去了，但她神志依然清楚。姐姐含着泪说："妈，咱们回去吧……"她微微点了点头，眼睛紧紧盯着我。虽然生命已经到了尽头，但那双饱含慈爱、留恋、遗憾中有满足，痛苦中有幸福的眼神告诉了我此时她想说的一切……

母亲想说，你们都各自成了家，孙子、重孙个个活蹦乱跳，哪一家都过得很好，我丢心了……是的，比起父母过去为了养活我们六个儿女，吃的那苦，受的那累，过得那么艰难，我们现在过得就是天堂般的日子。生产队时，她迈着一双小脚上地干活，回来还要推磨、做饭、洗衣裳……灾荒年时，她想尽各种办法，用各种各样代用品做出可口的饭菜，设法让我们吃饱。她自己身体不好，但不管哪个孩子病了她都尽心去找医生……那么穷的年代，把六个孩子拉扯大是何等不易？母亲心强，一心让我们读书，但又供不起，只好重男轻女，我和三弟上学最多，姐妹们成绩很好，因家穷，母亲让她们停学，在家劳动挣工分。为此我深感内疚，的确亏欠了她们，对不起她们，我也深深感谢她们，是她们从小用稚嫩的女孩子的双肩，帮助父母撑起了这个贫穷的家！

母亲还想说，我知足了，我活的不少了。这是她平时常说的一句话，尤其是心脏病发作时气都喘不上来，一心想及早了却生命。实际上她只活了75岁，她像千千万万中国母亲一样，骨子里就透着善良、知足，善与人处，一生操劳，却从不为自己谋取什么。她越这样，我们越惭愧，那时只知道输液吃药，为什么不早早到外地大医院去治疗，去做个"搭桥"手术呢？还是不尽心啊！虽然我们几个都不富裕，但六个人救不了母亲的命？算什么儿女！

母亲还要说，我走了，你父亲辛苦了一辈子，把你父亲照顾好……父亲的确辛苦，他今年91岁了，可算高寿。他的长寿秘诀有三：一是脾气好，胸怀宽阔，从不与人闹意见；二是勤快，从小干农活，一直干到70岁；三是兴趣广泛，年轻时能拉会唱，是村里唱家戏的主角。一出《明公断》至今能一字不落的背诵下来。82岁那年，村里联欢，他还唱了一段《沙陀国》。马建义、李惠民等同志也在场，深感惊讶。母亲生病时，是他十年如一日，天天伺候母亲起居生活，我们谁都没有因为母亲得病而感到劳累，如今我们的目标是力争让父亲活到100岁。如此母亲在天之灵当感欣慰。

母亲的眼神是慈祥的，母亲的眼神是伟大的。我永远能看到那双盯着我的眼睛。

（作者周文建，系原河津市文委主任）

婆 婆

一

婆婆年近古稀,一头白发和有病的腰腿,使她看起来更显苍老。我是婆婆的小儿媳,和婆婆共同生活了十年,十年中我耳濡目染的是婆婆的温良平和、宽容大度。

公公是个脾气执拗的老人,因为身体不好而情绪暴躁。婆婆事事依着公公,但也免不了公公的牢骚,什么饭菜不合口味、衣服不合身,甚至连一只苍蝇在屋子里飞也责怪婆婆没把门关好。婆婆从不跟公公计较,总是用一脸的笑容化解着公公那永无休止的怨气。有时我忍不住问婆婆:"我爸年轻时也这样吗?你怎么能忍受他一辈子的牢骚?"婆婆若无其事地说:"一家人怎么能说这话,人常说'知性者常乐',都摸着脾气了,还见什么怪嘛?你爸是'刀子嘴豆腐心',别管他说啥,你该干啥干啥。"其实公公很少向我们发脾气,他更多的是冲着婆婆,我能见什么怪,倒是婆婆的一番话引起了我的思索。

婆婆生了四男二女,都在外工作,平时家里就老两口。回家最多的是大哥,大哥已50岁的人了,每次一回家,婆婆总是先问:"吃了没?"大哥先不作答,反问母亲:"你们吃了没?"如果父母没吃,他便说没吃,父母吃过了,他便说吃过了,为的是减少母亲的麻烦。我在市里上班,每周六都要回村看望老人。婆婆周六早上做好早饭总要等我们回去才吃,有时睡个懒觉回到家就10点多了,婆婆依然在等。

记得刚生完孩子从医院回来,婆婆一边洗我换下来的衣服一边说:"这娃,生孩子还穿着白衬衣,可惜这衣服,咋能洗干净!"可等她把晾干的衣服叠好送给我时,那衣服竟洁白如新。晚上,婆婆陪我睡。一天深夜,我起来给孩子喂奶,听到婆婆喃喃地说着梦话:"憨娃,你不敢洗,让妈洗。"我知道婆婆在梦里抢着和我洗碗,泪水便像决堤的洪水再也忍不住了。

在教育孩子的问题上,我自认为是教育工作者,常常给孩子制订许多计划,要求孩子去完成。有一次，我的"严格要求"使女儿产生了强烈的逆反心理，她跟我顶嘴甚至拿奶奶当保护伞，我一气之下打了女儿，婆婆刚开始没说什么，后来可能实在看不下去了，就说："娃还小，你不能这么打孩子。我六个娃，手没挨过娃一下。小娃嘛，要教不能急。"是的，婆婆从不打骂孩子，不管是对50岁的大儿子，还是对6岁的小孙子，她都以温和的态度和孩子说话。难怪儿子、女儿、媳妇、女婿、孙子、外甥都爱回村转一转，吃顿饭。名义上是看望老人，实际上是享受老人营造的温馨的家庭气氛。

我时常想，婆婆是一个什么样的人？她常说自己没文化、没知识，字也认不得几个，但她有着博大的胸怀和无私的母爱。身为教育者，不是更需要这种宽容之心和仁爱之心吗？

二

公公在受尽病痛之后，溘然而逝，只剩婆婆孑身一人。没有了公公，婆婆的日子将会怎样熬下去啊，我们都在为老人暗暗担忧。

几十年来，婆婆一向主内，做好家务是她一生的工作，一日三餐必是热的，艰苦岁月里，一家人的衣服从纺线、织布、裁剪、缝制必是她一人亲手制作的，家里虽简朴却洁净温馨。公公是家里的天，六个孩子的成长、学业、家里的一切负担都压在他一人身上，婆婆依赖公公，尽管公公脾气暴躁，身体又不好，婆婆始终没有怨言，对公公百般体贴，我结婚十三年来，在家的每一天早晨，必能看到婆婆生火烧开锅后的第一件事，便是给公公冲一碗鸡蛋汤放在炉灶上，用碗扣着保温，待公公起床后，端给公公的是一碗热气腾腾的蛋汤，不知这样的习惯婆婆坚持了多少年，但是长期的劳累和营养不良早已拖垮了公公的身体，婆婆几十年如一日的蛋汤终没挽救公公的健康。被癌症折磨了半年之后，公公终于卧床不起，执拗的老人不要子女擦屎端尿，只由婆婆一人来做。公公因长期卧床引起便秘，时常疼痛难忍。情急之下，婆婆跪下年迈的身体为公公掏大便，却被恶臭呛的止不住恶心，当即呕吐起来，病痛折磨的公公情绪失控，破口大骂婆婆嫌弃他，婆婆没有说话，流着眼泪，吐完了接着掏，看着白发苍苍、年逾古稀的婆婆，我失声痛哭却无从下手去帮她，此后，婆婆没有向任何人提及这件事。

公公弥留之际，常常处于昏迷状态，一次，我意外的发现婆婆趴在公公的身旁，双手紧卧公公的手，两眼注视着形容枯槁的公公，默默流着泪，久久不说一句话，就那样握着，握着……

公公走了，婆婆的天没了，她陡然苍老了许多，眼睛愈加昏花，腿脚愈加蹒跚，她时常看着公公的遗像喃喃自语："受了一辈子的苦，该享福了，你却走了，哪怕就是病着，我也有个说话的伴呀……"不变的是家里依旧整洁，每次打电话问候老人时，电话那头依旧是慈祥、安宁的话语。回到家时，依旧是忙碌的张罗着："孩子要吃啥咱就做啥。"然后一桩接一桩的讲述村里的新鲜事，仿佛积攒了一个星期的话就等着今天一股脑的倒出来，而我们的倾听和笑声则成了她最大的享受。我们要接她住城里，可老人舍弃不下老宅和老宅里的公公，我们只好找了一家住院的乡邻，相互照应着，兄弟姐妹谁有空就回家看老人，陪老人。

看着坚强、明理的婆婆，我终于有些释然：人这一辈子，得失都在必然之中，只有从容面对，才会笑对每一天。

（作者侯蔷韵，系河津市教育局干部）

悠悠慈母爱——记百岁老人齐素兰

饱经沧桑的百岁母亲令人羡慕、令人好奇。她们的背后蕴藏着多少丰富的人生经历和怎样不平凡的故事……今天，让我们走近百岁母亲——齐素兰。

生于书香门第

齐素兰老人于民国元年（1912年）三月十二日，生于河津县苍头村。苍头齐姓，耕读传家，世代先祖颇具名望。据《河津县志》记载："齐汉章，清代监生，其子登第，字捷三，生员。孝友性成，父母疾，不脱官带而养，兄弟殁，抚其遗孤。乡里高其义行，匾其门曰：儒林卓品，邑侯孙公为文以旌之。"其孙懋勋，己酉科付贡，善赋诗词、文笔极佳，《河津县志》载有其在固镇钟楼和薛文清公《元韵》诗一首："层楼高耸出云间，杖策登临眼界宽。左望人烟形幂幂，西岘景物意闲闲。秋来落照开红树，雨后晴岚映碧山。佳胜未经人道尽，挥毫聊自附闲关。"懋勋生四子，得八孙。八孙聪颖，勤耕苦读，一榜中了三个秀才，乡邻赞誉，传为佳话。玄孙永和毕业于山西最高学府——山西大学。

为媳慈善人家

民国十五年，齐素兰遵父母之命，因媒妁之言，嫁到西窑头村李家为媳。当时李家正值家道中兴之时，其祖父茂枝，清例授登仕佐郎，自幼聪颖好学，琴棋书画无所不能，尤精于针灸医术。毕其生，以良方济世，令绝症回春，妙手神奇，誉满乡梓。十里八乡百姓受益匪浅，为表敬意，赠其匾额者良多。其中有辛封村人张氏临盆难产，深夜登门求治，其祖父紧随其后赶到，一针下去救活了母子两代人。张家感恩不尽，携"针灸通神"金字牌匾，鼓乐奏鸣，由老县城东门进西门出，匾门示敬。其祖父一生恪守"耕读传家，业精于勤"之家训，自强自立，家景日升。随之更加热衷村政公益事业。他不仅以免费治病募资修建了关岳庙，在庙内附设了学校，还自费在关岳庙旁打了一眼水井，东西窑头两村数千人同饮这口唯一的甜水井，生活了数十年。他悯悲拔苦、济倡慈善、慷慨解囊，与城北、吴家关等村朋友在二义庙创立养济院，专门收养被遗弃的孤儿。数十载，怀慈心扶危、勇急公好义，乐善好施、泽被后世。在当地颇享盛誉，时任县长蔡光辉亲书"慈善兼优"四字门匾，以示彰显。

中年艰辛坎坷

尘缘苦短，似盛世盛叹，然生于乱世，却倍感人间路长。齐母二十多岁时，社会动荡不安。白天日军烧杀抢掠，晚上西滩土匪袭击骚扰。当时她的几个儿女，大的不到六七岁，小的还在怀抱中，她拖儿带女东躲西藏，为生存倍受熬煎……

1947年土改时，她们本不富裕的家因雇工被划为富农成分，由于土改过火，分财产、斗富户，家无宁日，她常常为此担惊受怕，坐卧不安……

1957年反右斗争中，在新绛剧团任文化教员的丈夫被划为右派，下放回家种田，家里失去经济来源，她又为此焦虑不安……

20世纪60年代初，三年自然灾害，她们家上有七十多岁的古稀老人，下有少不更事的少儿幼女，一家人吃糠咽菜，缺煤少炭。她长年累月透支生命，虽骨瘦如柴、积劳成疾药不断，但仍然要四季烧柴眼熏烟，推磨掀碾、昼纺夜织度日难……

她最难忘，为十元买粮钱东挪西借十家八家凑不齐……

她最难忘，迈着小脚，拖着病体，顶着狂风，拉着小儿子台头庙上购粮难……

她最难忘，丈夫在外，自己既当娘来又当爹，顶烈日锄禾浇田，回家来洗衣做饭……

她最难忘，为养家糊口，日晒雨淋，奔集赶会当"卖婆"……

她最难忘，凑在灰暗的油灯下，为大的缝棉袄、为二的纳鞋底、为三的缝裤子、为四的补袜子，彻夜不眠……

谁说识字忧患起，偏偏是世代书香人家。"文化大革命"中她们家是富农成分，丈夫又是右派，红卫兵大抄家，把家中的文学名著洗劫一空，连珍藏的《新绛县志》《康熙字典》，心爱的药书医典也未能幸免。她陪着丈夫白天扫大巷，晚上挨批斗，隔三岔五还要挂牌游斗。可怜她身体遭摧残、精神受压抑，身心疲惫到了极点……

齐母的中年，真可谓肩负家庭之重任，心系老少之生存，尝尽尘寰风刀霜剑，看够人间眉高眼低。岁月如梭，几番起落，雨暴风狂，转眼间两鬓成霜。

桑榆枯木逢春

惊雷一声，春回大地；政策归心，苦尽甘来。1978年党的十一届三中全会召开，四海同庆、万民欢乐，齐母的苦日子也熬出了头。丈夫摘掉了右派帽子，20

年冤案得以平反昭雪,她们家的生活也是芝麻开花节节高。她被大儿媳接到洪洞常孝敬,二儿媳迎到兰州享清福,三儿媳洗衣做饭常围身边,四儿媳洗澡搓背不嫌烦,女儿女婿叫到家里侍奉床前,孙儿孙女男婚女嫁喜事连连。

古语云:大德必有大寿。如今齐母虽百岁高龄,但耳聪目明、思维清晰。她熟知"二十四孝",能颂"八荣八耻",牢记"社会主义核心价值观"。现在时不时还读读《三字经》,念念《弟子规》,写写字,画张画;讲起儿孙晚辈们的生日属相一清二楚;忆及儿时听得的古谚谜语如数家珍,一句不差。家里更是媳贤子孝、儿孙绕膝、四世同堂、其乐融融。

她88岁、90岁、96岁、99岁四次过寿时,家里张灯结彩、热闹非凡,高朋满座、亲友如云,欢声笑语、贺寿频频。鞭炮声中,市政协,市老龄委、西窑头村党支部、村委会送来了"贤德高寿""福寿康宁""德高寿长萱堂康健,福大禄多儿媳孝贤"的牌匾;市里新老领导带着"养生有道寿比南山,儿女孝敬福如东海""子孙孝贤仁者寿,邻里和睦善者福""孙枝繁衍人歌百岁抱玄孙,寿母德贤天颂九如尊上寿""堂上萱花今更秀,阶前玉树早成才"的祝词贺联亲临贺寿。一首"福如东海,寿比南山"的藏头诗情真意切;一阕"寿长近百年,聪敏康健,家训祖德子孙传。勤耕苦读多为善,村民称赞。坎坷路漫漫,自信达观,悬壶济世情无边。乡邻亲友皆和谐,情满人间!"的《浪淘沙》耐人寻味。市人大两位老领导即席诵诗、赋词,把庆典推向了高潮。这年七月,百岁高龄的齐母还坐着小车回娘家,站在黄河新桥上,夸赞家乡新变化。

母爱至纯至真

齐母养育了五个儿女,当婴儿呱呱坠地之时,母爱的大幕便徐徐拉开,十月怀胎的劳苦、生养之时的凄苦,都被神圣的使命、天使的微笑所替代。孩子在襁褓之中,母亲为孩子挖屎擦尿,从没皱过眉头;为孩子哺乳喂奶,从未睡过安稳觉。夜晚孩子把左边尿湿,母亲把孩子放到右边;孩子把右边尿湿,母亲又把孩子抱到胸前。夏日为孩子驱蚊纳凉,冬天为孩子保暖御寒。为了儿女们的成长,齐母吃尽千般苦，受尽万般累，硬是一尺五寸把孩子拉扯成人。个中滋味大概只有为人父母之后，才能真正体会得到。

母爱在女人心中，既简单又自然、既丰满又硕大，永不枯竭，就像是生命中的一大要素（[法国]巴尔扎克语）。齐母的五个儿女，都是在家庭生活十分窘迫的情况下成长起来的，但没有一个因经济原因而辍学。尤其是20世纪五六十年代，家中有三个儿女分别上着小学、初中、高中，齐母可以说是倾尽了全部心血，执着地艰难守望。穷其所能，呕心沥血，操持家务。她常常是彻夜不眠、孜孜不倦地忙着穿针引线，熬尽了绵油灯、熬退了煤油灯、熬到了大电灯，缝缝补补，永无闲日，从不叫苦。起早贪黑地劳作、省吃俭用地积攒、含辛茹苦地供儿女们上学、成家、立业，几乎把全部心血都花在了儿女们身上。好不容易儿女们在外有了事业，她又是"儿行千里母担忧""慈母手中线，游子身上衣，临行密密缝，意恐迟迟归。"正所谓："父书空满筐，母线尚萦襦。向来多少泪，都染手缝衣。"她到了耄耋之年，依然爱心不减，还在关注着儿孙晚辈们。五个儿女、十六个孙儿孙女，无一未受过她的恩泽滋润，直到曾孙后辈，也都获益匪浅。真是"苍龙日暮还行雨，老树根深更着花"。

子孙萱堂沐慧

由于齐母生于书香门第、为媳慈善人家，先天禀赋、后天熏陶，耳濡目染，造就了她伟大的人格魅力。她天资聪颖，十岁诵经书，十三能织梭，十四善裁衣，及笄为人妇，女行无偏斜，夫唱妇亦随，守节情不移，二十得医道，悬壶济世人。

她一到李家就视公爹公婆如亲生父母，与妯娌、大小姑亲如姊妹，为大家庭的和睦相处，起到了示范表率作用。

她聪慧贤能、悟性过人，尽其所能，服务乡邻。她早年从祖父那儿留心学到一些医术，便不遗余力为村邻里舍的婴幼儿治口疮、挑马牙、做推拿，乐此不疲。本村、邻村、十里八乡，不知有多少婴幼儿都得到过齐母的诊治，而且是啥时来啥时看,即便是正在吃饭,她也要放下碗筷,先热情地给患者诊治后再吃饭。经她的手治愈的病人无数,却从不索谢分文。

她心灵手巧,会剪窗花、捏花馍,偏偏又是古道热肠,常常是还没有忙完东家的活,就又来了西家的事,她从来都不嫌麻烦,一家都不怠慢。西窑头村数百户人家,没有一家她没帮过忙,在村里享有极高的声誉和口碑。

她常挂在嘴边的话是:"宁可缺吃少穿,也不能误孩子上学读书;只要功夫深,铁杵磨成针;做人处事,诚实守信,助人为乐;命薄如纸,身勤饿不死;宰相肚里撑过船,能忍自安,家和万事兴;一辈子不亏人、不害人,能为人,尽为人;多看人长处,多想人好处,多帮人难处。"也许这些就是她处世的真谛,长寿的秘诀。

根植于祖先高风亮节、大义宏德;得益于父母严以律己、教子诲孙;渊源于大家庭父义、母慈、兄友、弟恭、子孝的五教和合。现在她的儿孙们或勤政、或务工、或从教、或业医、或经商、或研读,皆铭记父母严训:自尊自立、自强不息,服务人民、奉献社会。

谁言寸草心,报得三春晖。常闻世上有虐待父母之事发生,真令人百思不得其解。孔子曰:子欲养而亲不待,想尽一份孝心,尚且来日无多,怎么会不孝,甚至虐待生他养他的父母呢?愿天下的儿女都能孝顺父母!愿天下的父母都能健康长寿!

(作者张会玲,系《河津风采》编辑部主任)

烟火窑头村

"一去二三里,烟村四五家。亭台六七座,八九十枝花。"这是我懵懂学语时母亲教会我的一首《山村咏怀》启蒙诗,也是当时乡村的真实写照。因为"烟火"就是那时乡村的外衣,"暧暧远人村,依依墟里烟"到现在我仍记忆犹新。

20世纪50年代初,我出生在一个名为"窑头"的村庄里。这个村名既不"文"也不"雅",更没有什么典故可稽。乍一听,还有些许土里土气的烟火味。确实如此,窑头村和中国北方星罗棋布、大大小小的无数个村庄一样,通体洋溢着草木的烟火味道,只不过这里的烟火味更浓烈一点。

在这里,庄户人家的室内室外最少有着冬夏各用的两个大炉灶。尤其是冬天,一天到晚一进房门就能看到坐落在长长土炕沿角的铁锅炉灶。炉膛里火烧火燎,升腾的烟雾,或急或缓、或浓或淡,从房顶的烟囱里,甚或从土墙的裂缝、房顶的瓦隙中钻出来。顺着风势袅娜于天际,抑或熨帖着地面,在巷道里盘旋,在田间地头穿行飘散。雾霭流岚一般随着庄稼人日复一日,年复一年。

尽管庄稼人"日出而作,日落而息",从不把它们放在心上。但在以农耕文明著称的中国农村,一辈一辈的人,正是在这烟火中呱呱坠地,开始了人生;在这烟火中落地生根,一点点长大;在这烟火中娶妻生子、成家立业;也在这烟火中落叶归根,走向生命的尽头。当然,也有人从这烟火中走出乡村,走进城市,走进了大学校园……走向更加辉煌的人生舞台。

但是,农家子弟无论走得多么遥远,走得多么长久,都不会忘记那烟火的味道,忘记那烟火中的村庄模样。即便是"少小离家老大回,乡音无改鬓毛衰",也无妨。看到了烟火就看到了家,走近了烟火,也就走进了家门。

在我的记忆里,村庄的烟火味道也不全然一样。印象深刻的有:每年除夕晚上和大年初一黎明,家家户户无论穷富都要燃放的鞭炮的味道。一点淡淡的硫黄味,这味道孩子们不仅愿意闻,而且希望天天都能闻到。因为那时节,有这种味道的日子,总是能穿新衣服的日子,总是能吃到香喷喷的美食的日子。(农村人讲究"穷日不穷年"嘛!)或者是能看到骑马坐轿迎娶新娘,一家人,乃至一条巷道、一个村庄的人都欢天喜地的快乐日子,哪怕炮仗烧破了衣服,烧灼了手指、皮肤,也在所不惜。

还有一种烟火味道,那便是爷爷、父亲们从旱烟锅里发出的那种植物燃烧的味道。那时节，农村的男人们大多抽烟，特别是上了年岁的爷爷辈们，更是烟不离口、吞云吐雾。而且多数是抽自家地里种出的那种长着许多短毛的、厚厚的旱烟叶。晾干、碾碎后装在荷包里，随时抽，随时拿出来，或装进烟锅子里，或用一块长方形纸条卷起来。一根火柴便让那烟锅子活色生香起来。燃烧出一种能氤氲出淡淡香味，缭绕起淡蓝色轻烟的烟草味来。人们明知道那些烟气对身体不好，有的甚至会闯进他们的肺部安营扎寨、步步为营，直到有一天抢占了他们的生命，也不肯放弃。

尤其是那时候，村里还没有用上电，冬日里农闲时节，男人们晚上便都聚在就近的生产队饲养员的住房里。土炕炉子的烟火、旱烟锅子里的烟火，还有那冒着柴油黑烟的油灯火，再加上马槽、牛圈里刺鼻的草料、牛粪味道，简直就是五味杂陈、刺鼻难闻，但丝毫也不会影响老实巴交的农人们聚在那逼仄的小房子里谈天说地，七嘴八舌谝闲话的兴趣。当然，有时还能听到有点文化或爱好戏剧的人，坐在炉火旁说说水浒，讲讲三国，大话一段西游记。有时还会唱上几句《红灯记》《沙家浜》《智取威虎山》的蒲剧段子……

再有一种烟火味道，那便是从母亲做饭的炉灶里发出的烟火味。这种味道可以说伴随着我的整个青葱岁月，让我久久难以忘怀。

"民以食为天"。一日三餐，当村庄房顶上的第一缕炊烟升起，一而再，再而三，百户、千家的烟囱里冒出了袅袅炊烟。庄稼人便开始了一天的劳作。男人们挑水上地，女人们生火做饭。母亲长年累月，围绕着锅台炉灶。在这烟火的明明灭灭、喜喜哀哀、春夏秋冬中，年复一年，操持照料着一家老老少少的吃饭穿衣、生活起居，还供养着四个学生。这烟火熏黑了母亲的白皙面庞，熏走了母亲的青春风华，也熏皱了母亲的额头鬓角，熏出了母亲的满头白发。而母亲正是用这烟火塑造了她的生活，塑造了她平凡而伟大的人生。

这烟火里有着母亲20世纪60年代初，"冬无棉衣，朝夕不给……恒不得饱，至屑米为粥，日一食焉"的"巧妇难为无米之炊"，柴米油盐酱醋茶，难得丰足的辛酸故事；这烟火里有着母亲改革开放之后的第一个春节，下第一锅饺子的喜悦泪水；这烟火中也有着时下的年轻母亲们，家里肉蛋奶菜琳琅满目，鸡鸭鱼虾堆满冰箱，却不知该做什么吃的困惑……

记得小时候，村庄里的冬天好像特别冷。寒风呼啸着，硬生生地穿过开裂的土墙缝、低矮的房檐、并不严实的门窗缝隙，直抵我瘦弱的身子骨。这时，母亲总会把我揽在她正在烧火的怀里，为我御寒。炉灶里的淡淡烟火，萦绕炉口，随着母亲前俯后仰拉着风箱的节律，蓝莹莹的火苗悄然蹿动，有如母亲均匀的呼吸。那火苗在母亲放进炉膛里的柴火上，若即若离，起伏跳跃。加一把柴草，炉灶内顿时熊熊燃烧，火红一片，一股暖流沁入心田，浑身上下暖洋洋的。

偶尔，母亲把饭煮熟后，往炉灶的余烬中，放两三块红薯或两穗未剥皮的玉米，半炷香的工夫，把它拉出来，当剥开焦黄的红薯皮或玉米皮后，淡淡的香味直入鼻腔，怎能不让少不更事的我眉飞色舞、垂涎三尺，高兴得手舞足蹈、欢呼雀跃。随之，便是两手忙碌的饕餮相！

然而，最让我乃至全村人刻骨铭心，值得用一生去铭记的还是窑头村人烧制砖瓦、灰陶、琉璃器皿的烧窑里产生的那浓浓的烟火味道，尽管它不好闻，特别是在添煤抢窑时产生的那浓黑刺鼻的烟火味，但窑头的村民们从来都没有对那烟火生出过更多的怨尤。因为正是这种烟火，从秦汉烧到了明清，从民国烧到了新中国。从人民公社烧到了改革开放……

可以毫不夸张地说，这烟火从无到有烧出了一个窑头村。这烟火让窑头村民吃饱穿暖了；这烟火让窑头村民由穷变富了；这烟火让窑头村民从土墙土厦住进了高楼大厦，用上了电灯电话、宽带网络，甚至把小汽车开进了寻常百姓家；这烟火也烧出了一个幸福美丽的新农村，就连窑头的村名可以说也是这烟火烧出来的。

"窑头"是一个"因窑而兴，傍窑而建"的千年古村落。古之窑头村，位于秦时期皮氏城（今太阳村）东北约1公里与宋时期的河津老城西北约1公里的交汇处。背依紫金岭，南襟汾河滩，且处在皮氏古城、河津老城通往禹门渡口直奔长安古道的通衢要道。这个地方土源深厚、水源充足、交通便利，自然成了烧砖制瓦的理想场所。因之，这里聚集了不少烧砖制瓦的工匠。这些人堑崖建窑，烧砖制瓦谋生计；依岭挖洞，休憩居住求生存。甚而就地娶妻生子繁衍后代，为了生活蛰居此地。于是，前人披荆斩棘、锄月耕云，遍退不毛之地，衣食渐给、生齿日增；继者筚路蓝缕、露宿餐风，坚守烧砖制瓦，生计自成、日富月昌。久而久之便自然形成了一个群居之地。朝代更迭、春秋暗换，星星之火，可以燎原。到了元末明初，这里人聚户增，"窑头村"便应运而生。现在已成为一个拥有数千口人的大村子。

一个村有一个村安身立命的基础。窑头村从秦以来两千余年烧砖制瓦，生产灰陶琉璃制品。赓续绵延，千年不绝，且越做越大。由原来简单的烧砖制瓦，到后来的烧制灰陶器皿、陶瓷产品、琉璃制品。特别是改革开放后的八九十年代，几乎家家点火、处处冒烟。生产砖瓦、滴水、脊兽以及壶、罐、盆等日用品。近十余年来，家数虽有所减少，但规模越来越大（年产砖2亿块、瓦1亿余片、灰陶琉璃制品1.5亿件）、质量越来越高（远近闻名，慕名购买，尤其是侯氏、吕氏祖传琉璃，独具一格、供不应求）、品种越来越多（生活用品，古建材料，新型建筑材料，公园用材，观赏用龙、狮、麟、鱼、马、凤、雀等应有尽有，种类多达数百种）、窑型越来越先进（地埋窑——马蹄窑——轮窑——倒烟窑——隧道窑）、所用燃料越来越环保（柴火——木柴——煤炭——焦炭——煤气——天然气）、用途越来越广泛（房屋、路桥、公园、寺庙、碑塔、照壁等各种建筑，无所不用）。试想，把窑头村有史以来烧制的砖垒起来，足可以筑一道新长城。虽然现在已无法知晓古长城上哪一块砖是窑头人制作，尧庙、舜帝陵哪一片瓦是窑头人提供。但我们都知道，从窑头村后的禹王庙向东，直到城北村的天神庙，包括现在唯一保存的真武庙在内的九座庙宇，都是窑头村民赶着羊群驮着砖送上去的。我们知道河津老城的砖瓦主要是窑头人提供的，包括太原晋祠，运城关帝庙，永济普救寺，洪洞广胜寺、苏三监狱，晋城皇城相府，大同的各类古建，乃至北京、沈阳的故宫，都有窑头人的心血和汗水。到现在为止，窑头村的砖、瓦、灰陶琉璃制品，遍及全国各地，乃至日本、新加坡、美国等十余个国家。可以毫不夸张地说，哪里有建筑，哪里就有窑头人生产的砖、瓦、灰陶琉璃制品。

一方水土养一方人，水土孕育文化。千百年来，窑头的砖历尽了朝代更迭、硝烟战火的烟熏火烤；窑头的瓦历尽了沧桑流变、世事兴衰的风吹雨打，星火燎原、历久弥新。窑头村民从最初的烧砖制瓦盖房遮风避雨，自给自足，到当成商品养家糊口；从形成产业发家致富，到把这一产业变成了服务社会、建设美丽家园的理想。从古至今，窑头村大多数村民都从事着灰陶琉璃砖瓦制作。这一产业世世代代养育了窑头村大半以上的村民。

改革开放，如沐春风。窑头村民的日子迎来了脱胎换骨的改变。满眼新居落成，举目秀美壮观；高楼鳞次栉比，新居熠熠生辉；家家新房荫翠绿，户户楼宇扬新欢。朝飞暮换，碧瓦青砖；琉璃屋脊，烟波画卷；屋宇相望，宅通永巷。呼儿唤女嬉戏，鸡鸣犬吠相闻；村头树木葱茏，村外阡陌纵横。花草繁茂，茎叶连绵；春华秋实，田园风光。新建成的碧水佳波游泳馆，绿漫波光，温泉水暖；刚落成的文化活动中心，清音绕梁，好戏正酣。近观新建舞台：钢筋石柱、框架结构，飞檐斗拱、千秋豪健、巍巍壮观、雄踞耿邑；琉璃屋脊、筒瓦包沟，雕梁画栋、百代辉煌，亭亭玉立、姿倾群芳。远眺文化广场：宽阔平坦、宜操宜练，绿草茵茵、名花艳艳，景色如画、环境幽雅。窑头村的男男女女，老老少少，当华灯初放、霓虹闪烁之时，歌欢舞曼、行拳击剑，如痴如醉、怡性陶然！

现在的窑头村，安居而乐业，村兴而民康。政坛有栋梁，商界出精英，泥巴玩出了百万富翁。清华骄子周永杰，效力华为集团，北大才女周晓菲，笔耕光明报社。十年寒窗，莘莘学子，高榜屡中；丙申岁次，丁酉鸡年，周仕达、周宇柯分别以山西省文科状元和670分的高分，双双考入北京大学。窑头儿女多奇志，厚积薄发、豪气干云。谁能想到，近500名各大高校的本科生、48名硕士生、13名博士生、8名留学生都是出自这烟火缭绕的窑头村。进入新时代，窑头村政通人和、经济繁荣;"乡村振兴",方兴未艾;百业正举,上下同心。扬鞭奋蹄,"灰陶琉璃文化村"指日可待;开拓创新,"宜居美丽新窑头"炉火正红!

面对着窑头村这片"抓一把泥土都能攥出文明汁液"来的黄土地,窑头村人还有什么理由不感到自豪;还有什么理由没有自信;还有什么理由不坚守住这个听得见乡音、闻得出乡味、记得住乡愁、饱含着烟火味道的朴实村名呢?

"落其实者思其树,饮其流者怀其源。"窑头村的烟火味道如此富饶丰盈。这旧日旧事中捡拾、淘洗出来的故事,不仅有着沧桑的面容,更有着清晰的年轮。这烟火味道淌过日月星辰,流过春夏秋冬;这烟火味道已变成了窑头人生活的佐料,须臾不可分离;这烟火让窑头村人浴火重生,过上了富裕幸福的小康生活。这烟火味道已和进了泥土里,烧进了灰陶琉璃器皿里,成了窑头人心心相印的瞩望,成为窑头人的路标、印记和徽号。窑头人在这上千年的烟火熏陶中,也已积淀形成了一种灰陶琉璃文化。这种文化已融入了窑头村人的血液;嵌进了窑头村人的集体记忆;凝铸成了窑头人特有的"勤劳勇敢、自强不息、朴实厚诚、勇于任事"的精神基因和文化气质,任时光流逝,仍世代传承。

进入新时代,虽然窑头村的爷爷、父亲们大都抽上了过滤嘴的香烟;窑头村的母亲们大都用上了电磁炉、天然气炉灶,用上了地热温泉取暖;窑头村的灰陶琉璃窑也用上了煤气、天然气。再也不用烟熏火燎了。但从烟火村庄出发走过来的窑头村人,还是依然如故,忘不了那升腾在脑海里的缕缕烟火,甚或还活在"人间烟火"的矛盾纠结里,念兹在兹。因为这烟火流过春秋,淌过冬夏,早已长进了窑头人的肌肤、注入了窑头人的骨髓、融进了窑头人的血液。窑头人有责任守望、保存好这张路标、印记和徽号,将它交给我们的下一代,交给我们的未来,让它开枝散叶、瓜瓞绵延……

行文至此,感慨顿生:世人皆叹盆罐粗,我言瓦岳胜金玉。人间烟火谁不食,一缕烟火一乡愁!

(作者李建录,原载于《山西农民报》)

2. 诗词曲赋

贺寿诗

周文建

民国俱生有名门，信步世纪唱芳芬。

环邑遍洒济世情，绕膝频诲兴邦身。

年逾古稀伤别离，岁近耄耋欣逢春。

期颐从容更康健，大德苍寿方为真。

痛悼周老师

李建录

惊闻噩耗桃李悲，痛失恩师泪纷纷。

难忘校园三载事，夜话诗文论古今。

窑头村志心血染，村情民意系念深。

音容笑貌今犹在，高山流水少知音！

变化的西窑头

李庆禄

禹王坡紫蒿黄菊开遍，关岳庙都付与断井颓垣。窑头美景奈何天，宁侯周米谁家院。朝飞暮换翠楼青砖；琉璃屋脊，烟波画卷。智慧仁者，看好这风光无限。

词两首

周崇德

丁酉岁初，应赵老板之邀。于古艺灰陶厂收发灰陶器皿。有感于货场繁忙兴旺之景况，劳作之余，欣然命笔，草成一词。

（一）发货

陶发甘陕诸省，

货通远近万家。

商贾交往靠诚信，

迎来送往顾暇。

来时风尘仆仆，

归去满面春风。

生意场上互利惠，

和气生财双赢。

（二）军家坡

坡下车流滚滚，

坡上机声隆隆。

货车围厂数百重，

我自从容镇定。

早已整装待发，

更有储货层层。

客来客往生意隆，

报道账目尤清。

自　陈

周仕达

帝后稷之苗裔兮，吾先祖曰周公。

执徐贞于暮春兮，幸庚辰吾以降。

椿萱寄余厚望兮，寓名曰仕达。

然非余之所志兮，背其初而有差。
慕蛟龙之纯尨兮，羡凤凰之熠熠。
自名曰狷鸾兮，自字曰鹁鹜。
时习习其不淹兮，昔垂髫已舞象。
替咿呀以诗书兮，余所欲其弥彰。
志欲非耽于玩乐兮，唯学习以为怿。
不拘泥于教材兮，多才识方为是。
暾将出于远阿兮，乃寤而闻墨香。
六龙亹亹不止兮，掩卷时已纁黄。
东君不与我待兮，惜白驹已倏忽。
遇腊冬之晴日兮，常踏雪以寻梅。
亦余心之所向兮，虽严寒而犹未悔。
闻其香而品之色兮，心洌然犹云梦。
察其态而食之英兮，骨朗然如秋风。
又尝游于山谷兮，遇野芳发于溪冰。
烂昭昭若金乌兮，得其名曰款冬。
见感其心性兮，借之以自勉。
虽时不利而坎壈兮，亦好修姱以偃蹇。
既植兰花之幽香兮，又长水仙之早发。
沐晃晃之耀日兮，浴皎皎之月轮。
生玉兔之敏捷兮，养金龟之沉稳。
既好此以羁縻兮，又重之以修身。
朝练夫乒乓兮，暮走于操场。
既舞拍以击羽兮，又戏水以搏浪。
奇长征之龙行兮，异黑白之角力。

自览之于书屋兮，终习得对弈。

好洞箫之幽咽兮，善陶埙之转凝。

未从师而自习兮，亦足以长抒膺。

览先秦之诸子兮，余独好夫屈原。

于汉来之文人兮，唯长吉以为善。

搴原思之高弛兮，揽贺藻之缤纷。

去大夫之激怨兮，舍诗鬼之幽愤。

惟屈子之自流兮，常太息而扼腕。

思长吉之早逝兮，又拊膺而长叹。

自古人才薄命兮，余不为之所吓。

谨矻矻以修姱兮，唯恐卒无所获。

谌古之不胜今兮，有大学纳兰桂。

不訾羞耻而自察兮，唯以京师为回极。

乱曰：路修远而多艰兮，余将孜孜以求索。

待扶摇而直上兮，唯期相逢桂香陌。

3. 歌词

天下琉璃

杜民昌作词、原晓红作曲

你从大地脱胎，

赴汤蹈火，

只为那，

姿态万千、流光溢彩。

你从远古走来，

流线飘逸，

诉说着，

青蓝故事、得失成败。

你把绝技承载，

栉风沐雨，

依然是，

美轮美奂、亘古不改。

天下琉璃啊，

窑头最出彩！

薪火绵延千百年，

美名远扬海内外。

（快板说唱）

天下琉璃数山西，

山西琉璃看河津。

河津琉璃出窑头，

窑头是河津的琉璃村。

琉璃村，琉璃村，

祖祖辈辈是琉璃人。

琉璃是河津的新名片，

非遗文化根基深。

支柱产业园区化，

转型发展再创新，

再创新。

你在楼阁亭台，

五色斑斓，

装扮着。

幸福生活、美好时代。

你把蓝图铺开，

浓墨重彩，

点燃了，

激情岁月、奔向未来。

天下琉璃啊，

窑头最出彩！

薪火绵延千百年，

美名远扬海内外。

《陶魂》

周宗降

〈一〉

殷墟脱胎，

仰韶先河，

你是华夏文明的奇葩一朵；

秦汉重彩，

唐宋浓抹，

你是大千世界的繁星一颗。

你从泥土里来，

你在炉火中歌。

呼之欲出，

归于生活。

啊！

跨越千年的美轮美奂，

你盛开在历史的悠悠长河！

〈二〉

东方神韵，

民族体魄，

彰显着传承的天工巧夺；

雕龙腾飞，

描凤奔月，

你点睛了多少春秋脉络。

你在雨中潇洒，

你在风中婀娜。

紫禁之巅，

滕王高阁。

啊！

中华民族的智慧结晶，

你让一带一路的世界增色！

4.楹联

蒲剧音起于击壤歌，五千年民族艺术，莫忘平阳康衢老；

舞台戏创自西厢记，六百载文化遗产，犹记解梁关汉卿。

(作者李克良，西窑头村人，曾在山西省蒲剧学社工作)

这一时期，全市楹联界有影响的人物有墨遗萍、王谦让、姚文蔚、米则兰、宋维卿、王明道、薛益斋、澹台文素、韩晋贤、王红家、李克良等老先生，他们继承传统、弘扬国粹，为发展河津楹联事业做出了贡献。李克良先生这副对联对蒲剧的源流做了高度的概括。

村干、村长、村支书，数十年为村办事，鞠躬尽瘁、英灵永在；

民主、民权、民之生，一辈子替民谋福，庶竭倾躯、浩气长存。

（作者周文建，系河津市原文委主任）

建军七十年，伟大功劳如日月经天千秋永在；

兴国四八载，光辉业绩若江河行地万古长流。

（作者周允科，系河津市楹联学会会员）

河城迎新，又至春风鞭快马；

津邑建市，直沿富路跨新阶。

欢庆津市群英荟萃；

喜贺耿都艺苑缤纷。

倡改革开放，功高万世；

创一国两制，誉满全球。

（作者周国英，系退休教师，河津市楹联学会会员）

运筹帷幄，鞠躬尽瘁；

扭转乾坤，有口皆碑。

（作者周玉红，系河津市楹联学会会员）

七、社火

窑头村的社火源远流长，起始年代不详。古时的表演应为重要节日祭祠。其后主要为春节、元宵节或地方性重大庆典活动助兴服务。窑头村的社火活动内容丰富多样，主要有：锣鼓、高跷、花鼓、秧歌、花棍、旱船、花车、丑花鼓、大炮、跑帅旗等。

1.锣鼓。50—100人不等，主要乐器有：鼓（大鼓小鼓）、钹、铙、锣等。代表曲牌有"乱刮风""端阳锣鼓""十不闲""拐子家伙"等。这是一种以鼓、钹、铙、锣为主的大型敲击音乐。其特点是高亢、热烈、紧凑、雄浑、威武，适宜于大型场地及行进间表演。数百年来，窑头村的锣鼓表演都享誉周边村落乃至河津市，是每年春节、元宵节进城表演的重要节目之一。

2.高跷。俗称扎桄子，10—20人不等，分高、中、低三种。高的有1.5米，中等的有1.2米，低的有0.6米左右。可做行进间表演，也可进行场地定点表演。主要是让扎桄子的人装扮成各种戏剧人物或时尚名人等，以走队形为主，有男有女。还有一些特技表演，这些人动作熟练，扎着拐子或跑、或跳，甚至还可以翻跟斗、跨越障碍，或几个人摆成特殊造型，动作惊险，非常吸引人。

3.花鼓。分为硬鼓和软鼓两种，表演时配有锣、小铰、小手锣等乐器，按曲谱敲打。

硬鼓也称腰鼓，打鼓者把花鼓挎在腰左侧，双手持有30多厘米长的木质硬鼓槌击打鼓面。

软鼓是扎在头上或颈项上。还有多鼓，头、颈、项、腰、腿都有。最多可扎6—8个鼓不等。一般左手持一硬鼓槌，右手持一用弹簧与布条缠绕的有弹性的软鼓槌。有站在地上的，有站在板凳上的，还有站在两根高木棍上进行表演的。由于软鼓槌比较长（约30厘米），又有弹性，所以可以击打到全身所有鼓面上。

表演主要有两种形式，一种是多人腰鼓（10—30人不等，现在还有100人以上的），排成队形，身着表演服，鼓槌上系有红绸子，击打时摔开胳膊，击打鼓面，动作整齐划一，适宜行进间表演。一种是1—2名男童打鼓，周围有5名女童敲小锣，围着打鼓者转圈表演。敲三个段子后，便唱一段结合时势或趣闻的自编花鼓词，以起到宣传娱乐的作用。20世纪五六十年代打花鼓的男童有周金立、周文建，后来有李殿中等人。

4.秧歌。也称扭秧歌，这种表演由30—50人组成一个方队。全部为女性，身着色彩艳丽的表演服，尤其突出的是每人腰间扎一条长长的红绿绸子，两头抓在左右手上，随着鼓点和曲调，以秧歌步伐徐徐前进。

5.花棍。由20—30个男女少年儿童组成，着装整齐划一，每人手里拿一根1米左右，用花条布缠裹的棍子，两头扎着彩色英子和铃铛，以棍身有规律、有节奏地击打身体的肩、胳膊等部位，发出有节律的响声，行进表演。

6.旱船。用竹木制作成木船形状，用各色彩布装饰，然后有一个人站在船中心，用肩袋把船托起来，可进可退可转向，男女均可。船外边有一个打扮成船夫的人，拿着船桨划船，表演者还唱着自编的唱词小曲。

7.丑花鼓。这是一个民众喜闻乐见的节目，共有5个人，每人手拿一件随便能敲响的生活用具（盆、桶、盘等），按一定的节奏敲打。主要需编写一段有趣搞笑的唱词，五个人边敲打边唱小曲，有分有合，动作夸张放纵，形态滑稽诙谐；但节奏严谨，敲打一段唱一段鼓词，常常会引发哄然大笑、拍手叫绝，围观者众多。

8.大炮。这是新中国成立初期，窑头村的一项有特色的表演节目，一方用一个平车装修成大炮形状，炮筒里可用双响鞭炮点燃后打出去，正好可打在敌对方的城墙里。

9.跑帅旗（也称"报岁旗"），是新中国成立之前西窑头村闹社火的主要节目之一。"报岁旗"是西窑头村社火中的压轴节目。旗队共12杆大旗，代表12个属相，象征12个月。每根旗杆长1丈2尺，旗幡长9尺，宽3尺，分红、黄、蓝三种颜色，镶白色牙边。12杆旗分别书写和绣绘12属相：子鼠、丑牛、寅虎、卯兔、辰龙、巳蛇、午马、未羊、申猴、酉鸡、戌狗、亥猪，形态各异，栩栩如生。旗杆顶端飘扬小旗，旗身设置铃铛，两边有丝绸飘带，行进中旌旗猎猎、铃铛哗哗、声形并茂、威风凛凛。

每杆旗下配5人各执其事，象征五谷丰登。12杆旗共计60人，象征一个甲子轮回60年。其中，旗手12人，旗主12人，旗仆12人，另配24杆火铳，铳手24人，象征一年二十四节气。擎旗壮士12人，身着黑衣，头束白巾，佩戴武士英雄顶。每杆旗旁守卫两名铳手，白衣，武士装扮。12名旗手气概英武，俗称"挣死鬼"，代表劳苦大众；12名旗主紧随旗手，长袍马褂，或西装革履，礼帽墨镜，俗称"装滑鬼"，代表有钱有势的统治阶级；12名旗仆丑角装扮，俗称"骚情鬼"，在行进中为旗主点烟擦汗，弹尘搧扇，奴颜婢膝，竭尽溜须拍马之能事。旗队前行方阵由代表一年四季的40人组成的锣鼓队擂鼓助威，鸣锣开道。

闹社火时，本命年的大旗叫"主旗"，窑头村要求主旗必须是本命年的人来打。

走在最前面,俗称"报岁旗",按十二属相排列顺序,每年一相,12年一轮回。旗队在雄壮浑厚、欢乐喜庆的锣鼓声中,游街转巷,播福报岁,旌旗招展,铃铛声脆,浩浩荡荡,好不威风。每到一地先打开场子,接着旗手扬眉吐气,转花曼舞,旗展飞扬,俗称"跑旗"。跑旗完毕,主旗手擎旗站立中央,其他旗杆着地,这时24杆火铳点火齐鸣,声震云霄,主旗手大声报岁:"今年岁次丁酉狗年!风调雨顺,大吉大利!"那是铿锵有力撼山震岳的呼喊。报岁旗曾经红火一时,每逢元宵佳节,窑头村的报岁旗队都要浩浩荡荡从县城西门而入,穿过十字街口,行至街北县衙门前,在此打场子跑旗;而后走街串巷,在各十字路口再次打场子跑旗,然后从县城南门有序退出。报岁旗队的雄壮阵容和精彩表演深受广大群众的喜爱,群众摩肩接踵,争相观看,掌声雷鸣,赞不绝口。每年元宵节在县城表演结束后还要到三迁村(亲戚村)表演。20世纪50年代初还有表演,当时,周家祠堂的小学教室大梁顶上还能见到长长的红色旗杆。后来因这项表演费人、费力、费财,所以停止了。

1991年窑头村就曾组织了100人的锣鼓队:20面锣、40个大钗、30个小钗、10面小鼓,阵容强大,进县城表演。

2013年和2017年春节,村里又分别组织了春节、元宵节锣鼓竞赛,代表队有:周家巷东头代表队、西片联合代表队(周家巷西头和宁家巷)、侯家胡同代表队、新村代表队。2017年还参加了莲池公园"鱼跃龙门,华跃河津"开园剪彩仪式,使窑头村的锣鼓有了传承。

注:本节中"跑帅旗"一段描述,主要参考《河津风采》的《十二生肖报岁旗》一文。

第二节 艺术

一、书法

窑头村老一代的书法爱好者有李俊英、周志祥（字维贞）、周仁义、王世英、周焕朝、李克良、李克恭等人。

新一代书法爱好者有：周国英、米虎豹、李庆禄、周崇德、李海龙、吕常有、周文谦、米俊平、周吉生、周居清、王建文、周少廷、李云虹、周青山、周建康、周卫来、柴海斌、周永光、周建红、米雪生、周祥荣、周凯杰、侯金峰、郭贵平、米世军、侯贵鹏、米红斌、周亮锁等人。

2018年，村里正在积极筹备成立以米俊平为会长的西窑头书画社。

李俊英书法作品

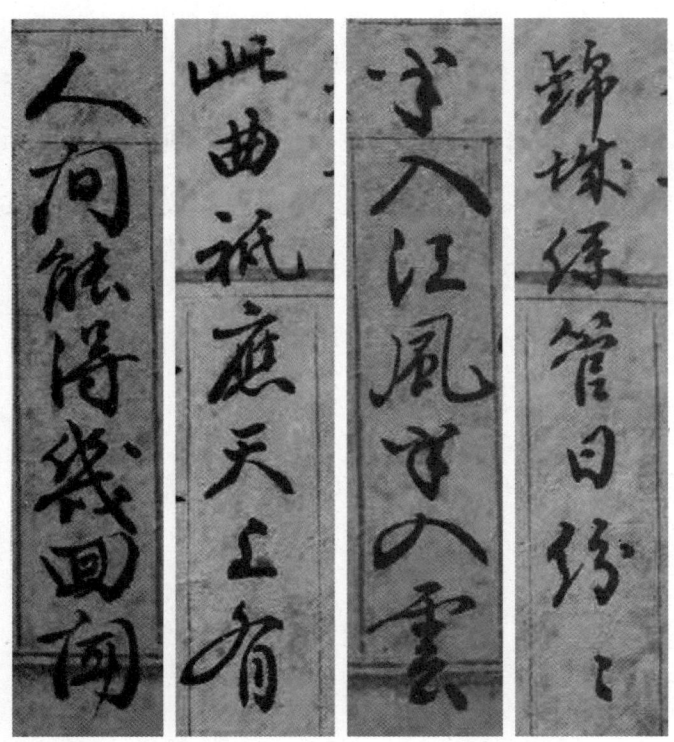

李克良书法作品

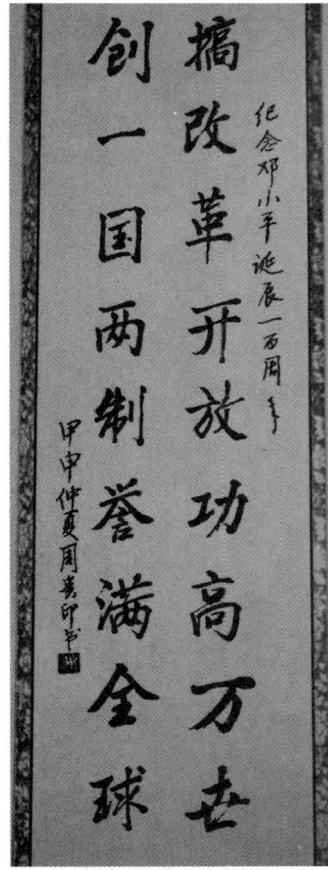
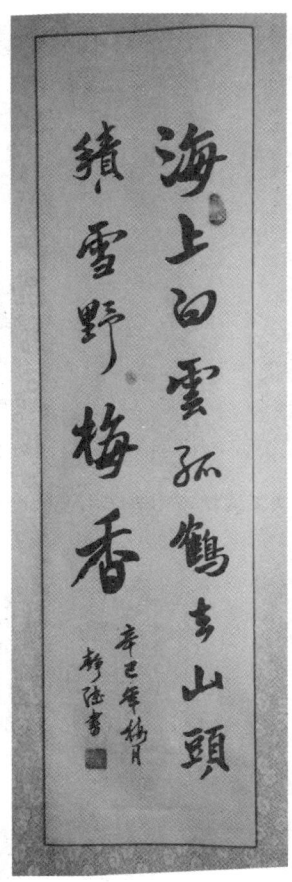
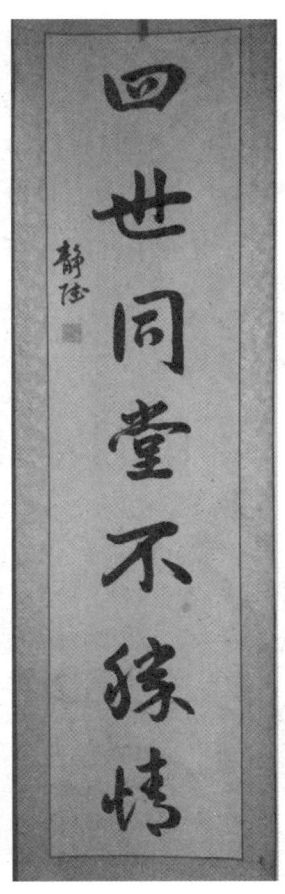
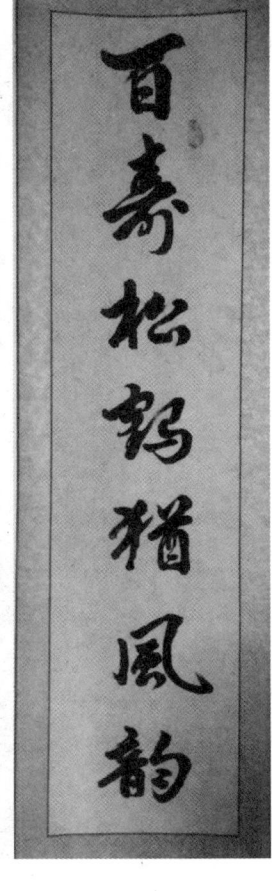

周国英书法作品　　　　　　　　　李庆禄书法作品

李庆禄书法作品

周文谦书法作品（周文谦系河津市中老年书画协会会员）

周文谦书法作品（周文谦系河津市中老年书画协会会员）

米俊平书法作品（米俊平系运城市书法家协会会员、中国老年书画家协会会员）

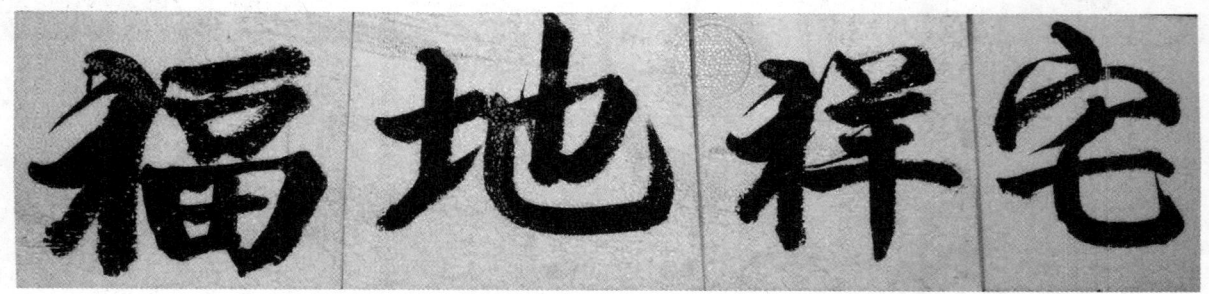

周仲德书法作品

二、绘画

老一代绘画爱好者有刘银邦，曾为南关帝庙、高禖庙作过画。所画人物、花鸟皆栩栩如生、形象逼真，尤其是人物画神形兼备、动感十足。刘银邦在南关帝庙的壁画，大部分是关公的戎马生涯。舞台上画的是关公前期军事战绩，如温酒斩华雄、三战虎牢关、杀文丑、斩颜良、曹操赠战袍、出五关、古城击鼓斩蔡阳等。献殿上画的是关公后期的军事生涯，如华容道、单刀会、取长沙、水淹七军、囚于禁等。关圣大殿内，中间是约4米高的关公泥塑坐像，红脸黑须，神态庄重，两旁分别站立周仓、关平。殿内两侧，两幅壁画纤柔秀丽、优雅脱俗，左为结义图，右为关公夜读《春秋》。

刘银邦绘画作品

周居清绘画作品

周居清绘画作品

新一代绘画爱好者有：周正法、阮连锁、周吉生、侯玉珍、周赘锁、侯四学、刘春生、侯红宾、周居清。

侯红宾绘画作品

三、摄影

窑头村从事专业摄影的有李宁禄、侯东波等人。

李宁禄：16岁开始从师学艺，以画像为业，20世纪50年代初改学照相。终生从事摄影艺术。1975年获国家一级摄影师职称。曾任洪洞县"飞虹"照相馆主任。多次在省、地报刊上发表摄影作品，举办摄影展览。曾为中央、省、地多位领导视察洪洞工作摄影。其中主要有邓小平、胡耀邦、安子文、卫恒、王大任等。

李宁禄摄影作品　　　　　　胡耀邦视察洪洞工作（李宁禄摄）

侯东波：2008年从事摄影艺术，现已成为人像摄影师。

侯东波摄影作品

四、剪纸

剪纸在窑头村流传很久。过去主要用于春节、元宵节和农村婚嫁喜事。剪春节窗花、十五灯花等图案,以增加节日喜庆气氛,内容多为动物、花卉、戏剧人物等吉祥喜庆图案。不少剪纸高手,三折两剪即可剪出形神兼备的图案来。窑头村老一代的剪纸艺人有薛登草、周灵果、米银巧、齐素兰、卫全者、栗亮绒,特别是米银巧还参加过"晋南地区民间剪纸艺术大赛",取得好成绩。齐素兰剪纸还被省书画艺术院副院长段改芳采访收录入《民间剪纸艺术作品集》。

齐素兰剪纸作品

五、面塑

面塑,俗称捏花馍。主要是用面捏成虎、猫、兔、猪、牛、马等各种动物形象或花、鸟、鱼、虫等,并涂以颜色,鲜活生动、美不胜收。过去主要用于婚丧嫁娶和节日的贡品等。老一代艺人有薛登草、周灵果、米银巧、齐素兰、卫全者、栗亮绒等人。新一代有周凤梅、张芳子等人。

周凤梅面塑作品

齐素兰面塑狮子作品

周凤梅面塑作品

六、纸花

窑头村的纸花制作也是一个强项。早先有卫全者、周正发。新一代有阮连锁、周正祥、周大宾、侯玉珍等人。而且由于时代的变迁，需求的变化，此项艺术也成了一大产业。阮连锁、周正祥、侯玉珍等人分别在窑头村口、铝厂、城区开了店铺，规模较大，已成为一项稳定的家庭收入。

七、雕塑

雕塑分木雕、砖雕、石雕、泥雕。由于窑头是一个祖传灰陶琉璃大村，所以这方面的人才一代传一代。老一代有周治南、侯万家。新一代有侯有生、周海禄、周福禄、阮连锁、周玉珍、侯金柱、侯萍萍等人。

周治南等人琉璃雕塑作品

侯金柱正在雕塑

八、戏曲

窑头村的戏曲传统源远流长。早在明清时期，窑头村就建有三座舞台。在资讯不发达的年代，舞台唱戏可起到高台教化万民的作用。使没有念过书的"匹夫匹妇"在看戏时，观其善恶、辨其邪正，心领神会，受到"孝悌忠信"等为人之本的形象教育。在新时代还可以宣传党的方针政策，丰富广大村民的文化生活。窑头村民自古喜文好艺，演家戏更是历久不衰（以蒲剧为主）。同时也培养造就了一批戏曲爱好者和文艺骨干队伍，如：周义（1951—1982年），又名学娃。有一定文化基础，记忆力强，早年因生活所迫与本村人结伴出走陕西宜川集义镇，遂利用自己的文化底蕴在集义镇家戏班教戏。1950年宜川县文化局聘请他牵头成立了宜川县剧团，他便以集义镇家戏班为基础，又到河津、万荣、稷山招募了一批演职员及学员，使宜川县剧团正式挂牌成立，并活跃于秦晋两省，尤其在晋南、陕北一带名声大噪。后来的著名蒲剧演员卫金龙、温俊祥、文武小生李思德、青衣旦王印花都出自该剧团，他本人也被宜川人称作"河东三大生员"之一。在村里曾是窑头家戏班主要演员、导演。还有曾参加过墨遗萍创办的"山西省蒲剧学社"，20世纪五六十年代又被邀请到新绛剧团（也称杨虎山剧团）任文化教员兼编剧的李克良。

1. 主要演出剧目

老剧目：《三对面》《二进宫》《沙坨国》《古城会》《祭灵》《放饭》《空城计》。

新剧目：《李双双》《刘巧儿》（阎惠萱饰演）《红嫂》（卢永枝饰演）《丰收之后》（周文建自编自导）。

2. 主要演员

老一代的家戏演员有：演花脸的周安成、周培良、周振江、侯茂江；演老生的周旭堂、周振邦；演须生的周义、周正海；演青衣的杨档枝；演丑角的周指南、周天锁等人。新一代演员有阎惠萱、米慎禄、周永枝、周永光、周宗海、阮连锁等人。

3. 文武场人员

中华人民共和国成立前后很长一段时期，主要依赖高德吉家民间乐队文武场。20世纪60年代以后主要有：周文建（板胡）、周正祥（板鼓）、武文海（二胡）、周仲德（笛子、三线）、周彦林（二胡、提琴）、周宗降（底胡、大提琴、小号）、周建芳（笛子）、周存义（梆子）。

窑头村的家戏不仅在本村舞台上演出，还在新城露天舞台和大礼堂内表演过。特别是移植于临猗眉户剧团的《红嫂》一剧，20世纪70年代初被县文化馆选调到县大礼堂参加文艺汇演，获好评。

西窑头文艺爱好者合影

九、鼓乐班

鼓乐班是以唢呐为主的乐队。除唢呐外还配有小鼓、小钗、大锣，主要服务于民间婚丧嫁娶或各种社会活动，春节、元宵节、闹社火的表演。

窑头村的民间鼓乐班，就是指居住在本村西埝上的高家鼓乐班。这家鼓乐班清末民初就已组建。根据高家后人回忆，最兴盛的是民国时期到新中国成立之初的几十年间。鼎盛时期高家鼓乐班每天可组织出演四个班子（每班最少12人）。最有名的是高家的老大和老三，这两个人吹、拉、弹、打、唱，样样精通。其次是第二代的高有财、高福财，也是吹、拉、弹、打、唱全活，还有高顺和、高盛全也不错。再晚一代有高德记、高小德、高锁子、高贵堂等人。

高家鼓乐班数代人坚持不懈、勤学苦练，凭着自身的毅力和天赋，把这一门艺术演绎到了极致。在河津民间，提起窑头"高家班子"无人不知、无人不晓。他们除了承担民间的婚丧嫁娶演出外，还参加当地大型节日庆典。也为有财富、有名望的人家祝寿、满月演出。遇到有对抗性质的对台戏，几个班子同台竞技，高家班子往往都能拔得头筹，占取上风，最后取胜。他们演奏的主要曲牌有《地埋花》《拉蔓》《当皮袄》《黄三串》《五更鸟》《孔子哭颜回》《张良归山》《雁落沙滩》《虎口拔牙》等等。还有各种高难度的技巧表演，如一人打多鼓，顶碗吹唢呐，鼻子、耳朵吹唢呐，一人吹数杆唢呐等，往往引人入胜、好评如潮，赢得热烈掌声，当场奖励。因为他们家族有这项独门艺术，所以家境也非常好。民国时期，他们家就在窑头村置有200余亩地，还打了一口水井（高家井），养有车马，生活殷实、富足。但好景不长，日军侵占河津时期，高家老大带一班人去汾南演出回来时，在黄村渡口过了汾河，遇到日本兵设的铁丝网路卡。他们钻网过来，日军见他们每个人手里都拿有不同的民间乐器，不认识是什么东西，还以为是什么武器，就不分青红皂白，开枪打死了好几个人，从此高家鼓乐班子就衰败下来。到现在，除了第五代高贵堂的女儿高淑芳仍参加演出外，其他人全都易职别业、另谋生计了。

第三节 体育

一、篮球

20世纪50年代窑头村就有篮球队，70年代在新城工会体育馆多次参加比赛。

西窑头新篮球场

老一辈主要球员有：周增存、周宗武、李常居、李立居、周正海、侯恩发、周大命、周锁驹等人。

新时期球员有侯茂生、吕六锁、米建民、周宗降等人。

吕六锁球艺精湛，先后被选入机械厂篮球队、税务局篮球队，并成为主力队员，后因此招工转干。米建民成为供销合作社篮球队员。

二、插方

米虎豹曾在全县比赛中获第一名。

三、太极拳

主要有周振祥、周全印、李敬录等人。

四、武术

参加过武术队拜师学艺的人有米俊平（师从河津市南里村薛印盛）、周国峰、郝武斌、周红生、周义平、米二军、周青山（曾在武警部队得到全国武术冠军赵长军的指导）、薛伟华（现在是西窑头武校教员）。

五、体育方面有所建树的人

米五立，山大体育系毕业，任河津中学体育教员数十年。

李牡丹，20世纪50年代末，在河津中学上学时，曾是河津中学田径队主力队员。

柴云英，原河津体校教员，现西窑头老年舞蹈队教练。

李云山，山西师范大学体育学院毕业，现任河津市体育局办公室副主任、竞训股负责人。

周瑞红，运城市体育教员。

卢玲娟，体育教员。

20世纪50年代窑头村的篮球队员（一排：李常驹、冯志立、周宗武，二排：周锁驹、王华民、周增存）

第十二章 有线广播、电视、电话

第一节 广播

广播、电视是继报纸之后，借助现代科技手段，于20世纪上半叶兴起的一项新的现代传媒工具。西窑头村的广播发展历程，可以追溯到新中国成立初期。1955年，复转军人张茂才曾是窑头乡（东窑头、西窑头、城北、西庄为一个乡）的宣传员。乡里给他配了一部收音机和一个5瓦喇叭，用干电池带动。他借助这个有利条件常常在窑头村播放。曾经在周家巷周昌印、米家巷米万群等家院子里及周家巷东头周锁狗门前的老槐树下播放过。当时村里的文化娱乐活动极少，所以村民常常围听。这可能就是西窑头村民第一次听到广播，也可以说是当时河津县收听广播的第一个村。因为当时全河津县只有县委配了一架电池收音机，组织机关干部收听重要广播，直到20世纪50年代中期，全县（主要是县直机关、各供销社）才配了80余部收音机。

20世纪60年代初，全县各公社架专线建起了广播放大站，形成了有线广播独立传输系统。

1962年，西窑头村民有30余户装上了广播匣子，当时每月交5角钱收听费，周创生是管理员，负责维护线路和收费，还多次被评为先进个人。

1966年，县城到各大队的广播专用线路全部架通。西窑头村有100余户人家装上了广播匣子，每月每户交费3角钱。

1967年村里在大队部还装上了25瓦高音喇叭，当时正值"文化大革命"高峰期。每天不定时播放革命歌曲和样板戏，还有红卫兵广播通知等内容。

1974年，村里基本家家户户都安上了广播匣子，这时不再收费。

20世纪60年代主要收听内容是中央人民广播电台《对农村广播》；山西省人民广播电台《本省新闻》《建设新农村》等节目。

到了20世纪70年代，主要收听的内容是中央人民广播电台《对人民公社社员广播》、山西省广播电台《农业学大寨》节目。

到了20世纪80年代主要收听《山西新闻》《新闻半小时》《全省联播》节目，大都是每天早上7点、晚上7点两次播出。

到了20世纪90年代中期，除了听中央台、山西台的新闻节目外，还可以收听到中央台的《小说联播》《广播剧联播》以及每晚7点的《开心30分》等节目，比如当时中午12点的评书《岳飞传》联播，还可以听到河津广播电台的《黄河之声》广播，河津电视台的实况转播节目，收听的内容也丰富多样了。

村民正在收听广播　　　　　　　　　　当时的广播匣子

第二节　电视

电视是继电影之后又一种传媒工具。1982年，河津设立了差转台之后，电视逐步在全县各村发展起来。1983年，大队买了一台20英寸的电视机，在大队院立起一根10米高杆，上面架起接收天线，当时只能收到3到5个频道，信号还不稳定，有时清楚，有时模糊，但还是吸引了不少村民观看，主要是晚上看。

1983年，村民个人有了电视机。最早的是阮连锁、周锁锁、周有生、周仲学等人家，大都是14寸黑白电视机。

1985年，就有不少村民买了彩色电视机，这时电视机用户已占到30%以上。房顶各式各样的电视天线林立，成了农村房顶一道风景线。由于当时信号不好，时常要到房顶转动天线角度。有的人家为了收到好的效果，甚至一个人站到房顶专门转动天线角度，特别是有好的电视连续剧时，比如播放《西游记》《红楼梦》《渴望》《三国演义》等电视剧时，更是万人空巷。有电视机的家里都聚集了数十人。大队院里更是上百人在观看。这年，全村有黑白电视机125台，彩电83台。

20世纪90年代开始，兴起了有线网络电视。市里和各乡镇集资建设了有线电视网。西窑头村也开始看上了市里有线电视台转播的电视节目，但节目数量有限。这时用户比较多了，全村大概有黑白电视机213台，彩电147台。

2000年，窑头村成了市电视光缆联网户，可以收到32路电视节目信号，收视效果明显提高。电视机也基本普及，而且电视机也越来越高级，荧屏也越来越大，电视机品牌有"长虹""北京""金星"等。

2014年窑头村已成为市电视台光纤电视联网用户，可以收到上百个频道，村民可以看到高质量的电视节目，想看哪个台就看哪个台，而且图像都很清晰稳定。

随着村民生活水平的不断提高，家家都有了电视机，而且也由原来的14寸黑白电视机，逐步变成了彩色、液晶、数字、60英寸的大屏幕电视机，手握遥控器，什么时间想看就什么时间开，想看哪个台就开哪个台，随心所欲，自由选择。2018年底，全村约有近千台电视机，村民的文化生活也更加丰富多彩了。

14寸黑白电视机

19寸牡丹牌彩电

直角平面电视机

42寸三星液晶电视机

65寸曲屏电视机

第三节　电话

电话是近代以来发明的一种信息传播工具。

1920年，河津设有电信分局，有西门子总机一台，服务于军政，不对外。

1950年河津所属5个区政府才通了电话。

1964年，全县12个公社140个生产大队才正式通了电话，当时还属单线，和有线广播共用一根线。西窑头村也是这年通了电话，只有大队部一台电话机，是黑色的手

不同时期的电话机

摇电话机，通过公社总机才能到达通话方，而且只能是河津县范围内。

1974年，西窑头村的电话才像全县各大队一样改为双线，摆脱了与有线广播合用一线的局面，还是大队部一台电话。

1979年，农村电话改为半自动拨号机（圆盘上有0到9十个号码），在本县范围内不用公社总机转接就可以直接通话，大队部安有一台电话机。

1991年农村程控交换机开通。这时村民开始私人安装电话，每月交15元座机费，然后根据通话时间长短补交费。最早私人装电话的是侯伟杰，1993年在加油站安装一部固定电话机。

1996年西窑头村私人电话已达20余部。

1997年全市中继传输全部实现数字化。村民坐在家中就可以拨通全国各地的电话。这时，村民已安装50余部电话。到2000年村民已安装200余部电话机。

1993年县里开通了45兆赫简易移动电话业务。当年西窑头少数做生意的村民开始使用传呼机（传呼机也叫BP机），随身携带，操作方便，拥有数字和汉字传呼功能。周全发最早持有传呼机。

1994年11月市里开通了900兆赫无线移动电话（俗称"大哥大"），西窑头村有少数人开始使用。

1999年,运城移动通信分公司河津营业部正式成立。西窑头村民有人买了手机。

2000年后手机数量逐年增加。2002年后可以说家家有手机甚至年轻人人手一部,而且手机不断更新。由原来的专打电话变为现在的上网、发微信、支付宝转账等多功能智能手机。品牌也是越来越多,苹果、华为等手机也习以为常。

不同时期的手机

第十三章 医疗卫生

第一节 环境卫生

从新中国成立之初，环境卫生就一直是国家和各级政府关注的重点。1952年，窑头村同全县一样开展了"四净"（房净、院净、街净、个人净）和"五灭"（灭蚊、蝇、虱、蚤、鼠）活动。村里订立了卫生公约，并写在墙壁上。家家都购买了敌敌畏，每星期还要用石灰水、草木灰清除一次厕所，还为水井加了盖，每天都要清扫院子和门前巷道，村民大都积极参加。

1955—1956年，按照《全国农业发展纲要》发出的"除四害，讲卫生"号召和县委定的春节为"除四害月"活动。村里组织村民积极行动，并参与夏秋两季的捕鼠、灭蝇、挖蛹、除草活动。清除垃圾、整修道路、积肥沤肥、整理厕所，村民干得热火朝天。只可惜当时把麻雀列入了"四害"之中，把益鸟当成了害虫，大量扑杀，破坏了生态平衡。

1958年又执行县里的"两管五改"政策（管水、管粪、改厕所、改畜圈、改水井、改炉灶、改环境），村里80%的人家参与其中。

20世纪70年代末到80年代初，又一次进行了大规模农村改厕，主要是实行大茅坑，较好地改善了农村环境卫生，保证了村民身体健康。

20世纪50—70年代，农村环境卫生确实是一个大问题，尤其是厕所，最早的厕所是"一个坑，两块砖，玉米秸秆围一圈。"后来变成"一条槽，一口缸，只能蹲，不能坐。蹲似蛤蟆往前倾，男女合用一个洞，进厕先把蚊蝇轰。"还有一个时期是茅坑与猪圈联在一起，人在这边"吐故"，猪在那边"纳新"，极其不卫生，更容易发生传染病，所以历次都把改厕作为重点。

到了20世纪90年代，窑头村在环境卫生方面做的最大功绩就是打了一眼深井，安装了自来水。

2007年党中央发出"加快社会主义新农村建设"的号召，提出了"生产发展、生活宽裕、乡风文明、村容整洁、管理民主"的二十字社会主义新农村建设总要求。窑头村又一次把农村环境卫生整治作为工作重点。修起了下水道，改装了自来水，硬化了主巷道。80%的村民改成了双瓮漏斗式厕所。同时，村里还购置了垃圾回收车，每天定时收集垃圾，极大地改善了农村环境卫生。

2017年，村党支部、村委会按照市里"七道七治"的要求，大力开展农村环境卫生整治。全村党员带头义务劳动，清除了卫生死角和杂草，绿化了巷道，粉刷美化了主巷道墙壁，并新建了西窑头文化活动中心，整修了广场，新建了公厕。年底，又做出新规划，响应习近平总书记"厕所革命"的号召，全村逐步改成水冲式厕所。现在全村正全力以赴，实施十九大提出的"乡村振兴"战略。按照"产业兴旺、生态宜居、乡风文明、治理有效、生活富裕"的总要求，加快推进农业、农村现代化，向着全面小康美丽乡村迈进。

第二节　村级卫生保健机构

一、个体医疗

据《周氏家谱》记载，窑头村清朝末年就有个体行医的医生。

一是周万户，字维新。他精于民间医术，专治疑难杂症，疗效颇佳。村民少跑路，少花钱，甚至不花钱，还能看好病，闻名遐迩。

二是周保护，又名志祥，字维贞。上大学时改读中西医结合专科。精通脉理，医术颇佳，名贯乡里。数十年间，为村民治病服务，直到1965年病逝。他们家还存有大量的医学名著、实用秘方，疗效奇特、药到病除。可惜在土改和"文化大革命"两次运动中，其家的医学书籍遗散一空。

三是李茂枝。清例授登仕佐郎。自幼聪颖好学，琴棋书画，无所不能，尤精于针灸医术。他毕其生以良方济世、令绝症回春，妙手神奇、誉满乡梓。十里八乡的百姓受益匪浅，而且"贫富用心皆一，贵贱使药无别"。据传，有天他去南关帝庙看戏回家，出西城门时，门洞下躺着一个人，在地下乱滚。李茂枝下得小毛驴一看，此人肚胀如鼓，俗称"鼓症"。他拿出随身携带的针，几针下去，此人立马病消。一问原来是个乞丐。还有一次，东辛封村人张氏，临盆难产，半夜三更家人登门求治。他骑着小毛驴紧随其后赶到，一针下去救活了母子两代人。其家感恩不尽，携"针灸通神"金字牌匾，鼓乐鸣奏，由老县城东门进，西门出，匾门示敬。

四是李克温。他继承祖业悬壶济世，中西医结合，尤精于针灸。特别擅长"火针"疗法。该疗法是用一种特制的针具，经过加热烧红后，刺入人体的腧穴或患处。这种疗法貌似令人生畏，但却有着独特疗效。重点是温通经络，调畅气血，可以起到毫针难以达到的奇效。他还对传统的毫针、火针、拔罐、放血等疗法进行了研究、发掘、整理、归纳，概括为以毫针针刺为主的微通法；以火针、艾灸为主的温通法；以三棱针放血为主的强通法。三种方法有机结合，对症使用，合称为"李氏针法"。数十年为本村、周边村落乃至汾南、通化、里望；汾北樊村、东庄、义唐、樊家庄一代，十里八乡的患者治疗疾病，乐此不疲，广大村民获益匪浅，无不称道叫好。

李克温针灸药方笔记（星五即李克温）

五是齐素兰。虽身为女性，但聪慧贤能。她从祖父那儿学到一些医术，便不遗余力为村邻里舍的婴幼儿治口疮、挑马牙、做推拿，尽心尽力。本村、邻村不知有多少婴幼儿都得到过她的诊治，治愈的病人无数，她却从不索要分文。直到100岁时，还有人找她诊治，她也欣然治之。现在她的三儿媳王喜样又继承了她的秘方和推拿法，继续无偿为村民服务。

六是侯犬发。其拥有许多民间药方、单方，特别是治疗跌打损伤和烂疮的配方。20世纪五六十年代直到80年代，上门求治者络绎不绝，河津铝厂一医师的亲戚得了病，久治不愈，找上门来求治，被他治好。后来这名医师还经常

1960年8月，河津公社城关保健站全体人员合影。
（前排左一李克温，二排左二周文清，都是窑头人。）

前来讨教药方，还有意邀请他到铝厂医院坐诊。还有一个病人在闻喜五四一医院看病，长时间难以见效，前来请他治疗，他去后药到病除，病人及全家感恩不尽。本村、邻村的村民小伤小病，他都是随来随看，十分方便，受益者很多。

七是米年娃，字志秀。自幼随姑父在西安学镶牙，在西安开有牙科医院数十年，名满西京。回村后也经常给村民治牙病、镶牙。

改革开放之后，窑头村还有周引祥在自己家里坐诊看病，以中药处方为主，求医者很多。现在他的儿子周福存仍然在用他所传秘方看病。另有周金立也开过个体诊所。现在，窑头村还有一个外村的医师赵蕊，租房开个体诊所，服务村民。

二、村办医疗机构沿革

1.机构演变及主要任务

1956年初，随着农业合作化运动的迅速开展，为了保证社员身体健康，窑头村在河津县首批建起了保健站。当时全县只有19个社办保健站。窑头村保健站由县医疗卫生部门派来峻岭村柴孟发当医生。地址在周万户家东房，后又转到北房，周顺来当时是助手，主要是取药、打针、上报各种报表。

1958年全县各社都办起了保健站，队队配有保健员，形成了县、乡、村三级保健网络。窑头村的张红章由宜川回村，成了保健站医生。1956—1963年，村保健站的主要任务是开展群众性的卫生保健工作，开展爱国卫生运动，进行卫生科学知识的宣传教育工作。其次，才是看一些小伤小病，并向上级卫生部门报告疫情，定期报表，监督管理农村环境卫生工作。

1966年"文化大革命"开始后，村保健站变为"卫生所"。

1965—1970年，先后有侯犬发、周引祥、侯千锁、赵全家到村保健站工作。期间，赵长生、周志芳、周惠梅、赵徐生、周建庭、周巧仙、周宗宽等人先后在保健站药房工作过。

由于村保健站开有中药房，为了减少成本，1970年，周印祥、赵全家等人还远赴

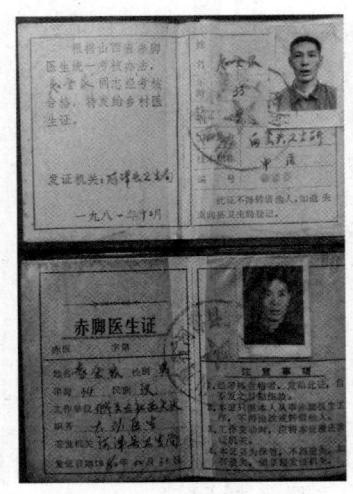 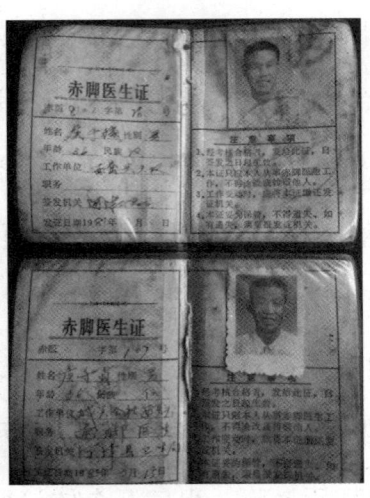

赵全家的赤脚医生证　　侯千锁的赤脚医生证

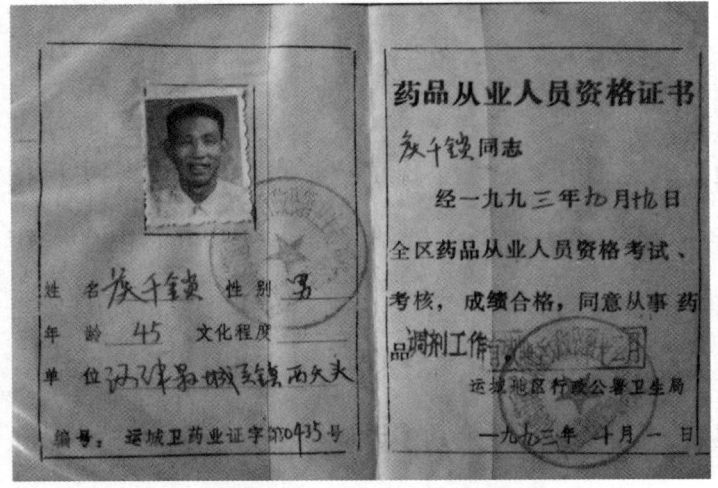

侯千锁的药品从业人员证

韩城集义镇一带为保健站采集中药。所挖药材有远志、枸杞、地骨皮、麻黄等中草药，解决了保健站缺药和经济紧缺问题。

1970年，中国人民解放军下乡医疗队进驻西窑头村。驻扎在原老大队库房内，每天为本村村民及周边村民治疗疾病，宣传医疗卫生常识。还为村里培训医疗卫生人员，教授针灸方法，培养赤脚医生。这次活动极大地提高了窑头村医疗卫生人员的业务水平和能力。特别是侯千锁、赵全家两个人受益匪浅。这两个人后来又多次参加县医院在河津中学等地组织的"赤脚医生""乡村医生"培训班，并于1980年参加了省地卫生部门组织的乡村医生资格考试，考试合格，领取了乡村医生资格证书。侯千锁后来还成了村卫生所负责人。

1980年后，因农村经济体制变革，实行家庭联产承包责任制。窑头村的保健站也变为承包方式（由侯千锁承包）。看病卖药收入归自己，负责防病治病、妇幼卫生、计划生育和爱国卫生工作。

1982年后，河津县人民政府下发了（1982）55号文件，重点对农村卫生所进行整顿。坚持由大队集体举办，并要求做到"三坚持""四不准""五落实"。"三坚持"：

坚持党支部统一领导，坚持由大队集体举办，坚持一村一站；"四不准"：不准私人承包，不准当副业经营，不准随意和变相提高药价，不准随意更换医生；"五落实"：房屋落实，资金落实，待遇落实，任务落实，人员落实。通过整顿，村卫生所重新由村集体经营，同时落实了任务，修订了制度，建立了岗位责任制，使农村医生的工作责任感和事业心有所增强，所长仍是侯千锁。

1991年，县卫生局再次要求进一步搞好农村卫生所的整顿与提高工作。是年，在全县开展"甲级卫生所"达标活动，要求做到人员、房屋、资金"三落实"，为开展防病治病创造基本的工作条件。窑头村卫生所这年成为全县93个达标卫生所之一。县里还颁发了牌匾，进一步加强了初级卫生保健工作。此后，由于国家对卫生事业的关注和支持，特别是2000年市卫生局开展了"百村卫生所标准化建设"活动，窑头村卫生所真正达到了标准化要求，成为这批99个达标卫生所之一。卫生所面积达到80㎡，实现了"五落实""六承担""七个有""八统一""九上墙"，五室分开（诊断室、治疗室、检查室、处置室、药房），服务环境、服务质量，都大幅度提高。

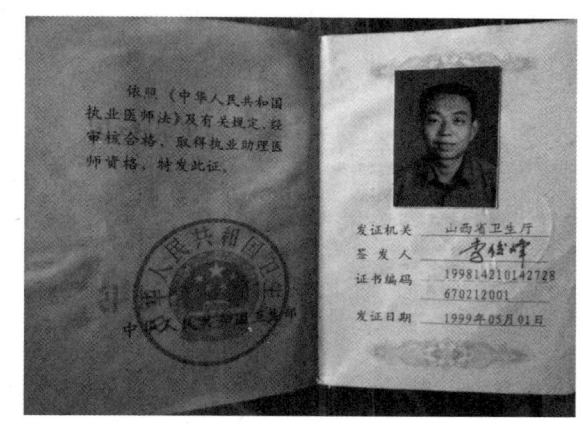
侯建耀的乡村医生资格证

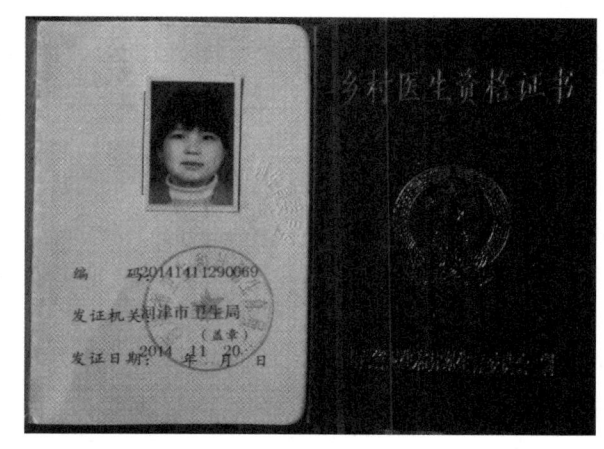
柴小娟的乡村医生资格证

2010年10月，侯千锁因病逝世。侯建耀、柴小娟接任保健站工作。

2.医疗保障制度变化

1956年到1966年，村保健站的房屋、设备、资金、医务人员报酬等，全部由村集体负担。实行合作医疗，每人每年交纳1—2元保健费，由公社医院或大队保健站统一使用。凡本公社本大队社员看病一律免费，数年后因资金短缺而停止。

1970年，大队又根据中央（1970）2号文件精神，"合作医疗和赤脚医生"是贫下中农依靠集体力量同疾病做斗争的伟大创举，实行了合作医疗，直到1983年停止。

2003年，随着全省在15个县（包括河津市）首批全面推行"新型农村合作医疗"制度。窑头村也成为最早的受益者，当年参保人数达到了80%，每人每年交10元钱，看病报销比例达30%。

2017年，窑头村参加新农合人数已达2336人，报销比例达到30%，大病报销高达50%，还可异地看病直接报销，很好地解决了农民看病难、看病贵和因病致贫、因病返贫的问题，极大提高了村民的生活质量，保障了村民的身体健康。

2018年，合作医疗交费每人220元，西窑头村共有2389人交费，总计525580元，大病报销比例最高达到75%。

第十四章　文物古迹

第一节　古庙

一、禹王庙

禹王庙地处窑头村正北高坡上，属窑头村最古老也是位置最高的一个庙宇。从村北沿土坡向上，有一条弯曲小道，盘旋而上，经过一个山门，再向上走约20米，进入主庙院。庙内有正殿四间，东西偏殿各四间，庙院中间有一个四角献亭，献亭正面立柱有一副楹联：今古乾坤照化育，海天日月共光华。庙院面积900平方米（约占1.5亩），建筑面积300多平方米，正殿供奉禹王神像。香客与游人来此，主要是祭祀禹王爷开山治水、拯救苍生的无量功德。偏殿记载着禹王爷生平的辉煌业绩。院内东西两边，有两棵古柏，西南角的一棵葱郁翠绿、高大粗壮，高8米多，树身直径约为1.6米，可谓古柏参天，福荫四民。

此庙三面临空，地势险要。站在上面，西听滔滔黄河涛声，北眺巍巍吕

禹王治水图

梁群峰，南望澄澄汾河流水，东瞻河津老城街景。登高四望，视野开阔，远近景色尽收眼底。既是神庙，亦是绝佳观景台，同时由于天然的地理位置，也成为扼守县城的要冲，被历代兵家视为军事要地。日军侵占河津后，也看中了这块地方，在此筑建碉堡，并在古柏树枝上用门板筑成了岗哨台，瞭望四方。为了确保安全，他们截断了上庙的前后通道，在前坡土壕上架设了吊板桥，以防晚上遭袭。

二、关岳庙（老爷庙）

关岳庙俗称老爷庙，地处村西北角，原河津老城通往禹门口的大道旁，现村民吃水井的东边。此庙建筑布局为两部分，路北为庙宇，路南为舞台，中间是河津老城通往禹门口的交通大道，亦称官道，也是当时整个晋南地区通往西北的一条交通大道。此庙面积达2000多平方米。建筑规整、布区合理，而且装饰富丽堂皇、巍峨壮观。

庙的大门口有一对生铁铸成的雄伟高大的铁狮子，高达6尺，头大目炯，额隆颐丰；项披漩丝，胸佩锦铃；昂首蹲坐，凝视前方；气势勇猛，威风凛凛。狮子两边各竖有4根斗子旗杆，每根旗杆上盘有一条青龙，龙头朝上，龙尾在下。旗杆顶端还有方形铁帽，铁帽四角挂有铁铃铛，旗杆上端飘着杏黄旗。每逢过节，随风飘扬的杏盘龙旗，加上铃铛声，十分美丽壮观，为此庙增添了几分神威之感。

进山门上九个台阶是一个小院，院南边是几间明亭，为前来拜神的香客临时休息。从小院再上五个台阶就进入主庙内。山门口九个台阶和庙门口五个台阶，表示着关老爷位尊九五。主庙内有正殿三间，东西偏殿各三间，正殿前有一个献亭。正殿内供奉着关羽夜读《春秋》的神像。神像两边有一副对联：志在春秋功在汉，心同日月义同天。左右立柱木刻楹联：秉烛春秋大节至今照日月，存心忠义英风通古振纲常。左边站神是黑脸周仓，手持青龙偃月刀；右边站神是关羽的儿子关平。东北角是一乘精雕细刻的红木桥，里面是岳飞的红脸正面木雕神像。每年的正月十五村民都要抬着岳飞神像到各条大巷进行巡游。这尊木雕岳飞像在20世纪50年代被收藏到老城文化馆里。

 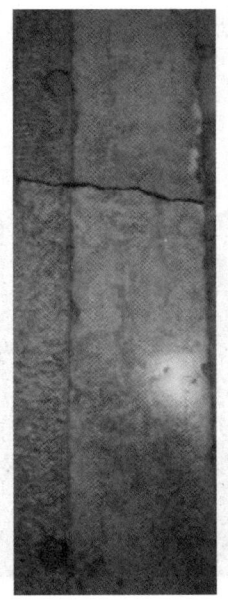 

关公夜读《春秋》像　　　　　　　　关岳庙捐款记事碑

东西偏殿各有一幅油彩壁画。东偏殿绘着关老爷伸张正义、抱打不平、离家出走，刘关张桃园三结义以及他一心辅佐汉室，戎马一生，过五关、斩六将的辉煌战绩。西偏殿绘制了岳母刺字壁画。绘画形象逼真、栩栩如生（据说此庙内壁画皆由本村画家刘银邦绘制）。庙院大殿前献亭，专供祭祀关老爷，烧香祷告，保佑家人消灾避难、富贵平安。路南的舞台虽然不大，但建筑结构十分合理，秀丽壮观，而且非常藏音，演戏效果极佳。上面五脊六兽，筒瓦包沟，亭亭玉立。每年二月二龙抬头之日，都要开台唱戏三天，为庙会助兴。

由于关岳庙地处交通要道，过往香客很多。传说有一时期，关老爷显灵，求神拜药特别灵验，一时间此庙名声大振，来往香客越来越多，更加热闹非凡。

三、奶奶庙

奶奶庙原址在周家巷西头，周顺来东房后背墙上一个不大的壁洞里（大约高1.5米，宽1米）。1970年左右周顺来东房拆除，此庙也就没有了。到了2000年由周建廷组织村民自愿捐款建起一座新的奶奶庙。坐西向东，共三间，琉璃屋脊、雕梁画栋、斗拱飞檐、小巧玲珑，内有娘娘塑像一尊。庙门口有副对联：心向莲台频结子，德昭香炷自生花。横批：多子多福。每年春节、元宵节都打扫干净，装饰一新，迎接村民、香客祭拜。平常时日还可供老年人休闲娱乐，存放锣鼓乐器等。此庙建设时有木工周长发，瓦工李平安、周天降等。

周家巷奶奶庙

捐款人碑记

四、观音堂

观音堂位于周家巷东头周锁狗房东，坐东朝西，主殿三间，内有观音菩萨塑像。两旁有一副对联：白莲台上慈悲主，紫竹林中自在仙。横批：清静无为。院中间有一四角明亭，也叫献亭。山门右侧有一间闲房，进庙门上三个台阶。门口右侧有一株古槐，1949年后还长得郁郁葱葱，直到20世纪80年代才被挖掉。此庙是日军侵占河津后被毁掉，现周家巷东头村民正准备集资重建。

五、观音庙

观音庙位于宁家巷西头，坐西向东，共三间，房内有观音菩萨塑像。两侧有副对联：西方绿竹千年翠，南海莲花九品香。进山门有一大照壁，正殿两侧各有一个小侧门，可通往后院。庙基有一亩大，香火比较旺盛。特别是春节、元宵节，村民及外村香客人来人往，络绎不绝，但日军占领河津后被毁。2000年由阮连锁牵头在原址上重建了一个庙，但后来因通路拆掉。2015年在侯建章等人带领下，村民集资重新建了一个观音庙，共三间，雕梁画栋、彩绘一新，从此这里逢年过节又热闹了起来。

宁家巷观音庙

观音庙碑记

捐款人名单

观音庙内塑像

第二节　惜字楼

"惜字楼"建在侯家胡同侯伟民西房背后，何时建成无从考证。

"惜字楼"是用于烧毁书、有文字的纸张的地方，亦称"惜字塔""文风塔""文峰塔""字纸楼""字库塔""圣迹亭""敬字亭"，等等。

文字的出现，让知识的传授更为便利，许多经验知识得到保存积累，变得更精确、博大。因为有文字的记载，生产知识得以记录，生产技术也越来越有效、发达。

古人用"天雨粟"来形容文字对生产的贡献，因为有了文字记录真理，鬼怪无法再愚弄人类、为所欲为，故有了文字"鬼夜哭"之说，所以人们说："爱惜字纸，功德无量"。

在历史上，民众曾经对写有文字的纸特别珍惜，很长一段时间里，人们都遵循一种规则：写有文字的纸不可随意丢弃和践踏，要将它们收集起来，焚烧成灰，称为"字灰"。每隔一段时间，人们就要开坛祭祀造字的"仓颉"，然后将字灰送至大江、大河，甚至大海，称为"送字灰"或"送字纸"。这种敬惜字纸的习俗也曾经给窑头村带来醇厚的文明与道德风尚，以至后来的周家族人还在桃树园西南侧建起了魁星阁。

第三节 魁星阁

魁星阁位于周家巷东南角，原周家桃园西南角，从老城通往三迁村的大路旁。原来周家先祖曾出过举人，可惜查不到人名。建此阁是周家族人希望周家后人代代都能跃过龙门，从政为文，"朝为田舍郎，暮登天子堂"。魁星阁内供奉的是魁星神，传说魁星是管文章兴衰的，也是文人敬奉的神。此虽属迷信，但从重视文化教育的角度讲也还是有益的，难怪1949年前周家就出了周志祥这样的文化人，也是西窑头民国时期唯一的大学生。周允科、周富印、周宗康又成为中华人民共和国成立后前三名大学生。最近几十年，周家一族又是人才辈出。尤其是1989年周永杰从清华大学毕业，就业于华为集团；周晓菲北大毕业，笔耕于光明日报社；2016年周仕达以山西省文科状元身份考入北京大学；2017年，周宇柯又以670分的高分考取了北京大学，这就不能不说与周家人重视教育有关联了。

第四节　姑姑庵

姑姑庵位于原108国道到禹门口公路以北，小洞子以东，去东窑头村大道以北。正殿五间，开有东侧门，侧门正北是一个大照壁，照壁正南是主庙门。此庙规模较大，民国年间随着佛教的衰退，官府不予布施，这里削发脱俗的尼姑无法生存，有的还俗，有的到别处为尼，使这里的尼姑庵逐渐萧条，后来房屋也在日军占领河津期间被毁，此庵彻底消失。

第五节　塔

塔，原为佛家之物，佛教称塔为浮屠。民间有"救人一命，胜造七级浮屠"之说。自汉晋以来，佛教传入中国，在中国各地盛行，建寺院的同时附属建塔。塔一般由塔座、塔身、塔刹三部分构成。塔的形式、种类很多。以建筑材料而分，有木塔、砖塔、石塔、铁塔、琉璃塔5种。以砖塔居多，形状有方塔、六角塔、多棱塔等。塔层数均为单数，现存最高塔有15层。

一、大圣塔

位于原大洞子南，沙淘东，现米俊录龙岗路出租房北角处，直径2.5米左右（4人合抱不住），圆形砖砌，建筑年代不详，也是本村最大最高的一个塔，共5层，7米多高。

二、多棱塔

位于西窑头新村西北角,紧临现龙门大道,共5层,高6米,直径2米多,建筑年代不详。

原位于西窑头新村的多棱塔

三、砖塔

位于米家园西北角,方形,6米高,2米见方。后因周围砖被拆除,也称土塔。

四、方塔

位于后头园4队地,与米家园塔相似,方形。

位于后头园的方塔

五、笔塔

位于一队后头园(去三迁村地中间),由于塔为毛笔形状,所以称笔塔,3米高,直径80厘米。

位于后头园地中的毛笔塔

第六节 祠堂

一、侯家祠堂(引用族谱原文)

祠堂,也称家庙,又称宗祠。祠堂,以"敬宗睦族"为核心的理念,发挥着丰富多样的文化功能。古时的祠堂,就是纪念列祖列宗的纪念馆和家族的历史博物馆,也是社会治安和民事纠纷的调解机构、家族扶危济困的慈善机构,是宗族组织的神圣场所,是一个家族的象征。

祠堂是族人供奉先祖牌位并进行祭祀活动、议处家族大事的场所。侯氏家族的祠堂原址在二十六世孙侯建康、侯彦河等四座地基处。建有北方三间，两窗一门，东西房带门楼。正面设神龛，供奉祖先牌位。东西放有桌凳，供管理人员和族长居住。西边放一个插放执事（即仪仗）的台架。里面插放着金瓜、钺斧、朝天凳、黄罗伞等，供族人操办婚丧大事之用。当时的祠堂有族田，这是维持宗族亲情、团结族人的物质基础。族田租给族人种，其收入用在清明节准备牲礼献食、香、烛、鞭、炮祭祖，祭祖后分给族人享用。

祠堂正中悬挂一个牌匾，是先祖鹤龄任宛平县丞陛时（明代）蒙受皇恩，特赐牌匾一悬"敕旌廉孝明官祠"。

二、周家祠堂

周氏家族的总祠堂原在周家巷正中路南，现柴五收的院子，建有北房三大间，正面设神龛，供奉着先祖神主及牌位，东西两头各放一个长长的插放执事，即仪仗的台架。里面插放着金瓜、钺斧等各种执事，供族人操办婚丧大事之用。当时的祠堂有族田，这是维持宗族亲情、团结族人的物质基础，族田租给族人种，其收入用在清明节准备牲礼献食、香、烛、鞭、炮祭祖之外，并蒸成每个大约一斤重的大白馍，准备分给上坟的族人。上坟回来，族人先到祠堂祭拜祖先，族长宣布有关事宜，然后分给上坟人每人一对大白馍。分馍后，再到各坟地祭拜次祖。祠堂院的南房中间是过厅，两面建有两个耳房，西面一个供管理人员和族长居住、办公事，里面放有桌椅板凳。东面一个是客房，供人休息。中华人民共和国成立后，祠堂被村里学校占用，后来学校又拆迁，把周家祠堂也拆了，地基也让私人建了房屋。除总祠堂外，各份都还有各自的分祠堂供族人使用。一份因是长门，逢年过节要侍奉祖先，活动场所就在总祠堂。二份主要住在东垴，而渠东又没有地方，分祠堂就建在沙壕西边（庞天学现在的院子）。三、五、六份合建在周家巷东头庙左边路南面的南房（正海现在的院子），东、南、西三面墙上分别挂有这三份的神主，下面的献桌上放牌位献食。四份祠堂在俊杰现在的院子。中华人民共和国成立后，这些分祠堂都被集体占用或划了地基，从此再也没有进行过大的祭祖活动。

第七节　古戏台

　　戏台，古时也叫舞台。多为迎神赛会或元宵节各村社民众按照自己的习俗祀神娱人，欢度佳节。这些戏台大都建造在寺院和庙宇里，也有建在村旁和巷道口的"过厅台"（也叫"过风台"），意在敬神灵以安庶民，也是关乎世道人心的大事。通过舞台演戏实现"高台教化"，使没有念过书或没有条件念书的"匹夫匹妇"在看戏时观其善恶、辨其邪正，心领神会到"孝悌忠信"的形象教育。

　　西窑头村民自古就喜文好艺，早在明、清、民国时期就曾建有三座舞台。最早的舞台是宁家巷东头的过厅戏台，它位于宁家巷东头，现在侯喜建的门前。戏台多属盛国之遗，宁家巷的过厅戏台当属宁家一族在元末明初落户到窑头村后，最鼎盛时期所建。它可谓是一台多用，台上演戏，台下行人车马，关起门洞还可防盗贼。不过窑头村的过厅戏台还有一大用处：因戏台紧临排洪水渠，闸住门洞还可防水患。宁家巷的过厅戏台小巧玲珑、功能齐全。戏台背面门洞额题写着"尚宁干止"四个字，意思是祈福宁家族人可以在这里安心做事和居住，但世事难料，事与愿违。斗转星移，到了明洪武年间，因长期战乱全国大移民，宁家被强制性整体迁到了外地。人已去，巷空留，后逐年被新的外来户占用。过厅戏台也因年久失修在风雨飘摇中毁逝。到了20世纪70年代只剩下戏台的基础，但还起着防水患的作用。至今，人们为了留住乡愁，这条巷道仍然叫宁家巷。

　　其次，就是明末清初，周家一族迁居这里后仿照宁家巷过厅戏台，也在周家巷西端建起了一座过厅戏台。这个戏台建筑风格与宁家巷过厅戏台相似，也有着演戏、行人车马、防水患等多重作用。直到中华人民共和国成立后，虽然戏台顶已被日军烧毁，但戏台三面墙壁与台基依然完好无损。中华人民共和国成立后，村民仍然在原戏台基础上铺上木板搭上顶棚演戏。过厅戏台洞额"爽气常萦"四个砖雕大字依然保存完好，20世纪80年代为保证安全而拆毁。

窑头村古时最完美的舞台，当属老爷庙舞台。根据有关文物考证，"建庙必建舞台，有台必唱戏"。这个舞台建在老爷庙南边，具体建筑年代不详，但根据古建筑包括舞台在内，一般重修年代周期多以百年计，所以从老爷庙在民国元年重修的碑文时间推测，大约是清咸丰末年新建或者是重修扩建。再往前追溯就到了清康熙末年。

民国元年重修的这个舞台规模虽然不大，但结构严谨、精雕细琢。五脊六兽、筒瓦包沟、彩绘精致、亭亭玉立，非常藏音，演出效果极佳。所以当初有名气的戏班都愿意在这个戏台演出。根据当时舞台墙壁的题字留名来看，演过许多好戏，如《十五贯》《美人图》《凤仪亭》《意中缘》等。加之此戏台位置特殊，正好在河津老城去禹门渡口的官道旁，所以每每演戏必定人山人海、座无虚席。戏台下也是热闹非凡，卖熟食、小吃、糖人的吆喝声不断，一派祥和景象。

在当时的年代，一个村有三座舞台，实属少见，这也足以说明窑头村民对戏剧的喜爱之情，也从另一个侧面体现了窑头村民崇尚文化艺术的高尚情操。

第八节 沟、坡

一、庙底沟（俗称私娃沟）

因旧时有姑姑庵，所以时有私生子丢弃此沟。另外，外地人死亡后，因无处安葬，以至多临时埋葬于此沟，故有此称。

二、桑坪沟（锁撇沟）

因此沟曾经盛长桑树，供村民种桑养蚕而得名。

三、大窑沟

此沟古时曾有窑头村民栖居，古窑遗迹很多，战乱中又有许多村民来此藏身，也是窑头所有沟壑中最大的一个，东南沟深处与九龙庙相毗邻。

四、崖沟

此沟三面是悬崖陡壁，难以攀爬，所以叫崖沟。

五、蚊帐沟

三面沟沿长满荆棘，沟型酷似蚊帐状，所以叫蚊帐沟。

六、猪槽子

因过去这里曾有野猪出没，20世纪50年代中期，曾有一野猪从这里跑到了村子里，后跑到了周家桃树园内，被村里民兵协同县公安人员打死在桃树园内。野猪被打死后，用其皮给村里许多养车户做了许多大车辕打带，还有骡马腰带、缰绳、皮鞭等，包括驴、骡子项圈。

七、卖菜坡

这是一条从窑头村通向西庄及北坡一带去的坡道。当时窑头村的菠菜、胡萝卜十分出名，本村村民和三迁、阳村村民由此坡前往北坡一带销售，所以，久而久之就叫成了卖菜坡。

八、军家坡

因历史上坡顶多次驻扎军队,所以这里被村民称为军家坡(包括李闯王进北京路过河津,也在这里驻过军队)。

第九节　宗子疙瘩

据《河津粮食志》载:河津旧县城西北约二里处(窑头村西北),在平地有大土堆三四个,高约二三丈,周围数十丈。据清末清涧村拔贡卢锡谷著《如宾乡古迹考》的说法,系唐代"龙门仓"遗迹,尚待进一步考证。另一说是卜子夏为晋文公出主意设的骗术,垒土为粮仓,迷惑敌人所用。

第十五章 民情风俗

第一节 二十四节气内容及释意

二十四节气是中国人通过观察太阳周年运动，认知一年中时令、气候、物候等方面变化规律所形成的知识体系和社会实践。其实二十四节气严格按照太阳运动的规律确定一年四季的季节时间，是真正的太阳历。

那么，什么是阳历、阴历呢？

中国社会科学院荣誉学部委员、中国民俗学会荣誉会长、国家非物质文化遗产保护专家委员会副主任刘魁立解释，"时间是物质存在的一种方式。要说时间，就要找一个参照物，且参照物应具备人们可以共同认识、恒久、具有周期性等条件，才可以作为衡量的标志。最方便的就是太阳，所以阳历又称太阳历，是以地球绕太阳公转的运动周期为基础而制定的历法。从日出到日落叫一日，但只有这个长度还不够，又选择了月亮。阴历即指按月亮的月相周期来安排的历法。传统节日如正月初一、正月十五、腊八、七月七等都和月亮有关系。为了调整和阳历的关系，古代人采用闰月的办法，如闰六月、闰八月。"

中国自夏代就开始使用，后经汉武帝太初元年加以修订的兼顾太阳历和太阴历确定的历法，是阴阳合历，"夏历""农历"，或俗称的"阴历""旧历"。民间传统节日体系，例如春节、元宵节、端午节、中元节、中秋节、重阳节，以及清明和冬至等，都依据过去通行的阴阳合历而确立。

中国古人将太阳周年运动轨迹划分为24等份，每一等份为一个节气，统称二十四节气。在国际气象界，这一时间认知体系，曾被誉为中国的第五大发明。

二十四节气渗透在中国人生活实践的方方面面，围绕每一个时令节点，人们自发组织农事生产，有序安排家庭和个人的衣食住行，使传统知识体系在丰富多彩的仪式实践和民俗生活中得以存续。

立春，二十四节气之首，时间在公历2月4日前后。《月令七十二候集解》说："立，建始也。"这一时节，人们感觉明显的温暖，草木开始萌动。民谚有"立春阳气生，草木发新根"。立春之后，农时趋紧。

雨水，公历每年的2月18、19日。这时的温度上升，雨水增多。《月令七十二候集解》说："天一生水。"人物之生，皆始于水。春天发生春旱的概率较高，所以民间有"春雨贵如油"的说法。

惊蛰，公历每年的3月5日或6日。惊蛰的意思是天气回暖，春雷始鸣，惊醒蛰伏于地下冬眠的昆虫。惊蛰雷与年成有关系，民谚有"惊蛰雷雨大，谷米无高价。""雷打惊蛰后，低田好种豆。""雷打惊蛰前，高山好种棉。"

春分，公历每年的3月20日或21日，太阳直射赤道，昼夜平分。春分在商代以前就被确定，是农事的重要节气。

清明，公历每年的4月5日或6日。《月令七十二候集解》说："三月节……物至此时，皆以洁齐而清明矣。""清明是重要农事节令，'清明前后，种瓜点豆'。"

谷雨，公历每年的4月20日或21日。这时天气温和，雨水明显增多，对谷类作物的生长发育关系很大。古代所谓"雨生百谷"，反映了谷雨的现代农业气候意义。

立夏，夏季开始的节气标志，公历每年的5月5日或6日。立夏是生长的时节，万物呈现勃勃生机。

小满，公历每年的5月21日或22日。《月令七十二候集解》："四月中，小满者，物至于此小得盈满。"小满时节，农田管理十分重要。由于农事繁忙，民谚有"立夏到小满，亲家来了都不管。"

芒种，公历每年的6月6日或7日。这一时节，人们忙于夏种夏收，民谚有"麦黄秋黄，绣女下床"之说。"春争日，夏争时。"

夏至，公历每年的6月21日或22日。夏至这天，是北半球一年中白昼最长的一天，民间有"吃过夏至面，一天短一线"的说法。

小暑，公历每年的7月7日或8日。小暑为农历六月节，正值初伏前后，小暑为小热之意。

大暑，公历每年的7月23日或24日。大暑为农历六月大热之时，这时正值"中伏"前后，是一年中最热的时期，气温最高，农作物生长最快，大部分地区的旱、涝、风灾也最为频繁。俗话说："大暑不割禾，一天少一箩。"

立秋，公历每年的8月7日或8日，立秋表示秋天的开始。立秋的物候是"立秋之日凉风至"，接着是"白露降""寒蝉鸣"。民谚说："早晨立了秋，晚上凉飕飕。"

处暑，公历每年的8月23日或24日。据《月令七十二候集解》说："处，止也，暑气至此而止矣。"处暑以后，我国大部分地区昼夜温差增大，庄稼成熟较快，民间有"处暑禾田连夜变"之说。

白露，公历每年的9月7日或8日。古代黄河流域白露时节的物候是鸿雁南飞，燕子南归。过白露后，气温开始下降，民谚："一场秋风一场凉，一场白露一场霜。"

秋分，公历每年的9月23日或24日。秋分时节，人们忙于秋收、秋耕、秋种，所谓三秋大忙。

寒露，公历每年的10月8日或9日。《月令七十二候集解》说："九月节，露气寒冷，将凝结也。"从农事上看，棉花成熟，人们趁天晴赶紧采摘棉花，民谚："寒露不摘棉，霜打莫怨天。"

霜降，公历每年的10月23日或24日。《月令七十二候集解》："九月中，气肃而凝，露结为霜矣。"霜降是寒气到来的日子，民谚："霜降霜降，移花进房。"

立冬，公历每年11月7日或8日。《月令七十二候集解》说："冬，终也，万物收藏也。"旧时农俗，立冬观察风向，可预知来年农事丰歉。民谚："立冬西北风，来年五谷丰。"

小雪，公历每年11月23日或24日。《月令七十二候集解》："十月中，雨下而为寒气所薄，故凝而为雪。"这个时期天气逐渐变冷，黄河中下游始降小雪。小雪节气下雪是好兆头，民谚："小雪雪满天，来年是丰年。"

大雪，公历每年的12月7日或8日。《月令七十二候集解》说："至此而雪盛矣。"大雪的意思是天气更冷，降雪的可能性比小雪时更大了，有时小雪不见得降雪，但大雪一定有雪，民谚："小雪不见雪，大雪满天飞。"

冬至，公历每年的12月21日或22日。冬至在传统社会，相当于节日，也叫冬至节。北方冬至吃饺子，南方冬至吃汤圆，过了冬至白天时间开始变长，民谚："过了冬至，长一针指。"

小寒，公历每年的1月5日或6日。俗话说冷在"三九"，"三九"多在小寒期间。

大寒，公历每年的1月20或21日。此时为一年四季最寒冷的时节，寒气之极，故曰大寒。民谚："小寒冻土，大寒冻河。"

从二十四节气的命名可以看出，节气的划分充分考虑了季节、气候、物候等自然现象的变化。其中，立春、立夏、立秋、立冬、春分、秋分、夏至、冬至是用来反映季节的，将一年划分为春、夏、秋、冬四个季节。春分、秋分、夏至、冬至是从天文角度来划分的，反映了太阳高度变化的转折点。而立春、立夏、立秋、立冬则反映了四季的开始。由于中国地域辽阔，具有非常明显的季风性和大陆性气候，各地天气气候差异巨大，因此不同地区的四季变化也有很大差异。

小暑、大暑、处暑、小寒、大寒等五个节气反映气温的变化，用来表示一年中不同时期的寒热程度；雨水、谷雨、小雪、大雪四个节气反映了降水现象，表明降雨、降雪的时间和强度；白露、寒露、霜降三个节气表面上反映的是水汽凝结、凝华现象，但实质上反映出了气温逐渐下降的过程和程度：气温下降到一定程度，水汽出现凝露现象；气温继续下降，不仅凝露增多，而且越来越凉；当温度降至摄氏零度以下，水汽凝华为霜。小满、芒种则反映有关作物的成熟和收成情况；惊蛰、清明反映的是自然物候现象，尤其是惊蛰，它用天上初雷和地下蛰虫的复苏，来预示春天的回归。

在全球气候变暖的背景下，二十四节气的适用性也发生了变化。人们发现桃花往往在惊蛰节气到来前就红了；清明节后时常出现气温飙升，一日入夏；夏日里雨日少了，暴雨强降水多了；冬天里冷空气频数小了，寒潮强度变弱了。

二十四节气歌

春雨惊春清谷天，夏满芒夏二暑连。
秋处白秋寒霜降，冬雪雪冬小大寒。

七言节气诗

一月小寒接大寒，二月立春雨水连；
惊蛰春分在三月，清明谷雨四月天；
五月立夏和小满，六月芒种夏至连；
七月大暑和小暑，立秋处暑八月间；
九月白露接秋分，寒露霜降十月全；
立冬小雪十一月，大雪冬至迎新年。

注：本节主要参考、引用在《人民日报》发表的《时间留下脚印，人间四季轮回》一文和《光明日报》发表的《科学与中国文化智慧相融》一文。

第二节 传统节日

一、小年

腊月二十三，又称小年，是民间祭灶的日子。据说，每年腊月二十三，灶王爷都要上天向玉皇大帝禀报这家人的善恶，让玉皇大帝赏罚。因此送灶时，人们在灶王像前的桌案上供放糖果、清水、料豆、秣草，其中，后三样是为灶王升天的坐骑备料。祭灶时，还要把关东糖用火融化，涂在灶王爷的嘴上。这样，他就不能在玉帝那里讲坏话了。民间有"男不拜月，女不祭灶"的习俗，因此祭灶王爷，只限于男子。另外，大年三十的晚上，灶王还要与诸神来人间过年，那天还得有"接灶""接神"的仪式。等到家家户户烧轿马，洒酒三杯，送走灶神以后，便轮到祭拜祖宗。到了腊月，家家户户都准备过年了。扫尘为的是除旧迎新，拔除不祥。各家各户都要认真彻底地进行清扫，做到窗明几净。通常把腊月二十四日定为"扫房日"，扫尘主要是将家里进行彻底清洁，主妇通常先将房里的床铺家具遮罩起来，用头巾将头包好，然后用扫帚将墙壁上下扫干净。扫屋之后，擦洗桌椅，冲洗地面。扫房之后，各店铺、民居焕然一新。新贴的春联，鲜艳夺目，显示着红红火火的洪福盛景。活灵活现的门神、抬头见喜的横幅、精美的窗花、五彩的年画、花团锦簇的灯笼和神龛上丰饶的祭品，无不显示着喜气洋洋、欣欣向荣的节日景象。

二、除夕

年三十，也就是除夕。这天，是人们吃、喝、玩、乐的日子。北方人包饺子，南方人做年糕。水饺形似元宝，年糕音似"年高"，都是吉祥如意的好兆头。除夕之夜，全家人在一起吃团年饭，有一家人团聚过年的味道。吃团年饭时，桌上的鱼是不能动的，因为这鱼代表富裕和年年有余，象征来年的财富与幸运，它属于一种装饰，是碰不得的。除夕的高潮是年夜饭后长辈发压岁钱。接着就是张贴春联和门神，并关上大门，到初一的早上才开门接财神。接下来就是全家人守岁到凌晨。

三、春节

农历的岁首，也是中国古老的传统节日。古代过"年"不是在腊月二十九日或三十日，而是在"蜡日"，即后来的"腊八"。南北朝以后，把"蜡祭"移至岁末。到了民国时，改用阳历，才把阴历年叫"春节"，因为春节一般都在立春前后。春节是我国最盛大、最热闹的一个古老传统节日，俗称"过年"。按照中国农历，正月初一古称元日、元辰、元正、元朔、元旦等，俗称大年初一，还有上日、正朝、三朔、三朝、三始、三元等别称，意即正月初一是年、月、日三者的开始。

关于年的由来，还有一个传说。相传在远古时候，人们的祖先曾遭受一种最凶猛的野兽的威胁。这种猛兽叫"年"，它捕百兽为食，到了冬天，山中食物缺乏时，还会闯入村庄，猎食人和牲畜，百姓惶惶不可终日。人和年斗争了很多年，人们发现，年怕三种东西，红色、火光、响声。于是，冬天人们在自家门上挂上红色的桃木板，门口烧火堆，夜里通宵不睡，敲敲打打。这天夜里，年闯进村庄，见到家家有红色和火光，听见震天的响声，吓得跑回深山，再也不敢出来。夜过去了，人们互相祝贺道喜，大家张灯结彩、饮酒摆宴，庆祝胜利。为了纪念这次胜利，以后每到冬天的这个时间，家家户户都贴红纸对联在门上，点灯笼，敲锣打鼓，燃放鞭炮烟花，通宵守夜；第二天，大清早互相祝贺道喜。这样一代一代流传下来，就成了过年。

四、元宵节

农历正月十五日是中国的传统节日元宵节。正月为元月，古人称夜为"宵"，而十五日又是一年中第一个月圆之夜，所以称正月十五为元宵节，又称为上元节。按中国民间的传统，在一元复始、大地回春的节日夜晚，天上明月高悬，地上彩灯万盏，人们观灯、猜灯谜、吃元宵，合家团聚、其乐融融。元宵节起源于汉朝，据说是汉文帝时为纪念"平吕"而设。汉武帝时，"太一神"的祭祀活动在正月十五。司马迁在

《太初历》中就把元宵节列为重大节日。中国民间有元宵节吃元宵的习俗。元宵和春节的年糕、端午节的粽子一样，都是节日食品。吃元宵象征家庭像月亮一样团圆，寄托了人们对未来生活的美好愿望。元宵在南方称"汤圆""圆子""浮圆子""水圆"，由糯米制成，或实心，或带馅。馅有豆沙、白糖、山楂，等等，煮、煎、蒸、炸皆可。元宵节燃灯放火，自汉朝时已有此风俗；唐时，对元宵节倍加重视，在元宵节燃灯更成为一种习俗。元宵节除燃灯之外，还放烟花助兴。"猜灯谜"又叫"打灯谜"，是元宵节后增的一项活动，出现在宋朝。南宋时，首都临安每逢元宵节时制谜，猜谜的人众多。开始时是好事者把谜语写在纸条上，贴在五光十色的彩灯上供人猜。因为谜语能启迪智慧又饶有兴趣，所以深受社会各阶层的欢迎。元宵节除了庆祝活动外，还有信仰性的活动。那就是"走百病"，又称"烤百病""散百病"参与者多为妇女，他们结伴而行，或走墙边，或过桥走郊外，目的是祛病除灾。随着时间的推移，元宵节的活动越来越多，不少地方节庆时增加了耍龙灯、耍狮子、踩高跷、划旱船、扭秧歌、打太平鼓等活动。

五、龙抬头

民间传说，每逢农历二月初二，是天上主管云雨的龙王抬头的日子；从此以后，雨水会逐渐增多起来。因此，这天就叫"春龙节"。中国北方广泛的流传着"二月二，龙抬头；大仓满，小仓流。"的民谚。

六、清明

"春分后十五日，斗指丁，为清明。时万物皆洁齐而清明，盖时当气清景明，万物皆显。"在一年二十四节气当中，民间特别重视农历四月五日的清明节。清明祭祀祖坟的俗例，自汉肇始，以后普及民间，历二千年而不衰。这一天，家家户户的孝子贤孙都要到郊外去祭祀祖坟，为墓地锄草，替坟墓加土，好好清扫修整一番。近世，孝子贤孙对于清明扫墓，已未必一定遵守清明节这一日。有的会在节日以前数天拜祭，也有的会在节日前后奉祀，只不过笼统地说是清明上坟拜祭罢了。踏青是陪衬清明的副节目，扫墓之余，一家大小因利趁便，就在山野间游乐一番，顺手折柳枝戴在头上，等到入暮回家。

七、端午

农历五月初五为端午节，又称端阳节、午日节、五月节、艾节、端五、重午、午日、夏节。虽然名称不同，但各地人民过节的习俗是相同的。端午节是中国两千多年的旧习俗，每到这一天，家家户户都悬钟馗像、挂艾叶菖蒲、赛龙舟、吃粽子、饮雄黄酒、游百病、佩香囊、备牲醴。端午节的第一个意义就是纪念历史上伟大的民族诗人屈原。另有一说，端午节亦为纪念伍子胥之日。端午节第三个意义是为纪念东汉孝女曹娥救父投江而死。端午节第四个意义是纪念现代革命女诗人秋瑾。

八、七夕

旧时在民间七月七日是一个很热闹的节日，当时对这一天兴趣最大的，还是年轻女子。她们穿新衣，拜双星，并乞巧。穿针乞巧是七夕中年轻姑娘们的节目之一，据说在汉代已经盛行。形式是在七夕夜晚，盛一碗水，放在星光下，然后把绣花针丢入水里，让它漂浮在水面上，星光辉映下的针影，照在碗底，会生出浮动的阴影，变化多端。依其形状，就可以占卜姑娘针绣工作是拙是巧。神话的七夕作为一个"情人节"，也应该是有其意义的。

九、鬼节

每年农历七月十五日为盂兰盆节，也称中元节，有些地方又俗称"鬼节""施孤"。本是印度一种佛教仪式，合乎中国追先悼远的传统，于是益加普及。中国从梁代开始照此仿行，相沿成中元节。

十、财神生日

每年的农历七月二十二日是传说中财神的生日，财神爷在中国人的心目中，是一个家财万贯、生财聚财的神仙。人们都向往着能过上像财神爷那样的好日子，金钱应有尽有，花不完用不尽，永远是一个大富翁。所以，财神爷已成为人们向往的目标、追求的目的。特别是那些做生意的人，对财神爷崇敬有加，供奉如祖。

十一、中秋

农历八月十五是秋天的正中，所以被称为中秋或仲秋。八月十五的月亮比其他几个月的满月还要圆，还要明亮，所以又叫作"月夕""八月节"。中秋前夕，人们都尽可能和家人团聚，取人月双圆的意义，八月十五又叫团圆节。中秋节是汉族和少数民族的民间传统节日。明清以来，中秋节的风俗更加盛行；许多地方形成了烧斗香、树中秋、点塔灯、放天灯、走月亮、舞火龙等特殊风俗。今天，月下游玩的习俗，已远没有旧时盛行。但设宴赏月仍很盛行，人们把酒问月，庆贺美好的生活，或祝远方的亲人健康快乐，和家人"千里共婵娟"。古时还有祭月和拜月活动，设大香案，摆上月饼、西瓜、苹果、红枣、李子、葡萄等祭品，其中月饼和西瓜是绝对不能少的。

中秋节的习俗很多，形式也各不相同，但都寄托着人们对美好生活无限的热爱和向往。

十二、重阳

农历九月初九，二九相重，称为"重九"。在我国古代，六为阴数，九是阳数，因此，重九就叫"重阳"。重阳节的起源，最早可以推到汉初。每年九月初九，都要佩茱萸、食蓬饵、饮菊花酒，以求长寿。古代，民间在该日有登高的风俗，所以重阳节又叫"登高节"；还有吃"重阳糕"的习俗；重阳节还要赏菊、饮菊花酒，起源于陶渊明，后人效之，遂有重阳赏菊之俗。清代以后，赏菊之俗尤为昌盛，且不限于九月初九，但仍然是重阳节前后最为繁盛。重阳节插茱萸的风俗，在唐代就已经很普遍。古人认为在重阳节这一天插茱萸可以避难消灾；或佩戴于臂，或作香袋把茱萸放在里面佩带，还有插在头上的。大多是妇女、儿童佩带；有些地方，男子也佩带。也有人把菊花枝叶贴在门窗上,"解除凶秽,以招吉祥。"

十三、冬至

冬至,俗称"冬节",在古代是很隆重的节日。在二十四节气中,冬至也最受重视。古人认为到了冬至,虽然还处在寒冷的季节,但春天已经不远了。这时外出的人都要回家过冬节,表示年终有所归宿。每年冬至是全家人团聚的节日,因为这一天要祭拜祖先,如果外出不回家,就是不认祖宗的人。

第三节 新俗节

一、元旦

1月1日为元旦,是新年的开始。"元旦"是合成词,按单个字来讲,"元"是第一或开始的意思,"旦"字的原意是天亮或早晨。但是,中国古人说的元旦,并不是公历的1月1日,而是正月初一,又称元日。中国历史上的年号并不是公元纪年,每个皇帝每个朝代都有单独的年号。现行的公元纪年,是西方历法的体现。中华民国以后才逐渐改用公元纪年。因此,中国农历的春节比公历的元旦更有节日气氛。

二、妇女节

世界各国劳动妇女为争取和平、民主、解放而斗争的节日。1909年3月8日,美国芝加哥女工为争取自由和平等举行大规模的罢工和示威游行,得到广大劳动妇女的热烈响应。1910年3月在丹麦哥本哈根召开有17个国家代表参加的第二次国际社会主义妇女代表会议,会议讨论的中心议题是反对军国主义扩军备战,保卫世界和平。同时还讨论了保卫儿童权益、争取8小时工作制和妇女选举权等问题。德国社会主义革命家、国际妇女运动领袖克拉拉·蔡特金在第二次国际社会主义妇女代表大会上,建议每年3月8日为世界妇女斗争日,该提议获得一致通过,将3月8日定为国际劳动妇女的节日。

三、植树节

1979年2月,全国人民代表大会第五届常务委员会第六次会议决定,将每年的3月12日定为中国的植树节。

据联合国统计,现在世界上已有50多个国家设立了植树节。由于各国国情和地理位置不同,植树节在各国的称呼和时间也不相同。

四、国际消费者权益日

1983年,国际消费者协会把每年的3月15日定为国际消费者权益日。此后,每年3月15日,世界各地的有关组织都要举行各种活动,推动保护消费者权益运动进一步发展。

1984年12月26日中国消费者协会成立,中国消费者协会于1987年加入国际消费者协会。

1985年4月9日,联合国大会一致通过了《保护消费者准则》,督促各国采取切实措施,维护消费者的利益。

1991年3月15日,中央电视台经济部的编导们推出"'3·15'国际消费者权益日消费者之友"专题晚会,之后每年都会在3月15日推出3·15晚会。

五、世界气象日
1960年,世界气象组织把3月23日定为世界气象日。

六、国际劳动节
五一国际劳动节(International Labor Day 或者 May Day),又称国际劳动节、劳动节,是世界上大多数国家的劳动节。

节日源于美国芝加哥城的工人大罢工，为纪念这次伟大的工人运动，1889年的第二国际成立大会上宣布将每年的五月一日定为国际劳动节。

中华人民共和国中央人民政府政务院于1949年12月做出决定，将每年5月1日确定为劳动节。1989年后，国务院基本上每5年表彰一次全国劳动模范和先进工作者，每次表彰3000人左右。

七、青年节

五四青年节源于1919年反帝爱国的五四运动，五四爱国运动是一次彻底的反对帝国主义和封建主义的爱国运动，也是中国新民主主义革命的开始。1939年，陕甘宁边区西北青年救国联合会规定5月4日为中国青年节。

青年节期间，中国各地都要举行丰富多彩的纪念活动，青年们还要集中进行各种社会志愿和社会实践活动，还有许多地方在青年节期间举行成人仪式。

八、国际护士节

国际护士节（International Nurses Day，IND）是为纪念近代护理学和护理教育的创始人南丁格尔而定的。弗洛伦斯·南丁格尔（Florence Nightingale，1820年5月12日—1910年8月13日）是英国的一位女护士。在1854年到1856年克里米亚战争中，她率领38名护士赴前线参加伤病员护理工作，建立医院管理员制度，提高护理质量，使伤病员死亡率迅速下降。1860年她在伦敦创建了英国第一所护士学校，使护理事业逐步走向专业化、科学化，并且推动了西欧各国以及世界各地的护理工作和护士教育的发展。

九、母亲节

母亲节（Mother's Day），是一个感谢母亲的节日，这个节日最早出现在古希腊；而现代的母亲节起源于美国，是每年5月的第二个星期日。

母亲们在这一天通常会收到礼物，康乃馨被视为献给母亲的花，而中国的母亲花是萱草花，又叫忘忧草。

十、儿童节

六一国际儿童节（International Children's Day），又称儿童节，是保障世界各国儿童的生存权、保健权和受教育权，为了改善儿童的生活，为了反对虐杀儿童和毒害儿童的节日。1925年在瑞士日内瓦召开的关于儿童福利的国际会议上，国际儿童幸福促进会首次提出了"儿童节"的概念，号召各国设立自己的儿童纪念日。该倡议得到世界许多国家的赞同。大多数国家通常定为每年的6月1日，所以通常称六一儿童节为国际儿童节。

十一、世界环境日

世界环境日为每年的6月5日，它的确立反映了世界各国人民对环境问题的认识和态度，表达了人类对美好环境的向往和追求。它是联合国促进全球环境意识、提高政府对环境问题的注意并采取行动的主要媒介之一。联合国环境规划署每年6月5日选择一个成员国举行世界环境日纪念活动，发表环境现状的年度报告书及表彰环保工作"全球500佳"，并根据当年的世界主要环境问题及环境热点，有针对性地制定世界环境日主题。

十二、父亲节

父亲节（Father's Day），顾名思义是感恩父亲的节日。约始于20世纪初，起源于美国，现已广泛流传于世界各地，日期因地域而存在差异。

最广泛的日期在每年6月的第三个星期日，世界上有52个国家和地区是在这一天过父亲节。节日里有各种庆祝方式，大部分都与赠送礼物、家族聚餐或活动有关。

十三、建党节

建党节，即中国共产党建党日。中国共产党于1921年7月23日成立后，在反动军阀政府的残暴统治之下，只能处于秘密状态，没有公开进行活动的环境。在大革命时期，党忙于国共合作、开展工农运动和支援北伐战争，没有条件对党的诞生进行纪念。把7月1日作为中国共产党的诞辰纪念日，是毛泽东同志于1938年5月提出来的。

1941年，中共中央确定将1921年7月1日作为中国共产党建党日。此后每年的7月1日，全党都要热烈庆祝党的诞生纪念日。

十四、建军节

每年的8月1日是中国人民解放军建军纪念日，俗称八一建军节。1927年8月1日，中国共产党带领北伐军3万余人，在周恩来、贺龙、叶挺、朱德、刘伯承等领导下，于江西南昌举行武装起义，打响反对国民党反动派的第一枪。1933年7月11日，中华苏维埃共和国临时中央政府根据中央革命军事委员会6月30日的建议，决定8月1日为中国工农红军（中国人民解放军前身）成立纪念日。

1949年6月15日，中国人民革命军事委员会发布命令，以"八一"两字作为中国人民解放军军旗和军徽的主要标志。中华人民共和国成立后，将此纪念日改称为中国人民解放军建军节。建军节期间，中国各地都要集中开展"拥军优属、拥政爱民"的活动，纪念人民军队的诞生。

十五、教师节

尊师重教是中国的传统，早在公元前11世纪的西周时期，就提出"弟子事师，敬同于父"。教师节，旨在肯定教师为教育事业所做的贡献。1985年，第六届全国人大常委会第九次会议通过了国务院关于建立教师节的议案，会议决定将每年的9月10日定为教师节。1985年9月10日，是中国第一个教师节。

十六、国庆节

国庆节，也称国庆日、国庆纪念日，是指由一个国家制定的用来纪念国家本身的法定节日，通常是这个国家的独立、宪法的签署或其他有重大意义的周年纪念日。在这个日子里，每个国家都会举行各种各样的庆典活动。中国古代把皇帝即位、诞辰称为国庆。

1948年12月2日，中央人民政府委员会第四次会议接受全国政协的建议，通过了《关于中华人民共和国国庆日的决议》，决定每年10月1日，即中华人民共和国宣告成立的伟大节日，1949年10月1日，由中央人民政府主席毛泽东在天安门城楼，宣布中华人民共和国成立，从此，这一天成为中华人民共和国国庆日。

十七、十八大以后新设立的纪念日

1. 9月30日，烈士纪念日。

2. 9月3日，中国人民抗日战争胜利纪念日。

3. 12月13日，南京大屠杀死难者国家公祭日。

4. 12月4日，国家宪法日。

第四节　婚嫁

婚姻是男女青年的终身大事。新中国成立以后，1954年4月国家颁布了《婚姻法》。铲除了父母包办、买卖婚姻的封建主义旧婚姻制度，开创了自由恋爱、自由婚姻的新婚姻制度。婚嫁礼仪也经历了很多变化、逐步固定下来。

一、提亲

男大当婚女大当嫁，青年男女到了一定的年龄，家长就开始张罗他们的婚事，找人给自己的儿女介绍对象。一般由男方托介绍人或亲友向女方提亲。由介绍人把双方情况传送给对方，如果两家没有什么不同意见，便安排男女双方见面。现在也有不少青年男女自己谈定。

二、见面

在双方同意交往的基础上，由介绍人引导男女见面。因是首次相见，家长也多有参与。见面后通过谈话和自我介绍，对对方的年龄、相貌、职业、家庭情况进行初步了解。也可以询问一些自己想知道的其他情况，如果有一方不同意，便到此为止。如果双方觉得有好感便约定再次相见，对彼此的爱好、性格各方面做进一步了解。这时男女会互相告诉手机号码，打电话单独约会。通过多次的接触了解，同意确定恋人关系，便各自告知自己的家长，家长如果也认可，通过介绍人把关系确定下来，事情才算有了眉目。这个过程也叫"定话"。

三、看房

为了对男方家庭做进一步了解，在介绍人的陪同下女方要亲自到男方家实地看一看。这叫"看屋"。男方要准备荷包蛋和姻缘面（招待），表示同意订婚。女方在离开时，男方要给见面礼金，一般是1000元。若女方接受礼金，便说明同意这门亲事。

四、转柬与送彩礼

转柬也叫订婚。双方同意确定婚姻关系，介绍人根据女方提出的彩礼要求与男方商议，如果两家没有不同意见，则择日举行订婚仪式，两家的婚姻关系正式确定。订婚这天，男方设宴招待媒人和亲朋交换庚帖，并向女方交付全部或部分彩礼。

随着年代的不同，彩礼数量也不同。20世纪50—70年代一般是一份礼（人民币240元）、十斤棉花、三身衣料、银圆数枚、手镯一对和一身合婚布。交付彩礼时，男方要从中抽取一张人民币或一个银圆，叫"长财短送"。

转柬时女方到男方家，第二天男方到女方家。女方也要设席招待，并回奉彩礼，俗称"回奉礼"。一般是一身合婚布和多件小礼物。如皮带、手电、钢笔、笔记本、鞋、袜、背心之类。

男女双方在转柬时还要互赠花馍馄饨，四个连在一起的小馄饨中有一个石榴桃桃，上贴大红双喜字，表示喜庆吉祥，喜结良缘。

20世纪80年代后期，彩礼提升为480元两份礼，并兴起送"三金"（金戒指、金项链、金耳环）。过去订婚送一次彩礼，俗称"一包交"。除此之外还有送家用电器、摩托车等，彩礼价值不断上升。

进入新世纪以后，彩礼最少也是一两万元，甚至五万元，三金变成了五金，并要求男方有房有车。家用电器由男方买，婚被由男方做，要求越来越高。订婚这天，除赠礼外，男女双方还互赠纪念品，并拍订婚照。

五、送"课书"

男方根据女方的年龄等生辰八字，请阴阳先生写"课书"送给女方。课书要写女方的属相、出生年月时辰、梳妆人属相、新人上马方位及下马的方向和所避属相。过去还有新人坐帐方位，现在多已不讲究。结婚时课书装在新娘身上，到夫家大门下马时让拉马人按课书上的要求办事。

六、请客筹备

结婚前七八天，事主还得请管理者议事。20世纪50—80年代，一般摆四个碟子一壶酒，请总管一二人、礼房一人、厨师长一人和家中长者议事。通常是根据家中经济状况，商议确定婚礼席数，并列出菜单，以便事主备料。

进入20世纪90年代，由于相互攀比，议事规模有所扩大，要请的人增加了许多倍，有总管、礼房、左邻右舍、亲朋好友、厨师或者厨师顾问等，再加上年轻一伙凑热闹的，桌数由原来的一两桌上升到十几桌，甚至几十桌。此外，每桌由6人变为8人，菜由4碟变成6碟，壶酒变成瓶酒。除了鲜果、瓜子、糖块外，香烟也提高了档次，造成一般收入的家庭根本承受不了。

为了刹住这股奢侈之风，从1999年元月开始，村里专门成立了红白理事会，明文规定：议事请客不能超过两桌，可备些鲜果、糖块、香烟之类，吃些便饭即可。大家凑在一起议一议，商量商量开个菜单就可以了。这一举措受到村民高度赞扬。

七、送嫁妆

女方要准备嫁妆。嫁妆也与时俱进，不断变化。过去一般都是一床被褥、一对枕头、几身衣服及一些日常用品，如门帘、床单之类，而且由家庭自己缝制。有的家庭在女儿出嫁前多年就开始准备。20世纪60年代陪嫁物品是箱子、柜子、洗脸架之类；20世纪70年代是"三转一响"，缝纫机、自行车、手表和收音机；20世纪八九十年代成了"三金一冒烟"，金耳环、金戒指、金项链和摩托车；进入新世纪，贫富差距拉大，少数有钱人家陪轿车、陪楼房，甚至陪支票。大多数家庭的嫁妆虽然没有那么高档，但也提高了许多。

嫁妆过去是在结婚当天随新娘一起送到男方，现在大多数是在出嫁前一天派人送到男方家，人们叫送嫁妆。男方给送嫁妆的人封礼并设酒宴招待。

八、请牌位

结婚当天晚上男方要请牌位。具体做法是：两人打着红灯笼在前，鼓乐随后，由新郎端着方盘到本家宗室各户请宗族过世长辈的牌位或遗像。寓意是让长辈们也亲临自己的婚礼一同高兴。请回以后，放在结婚典礼供祖桌上，按辈分大小排列放好后，新郎焚香叩首。供桌上摆放两碗献菜，多数是粉条炸成花朵状，也有人请厨师用南瓜、萝卜等雕成龙凤图案摆在桌上供人欣赏。

九、婚房布置

结婚的婚房要布置一新、装饰美观。随着村民经济条件的改善，婚房的装饰标准也越来越高。过去用印花纸裱个遮尘、画个炕围、刷个白墙、油漆一下门窗就行。如今要仿瓷涂料刮墙、地板砖铺面、彩色天花板，大灯小灯辉煌如月宫。屋内空调、电视、暖气等现代化设备琳琅满目。

十、婚礼布置

结婚前除新房重点装潢以外，临近结婚还要对巷道、院子进行布置，美化环境。

从巷道、院子到新房地上铺着红地毯。空中用彩条、小红旗、红纱球布置一新。大门上红纱从顶悬到底，大红灯笼高高挂。门侧的墙上贴有喜联，照壁上的大红双喜字耀人眼目。有的还在门前和巷道布置狮子滚绣球彩门，一派喜庆热烈的气氛。

十一、放干草五谷

结婚这天，在新郎家大门后各放一小捆干草，用红绳绑住或用红纸缠住，里面放钱。时期不同，钱的种类和数量也不同。1949年以前放麻钱或铜圆，1949年以后放农钞，现在放人民币。数量也不断增加，开始一角，后来五角，现在成了一元。看干草一般是新郎的姑姑或姨姨，要提前约好。新人迎回入账，把干草放到新房门后。婚后一般把干草放在柜顶保存，以备生孩子时扎草用。

十二、封礼和随礼

封礼，结婚这天，双方亲家都得封礼。新娘那边要给新郎这边打旗的、放炮的、打灯笼的、担礼的、拉马、夹匣子的以及司机等人封礼，新郎这边要给送嫁妆的人封礼。一般情况，男方礼钱高于女方一倍。过去男方还得给新娘封离母钱、上马钱，此俗现在已消逝。

随礼，儿女结婚，亲戚、邻居、来宾好友都得送礼庆贺。邻居婚前有送馄饨馍或鸡蛋的，到了结婚那天还要搭礼。亲戚好友除了礼金外，也有送馄饨馍、鸡蛋或其他礼品的。

随着时代发展，礼金由少到多，20世纪50—60年代送张年画或者镜框，即便送礼金，也不过一两元。后来就不同了，有送衣料的，有送大壁画镜框的。从90年代开始，礼金逐渐多了，由原来的两三元变成了5元、10元、30元、50元以至于上百元，重要亲戚还有送几百元甚至千元以上礼金的。

你家结婚收礼，他家结婚送礼，礼尚往来，人之常情。过去，对送馄饨馍或鸡蛋的，回送大米饭或猫耳朵。近年来，回礼习俗已消逝。

十三、迎亲

结婚吉日，新郎要亲自到女方家把新娘迎回家，也叫娶媳妇。娶媳妇的形式随着时代的发展在不断改变。中华人民共和国成立前结婚时兴坐轿。有钱人家是五顶轿，分别坐新娘、两名伴娘、新郎和伴郎，小户人家只用一顶轿把新娘抬回就行。也有三顶轿的，除新娘外还坐两名伴娘。中华人民共和国成立初的十几年，结婚迎娶骑三匹马，新郎、新娘和伴郎各骑一匹，送嫁妆和送亲的人都坐马车。"文化大革命"开始以后，破四旧、立四新，改骑自行车，新郎、新娘、伴郎各一辆。改革开放后，逐渐变成了小轿车，送亲的人变成了大客车，进入新世纪以后，迎娶新娘的规模很庞大，由原来的三辆车增加为七八辆甚至十几辆。鞭炮开路，旗队相随，管乐队紧跟，乐队就有五六十人，最后是送亲大车。规模庞大、气势威风。

结婚时乐队必不可少。过去大多用唢呐吹奏一些古曲牌，如"凤还巢"等。进入20世纪八九十年代，结婚都用成了管乐，头一天晚上演唱流行歌曲，有的还举办歌舞晚会，条件好的邀请戏曲名流、歌唱明星演出助兴，越来越隆重。

燃放鞭炮也越来越多。过去只在动身时和到新娘家门口以及回到新郎家门口放些鞭炮就行，花几元、十几元足够。20世纪80年代以后，最少也得好几百元。现在还在结婚头一天晚上燃放焰火，鞭炮从迎娶起身开始，一路燃放不停，几个年轻人专门放鞭炮。现在的鞭炮钱，过去就能娶一个媳妇。

十四、典礼

典礼是由新郎、新娘和伴郎在祖先供桌前举行。供桌上摆放本族祖先牌位，现在多为遗像。过去是在花床单上贴双喜字，旁边写着典礼程序，悬挂在供桌上方，现在都改为喷绘。典礼程序大致有如下几项：鸣鞭奏乐、向先祖行礼、向父母行礼、向来宾行礼、主持人讲话、自由讲话、介绍恋爱经过、新人对拜、交换礼物（即换花），最后一项是入洞房。

十五、入洞房

入洞房时,新郎秉烛把洞房门踢开(洞房门提前用红绳绑住)。进入后用脚把床上半卷的席子踢开,并踩四角,然后出房。新娘也举烛等新郎出洞房时进门,两人打照面一进一出。旧社会新娘头上有盖头,入洞房后新郎用秤杆挑去新娘头上的盖头(寓意为称心如意),才能见到新娘真容。

十六、闹新房

本地俗语叫"恫媳妇",有三天里头不分大小的说法。时代不同,闹洞房的花样也不一样。过去一般是让新娘说一些绕口令,做一些难做的动作等。现在增加了让新娘唱歌、唱戏,新郎、新娘跳双人舞等,也有的是在新婚之夜的前半夜,同学朋友在新郎家聚会,一起坐坐,说说话,叙叙友情。

十七、婚宴

儿女结婚必定要请宾宴客,再摆酒席。旧时只是达官贵人、显耀之家摆宴席,普通人家能摆起宴席的寥寥无几。

近年来,随着生活水平逐年提高,儿女结婚家家都设宴请客,一般百八十桌,一些有钱人则大摆阔气,不仅桌数多,而且标准高,碟子、碗竟达20多样。没钱的想撑(攀比)人家,但又没有经济实力,弄得哭笑不得。为解决这一问题,本村红白理事会做出统一规定:红事6个碟子8个碗(6个凉菜、8个热菜)、白事8个碗1盘端(凉菜和热菜共8个),烟酒根据个人情况而定,对前来帮忙的人以散烟招待,管事的、厨师、乐队根据情况只发少量盒烟。这样一来,便减轻了事主的开支,受到了广大村民的欢迎。

十八、看女

结婚的第二天,娘家要派人看望出嫁的闺女。一般是由娘家哥嫂去看,也有姐姐、姐夫、姑姑、姨姨去看的。来时给婆家老人、伴郎及媒人带有礼物,每人一件,婆家要设宴招待。最近几年村红白理事会条例将其取消。

十九、回门

结婚第三天，新婚夫妇到新娘家看望女方父母，也叫"回面"，或叫"回门"。娘家哥哥或弟弟在天亮前去叫（接的意思），去时带"衣饭碗"，新郎天明后再去。后来不再来人叫，夫妻两天相跟一起去。这一天亲戚、邻居开始耍新郎，给新郎脱鞋、卸帽子等，边玩边讨喜钱，直到双方达成协议。新娘回家时，也要带回娘家准备的衣饭碗。现在红白喜事会也将这个程序取消。

第五节　生育习俗

一、求子

男女青年结婚后，生育成为夫妻及全家人的期盼，如果两三年内不生育，便有些着急。特别是公婆想及早抱孙子，延续香火，便想尽办法让媳妇生育。过去人们迷信，认为祈求神灵是最好的办法，便到娘娘庙或菩萨庙去求子。求子者到庙以后先在神前献贡，并烧香磕头祈祷，然后从神前的花盆中拔一枝鲜花，欲生男者拔白花，欲生女者拔红花；或者从神前拿一双小鞋，欲生男者拿黑鞋，欲生女者拿红鞋。回家后把鲜花或鞋放在烟囱角，如果如愿，第二年要到庙里给神还愿。有的虽然生育，但只生女孩不生男孩，便给女孩起名"招弟""引弟"等，以求生男孩。有的只生男孩不生女孩，便给男孩起个女孩的名字，如"三女"等，期望生女孩。

二、怀孕分娩

女人怀孕俗称"有喜了"，或"怀身子"。怀孕期间一般不让女人参加重体力劳动，还要定期到医院或妇幼保健站检查胎位，注意保持孕妇心情愉快。怀孕后会出现各种不适反应，如呕吐或爱吃酸类食物等现象，通常说成是"害病"。在饮食方面平时让孕妇多吃保胎、对胎儿发育有益的易消化、含钙多的营养品。现在提倡胎教，让孕妇多听音乐、多看喜剧、多想美好的事情，这样对胎儿早期发育很有益处。怀孕期间不能乱用药，以保胎儿健康。有迷信传说，孕妇忌吃葡萄，认为会生葡萄胎；忌吃兔肉，害怕生下豁嘴胎；不能看日食和月食，以免生下孩子有缺陷。

女人分娩称为坐月、要娃、生孩子或临盆。20世纪70年代以前分娩大多由农村接生婆接生，由于卫生条件差，生出的婴儿常常患破伤风而夭折。分娩时丈夫应在场。第一胎如果生的是男孩，胎盘要放在屋门后，用瓦盆扣紧并用泥封死。20世纪80年代中后期以后，多在医院生孩子。还有一个习俗，临近产期，娘家妈妈要给女儿送"张口包子"，意为让生产时顺畅无麻烦。第一胎出生后的当天丈夫要到岳母家报喜，岳母随即前来伺候女儿月子，并给女婿封报喜钱。孩子出生当天，在大门顶上要扎干草示之，人就知道这家生了男孩会在巷内鸣鞭放炮以示庆贺。

三、坐月子

产妇生子后，三天不下床，一月不出门，这叫作"坐月"。坐月期间，产妇身体虚弱，保护好身体健康，避免落下月子病甚为重要。头、眼、身、手都要保护好，头不能着凉，要戴帽子或绑头巾；眼要用手绢遮住，不能着风；衣服要加厚身子，不敢受寒，特别是冬季或早春更应注意，门窗不能敞开，以避风御寒；禁止冷水洗手、洗脸、洗澡，防止关节病。月子里头，只准丈夫公婆娘家妈及姐妹进入产妇房间，别人一般不准进入。为的是不让细菌或病毒带入房内。产妇的饮食应以鸡蛋汤、米汤、红糖水、蒸馍为主，多吃蔬菜。生育三天没有奶要喝酸味猪蹄汤或催奶药，帮助下奶。有些婴儿晚上久哭不止，大人们着急又没办法。有人便想出一个办法，在黄纸上写"天皇皇、地皇皇，我家有个夜哭郎，行路君子念一念，一觉睡到大天亮"的口诀，贴在街头巷口。据说这样婴儿就不哭了，不知是否灵验，现已不多见。孩子出生后的第五天，娘家爸要持酒登门给亲家贺喜，这叫"提酒壶"。夫家要酒食相待并回赠礼金相谢。邻居朋友也陆续送红糖、鸡蛋予以祝贺。孩子满月时事主以麻花、油馍等给以回谢。现在多已不再回谢。第十天，娘家姑、姨、伯母、婶母等亲戚带鸡蛋、红糖等礼品来看望母子，并给婴儿装礼金，事主酒食相待以示谢意。

四、走满月

走月的时间多数不是在第30天进行，有的安排在第15天，有的安排在第20天。过去走月，男女双方亲戚都来，并带有礼品和礼金。娘家妈贺礼最隆重，除小碗小勺、小被褥、几身童装、虎头风帽、儿童玩具外，还有手镯、脚镯、长命锁等金银首饰。其他亲戚一般拿的是雪馍（白面大蒸馍）和一身童装，男方要给娘家亲戚以等价回奉金，夫家亲戚不回奉。20世纪90年代以后亲戚不再拿实物礼品，都改为现金。开始是给100元回奉50元，现在一般不再回奉。走月这天，男方要酒席相待，表示感谢。

五、停满月

婴儿出生后的30天为满月。满月前一般要给婴儿剃头、画眉、抹卤闷，并蒸石榴桃桃敬献送子娘娘。母子这天要到娘家待20天或1个月，还叫停满月。中间丈夫要到岳母家看望母子，表示关怀。满月这天还有给孩子起名字的习惯。

第六节　过生日、走寿、认干亲

一、过生日

为周岁的孩子过生日称为"走岁"，为长辈老人过生日称为"走寿"。走寿和走岁都是对生日的纪念。

二、走寿

为老人过生日称为"走寿",也叫"拜寿"。多数人是从60岁开始走寿,且中间不能停要一直走下去。老年人的生日称为"寿辰""寿诞""诞辰""华诞"。祝寿的人主要是子女、女婿和晚辈至亲。祝寿宜由儿子操办,出嫁的姑娘过去为父母献寿衣、寿桃等,现在多为买生日蛋糕及盒装食品。寿诞之日的中午,举行拜寿仪式。老人坐于中堂,敬献南极寿星、天地诸神和祖宗后,按亲疏远近,长幼辈分依次为老人行礼祝寿,磕头鞠躬。行礼结束后,接着吃饭,叫"开寿宴"。第一个内容是点蜡烛、切蛋糕,小辈们唱生日歌,为之祝寿;第二个内容是吃长寿面,每人给老人碗里挑几根面,为之添寿;第三个内容是开寿宴,美酒佳肴、鸡鸭海鲜样样齐全,尽情吃喝,为之庆寿;第四个内容是照全家福留念。现在生活水平提高了,有的把午餐安排在饭馆酒楼,还有的在电视台点播歌曲祝老人健康长寿,安度晚年。

中国人把七十七岁称为"喜寿",因为七十七竖写很像草写的"喜"字;八十八岁称为"米寿",八十八竖写是一个"米"字;九十八岁称为杂寿,九十八竖写是一个杂字;九十九岁为白寿,"百"字头上去掉"一"为九十九岁,下面为"白"字;一百零八岁称为茶寿,因为"茶"字头"艹"即为二十,加八十八为一百零八。有些人在这些年龄为老人祝寿,非常有文化内涵。

三、认干亲

认干亲的习俗古今皆有。有些父母因为孩子体弱多病或是独生子女,就让孩子认个干爸,我们把这叫作"认干亲"。认为多一份亲情,孩子就多一份保护,多一份关爱,孩子就少一份灾难。一般情况是独生子女多认在子女多的人跟前。体弱多病的孩子多认在体格健壮的人跟前,如铁匠、石匠等。还有的人因为两家关系密切,把孩子认在身边好友跟前,这样使两家好上加亲,关系更为密切。

更有的人把孩子认在北斗七星爷、土地爷及娘娘神跟前,意在让神灵保佑儿女平安、消灾多福。如果认在北斗七星爷跟前,每年农历七月初七的七夕节,除向七星爷敬献花馍和时鲜果品外,还要烧7根香、点7支蜡、斟7杯酒、燃7张黄裱,磕头膜拜，表示对神灵的感谢。孩子结婚时上马前，还要敬献北斗七星，向神还愿。如果认在土地爷或娘娘神跟前，每年都要烧香礼拜、磕头信奉。

第七节 丧葬

一、忌日始

老人亡日称为忌日，亡人之家叫忌门。之后，第一个七日称头七，次第为二七、三七、四七，到五七为止。每七必祭，而五七较为隆重，百日则为重要忌日，俗称过百日。每逢忌日，主孝子都要为亡故老人焚纸烧钱（冥币）、磕头跪拜，五七和百日则所有重要孝子都要身穿孝服到墓地进行这个仪式。如今，这些习俗已经慢慢淡化。

二、入殓（第一天）

老人在弥留之际，儿女们要侍奉在身边，陪伴老人走完最后一程。这时一边准备后事，一边通知在外亲人。发现病危后抓紧时间给老人洗脸、洗脚、剃头。老人一咽气，儿女悲恸，号啕大哭，邻居听到哭声会赶来帮忙料理。趁老人身体还未僵硬，赶紧更换寿衣。寿衣一般都是单衣、夹衣、棉衣或棉大衣，穿够5身。忌用兽皮、毛料衣物。衣服穿好后，让死者头朝南、脚朝北仰卧在门扇或木板上，盖好遮面纸，解开衣襟，等身凉后入殓。

在等待死者凉身的时候，大家帮忙处理棺材。在棺材内钉上塑料布，防止亡者腐液流出。棺材内讲究铺金盖银，就是铺黄缎褥盖白缎被，并放"宝枕头"。死者身凉后由三姓四人白布（伸腰布）伸腰抬尸入棺。将死者手袖和裤脚用麻扎好。右手袖内放7个面蛋蛋，再将七个狗舌头（用面做成）三个绑在右腕、四个绑在左腕。传说这是防止阴间恶狗野鬼侵犯，同时往口内放一枚麻钱或铜钱，现在多放硬币，有的放镀锡小元宝，叫"口黄钱"或"口含钱"。亡者在世穿过的衣物填塞在身子两侧使其平稳。最后盖上盖脸纸，点燃蜡烛，烧两根香，孝子烧倒身纸。在棺材下放干草和死者枕头，入殓结束，开始男守灵、女坐草。

三、丧事准备

1. 请阴阳先生

老人倒身以后，要请阴阳先生到家做纸幡，写七数单子，推算确定安葬日期，书写眷砖、眷瓦，剪糊引魂幡，剪门捏子，写阎王神牌。殡葬前三天还要到坟地看风水定墓穴。五七后的第二天还要做家祭。

2. 设灵堂

入殓完毕后开始设立灵堂。献桌放在灵前，桌上放死者遗像和两盆纸花，两碗冷凉饭，再放8个"赠馍子"。发罐放在桌下，纸盆放在桌前、纸幡挂在大门口（男的挂左边，女的挂右边）。献桌上燃两只蜡烛、备好香，迎接邻居、亲友吊祭。主孝子要对吊唁人行礼答谢。

3. 报丧

向亲友通报老人去世的消息叫"报丧"，书面语称"讣告"。过去报丧是派专人向亲戚逐户报知，讲究报丧人不能进亲戚家门，在门外报知死者是谁、何时亡故、何时封棺。现在通信条件好，都有手机，多数采用电话报丧。一般都是在人亡后的第一天报丧，如有特殊情况可以灵活。

四、封棺（第三天）

封棺，也叫钉板或钉木头，一般都是在第三天进行。封棺前在棺材内放冥布、锡箔元宝、纸钱（圆形中间有方孔），再放七件镇物（鬼见草、青石、朱砂、神曲等），也有把死者生前的嗜好物件放进棺内。一切准备好后午时封棺。七个长土钉扎上红布块，男左4右3，女左3右4。钉时，孝子要低声告诉老人让其避一避以免伤身。封棺结束，主孝子焚香烧纸，与众孝子在灵前共同跪拜叩头，女孝子会大声恸哭。

1. 宣布葬日

趁合棺时，众孝子都在灵前守候，总管向大家宣布有关事宜。如安葬时间、降香时间、献食如何准备、铭旌如何挂、牌匾如何写、亲家是否吊唁等，使大家知道丧事议程。

2. 吊丧

吊丧，也可以称吊唁。过去，一般是逝者在第三天入殓封棺后，亲戚邻居到其家中祭奠，特别是逝者家里有新结成的儿女亲家，要在第四天专门前去祭奠。现在大都是逝者入殓当天，左邻右舍、亲朋好友、单位同事就陆陆续续莅临祭奠逝者、慰问家属，直到入葬那一天。

五、斩草打坟

以前灵柩在家停放7天，第四天开始打坟；现在都是停放5天，第三天开始打坟。过去打坟都是邻居帮忙，20世纪90年代开始，事主出钱，雇人打坟。最初是300元，后来涨到600元，现在是1000元。打坟这天早晨，主孝子、阴阳先生和打坟人一同到坟地葬草（也叫斩草）。事主准备一条祭鱼、一根大葱、一个鸡蛋、一股香、一瓶白酒、一根绳还有桃木弓、桃木箭和一把菜刀，葬草时用。开墓的方位由阴阳先生用罗盘确定。一般是头朝东北脚蹬西南，特殊情况除外。坟的深浅由死者年龄而定。年老者深一丈开外，年少者一般在九尺以内。窑的长度也是根据年龄来定，年龄大者窑深，棺木放进去还有余头；年龄小者窑浅；未成年只能打半窑；更年少者只挖坑不打窑。主孝子到坟地葬草时，手拿孝棍，怀抱引魂幡按安葬路线到坟地，墓穴定好以后焚香磕头、奠酒谢土，然后原路返回。

六、起事、降香

1. 起事（做准备工作）

起事的意思是为正式举行葬礼做准备。这天，邻居、亲友及主要孝子的联谊会、互助会成员（俗称会子）都会主动前来帮忙，在总管的安排下为第二天的葬礼活动做好各种准备。个别家庭贴讣告，一般庭院挂挽幛，贴挽联和在门口悬挂纸制的九莲灯、花宝盖、香宝盖、花白"床子"。院内、献桌上除放置亡故老人遗像外，还要摆放纸制的两座巍峨的金山、银山、一对朝天丹顶鹤、3层带戏台的亭台等，还有设置转灯的，内有不同剧目、不同人物的彩色剪纸或绘画。近几年，有的人家还在楼阁前设置微型电动机器人，常常使观者赞叹不已。在灵堂大门的两边挂牌匾，并插一对纸旗，更显得庄严肃穆。在堂内灵前悬挂灵帐和"沉痛悼念×××之千古"的横幅，还有铭旌。过去，凡嫁出女孝子都得挂，现在只允许挂一悬。还有挽幛，过去凡邻友、亲戚送的都得挂，如今只允许挂一悬，逝者若是男的一般挂外甥帐，若是女的一般挂娘家侄帐。亲朋好友送来的花圈，过去要全部摆放，而今只摆放单位和集体送的花圈。村里还规定，本村私人送花圈一律拒收，即便收下也不能摆放，提倡实惠搭干礼（现金）。

2.请锣鼓（晚）、迎锣鼓

在傍晚进行，形式是一人端烟盘走在最前面，白纱灯笼开路，鼓乐前导、孝子列队到预定的地点请锣鼓。孝子跪拜磕头后，锣鼓敲打起行。迎回后在大门口和院内表演冲灵。过去还要先迎会子，现在根据理事会规定不再迎会子。接着乐人一边奏乐一边唱戏，孝子开始降香。过去生活困难，一般都是乐人坐唱，现在全部是化妆穿戏服带动作演唱。女婿还要给钱点戏，大多数都点《吊孝》，充分体现对亡故长辈的哀思。

3.降香（晚）

这天起事，事情很多，最主要的事情是"降香"，叫家祭或家奠，是所有孝子单独对亡者祭拜的一个重要环节。在灵堂门前的院内摆上献桌，献桌上放老人遗像，纸制的金山、银山、转灯，以及香炉、香筒和大蜡烛。大门口挂九莲灯，巷道挂红白幢子。

降香在晚饭后进行。男人先降，女人后降；辈分长者先降，辈分小者后降；主孝子先降，次孝子后降；同辈中年长者先降，年少者后降。由司仪提前排好次序，按顺序进行。过去是一个孝子一炉香，孝子多的往往要降到后半夜才能完。20世纪90年代后有了一些改革，除了直系子女每人单独降一炉香外，其余是按辈分，同辈集体降一炉香。降香的程序是：头戴孝、腰绑麻、手持孝棍，从右边到院内献桌前烧四根香，作揖后磕四个头；从左边回到灵前烧两根香，作揖后磕两个头；再从右边出到院中，不烧香，作揖后磕两个头；再从左边回到灵前，不烧香，作揖后磕两个头，降香完毕。

七、安葬日

1.祭奠

当日早饭后开始举行祭奠仪式。由女儿准备献食一盒，内放猪肉、果品。先由主孝子上香磕头，接着村邻、亲友、会友都来吊唁祭奠，直系孝子要向祭奠者磕头答谢。吊唁的程序是先在院内烧四根香磕四个头，从献桌左绕到灵前，烧两根香磕两个头，再从右绕出，不烧香，只磕两个头。祭奠过程中，乐队一直吹奏演唱不停。

2.迎锣鼓、跑锣鼓

11点钟左右，祭奠仪式基本结束，鼓乐前导、孝子列队再迎锣鼓。锣鼓队在大巷和院中再次表演冲灵后便起灵。

3.起灵

大约11时30分起灵。全部孝子在灵前最后烧一次白纸，然后主孝子顶纸盆，由舅父或岳父搀扶，众孝子列队跟随到门外巷内跪迎灵柩出门。女孝子跟在男孝子后。由年轻人把灵柩抬出，放在灵车上，安放结束，全体孝子跪拜谢人后，起步哭行，正式起灵。

起灵以后，打引魂幡、打铭旌、打花圈的，所有孝子、送殡人员、女婿，还有帮忙下葬人员随锣鼓队、鼓乐手鱼贯前行。到村口锣鼓队和送殡人员返回，孝子和其他人一直送到地里，村里坟地较远的还要坐车。

4.下葬

到坟地后把灵柩抬下灵车，放在墓前，让大家观看墓口装饰后，开始下葬。把灵柩从墓口放下并推入窑内，打坟人把男童、女童、墓器桌、发罐、灯盏等放好后，用砖封好窑门。主孝子在墓坑四角垫土后，大家开始往坑内填土。这时，主孝子怀抱遗像随鼓乐原路返回。到家门口洗手，拿两个小馄饨挑水而进。遗像放在堂前桌上，脱去孝衣，头戴草帽，先到堂前烧香磕头，安置逝者神位，再给天地爷和灶王爷烧香叩头，替死者感谢赐予的生命、提供的衣食。

5.撩土、点纸

坟地里，堆土成丘后，女主孝要在墓口四角撩土。众人用砖摆好琴台，指定一人（孝子中一人）领头焚香、点纸和奠酒，并打破纸盆，领男女孝子致哀，最后烧花圈和纸礼。

过去，第二天要复丧，现在改为殡葬后男女孝子绕坟左转三圈右转三圈，然后把孝棍插在坟上，表示已经复丧，然后绕路返回。到家门口先洗手，拿两个小馄饨放在堂前桌上，向遗像跪拜叩首，做最后告别。女主孝进门要携带有小麦的篮子回家（男担水、女携篮，表示从今往后男女主孝要挑起家庭生活的重担），至此殡葬仪式全部结束。

6.送饭

安葬后，从当天开始男主孝还要给老人送饭三天，象征着为老人尽孝到最后。安葬当天必须送到坟地（现在改为在安葬时就把饭带上，下午不再送），第二天送到坟地半路，第三天送到村口。送饭人在途中不能与人说话，如有人问只能点头示意，不能搭腔，并且在路上不能回头观望。

7.过七数

老人亡日为忌日。从亡日开始7天为1个周期。每七日的最后一天是"祭七期"。第一个七为"头七期"，第七个七为"尽七期"。每七期必祭，五七期较为隆重。五七期这天，自家院内坐东面西摆献桌，设阎君神位，家里人、主要亲戚都要给阎王献鸡（雄鸡），过去都是面捏的鸡，现在有人献真鸡。男亡鸡头朝里，女亡鸡头朝外。午时烧阎王牌子，焚香叩首（意为让阎王在地府里对死者多加关照），并给亡者烧钱化纸，再次祭奠亡灵。以后每年逢忌日都要为逝者烧钱烧纸、跪拜磕头，表示对先祖的怀念之情。

第十六章 传说、轶事、史实及民间俗语、故事、歌谣、谜语

第一节 传说、轶事

一、西窑头禹王庙传说

禹王庙地处窑头村正北高坡上,属窑头村最古老也是位置最高的一个庙宇。庙内除了有殿宇、献亭等建筑物外,东西两边还各有一株古柏,尤其是西南角的一棵古柏,高大粗壮,枝繁叶茂,据测有8米多高,树主干直径1.6米,实可谓古柏参天,福荫四民。

长期以来,当地老者津津乐道地讲着一个传奇故事。早年间,禹王庙西南角的这棵古柏,根深叶茂,树根长数十里,天长日久,西侧的树根延伸到陕西韩城一家粮油店,在这家商号显了灵。这家油缸中的油,边卖边往上升,总卖不尽。一日,店掌柜

禹王庙遗址

无意间往油缸内一望,忽然发现有一棵柏树影子。于是他就照此影子的模样,到处找寻这一神柏,找着,找着,过了黄河来到禹王庙古柏前,举目观看,这棵柏树的形状,和映在他家粮油店油缸里的柏树影子一模一样。他认定这就是他跋山涉水要找的那棵神柏。于是他肃然起敬、焚香献贡、顶礼膜拜。对这棵古柏倍加敬仰,并出资雇人保护它,以维护他油店的生财之源(《河津老城》载)。也有传说,就是本村米家在陕西开的粮油店。

这就是这棵千年古柏长盛不衰的原因。此传说虽属神话,但也反映了人们对禹王和古柏的敬仰之心。

二、西窑头老爷庙轶事

对关帝的崇拜,可以说在中国历史久远。据统计,至清朝中期,"全国就有关帝庙30余万座,仅北京就有200余座"。河津老城内外就曾有6座关帝庙,如今60岁以上的人大都会记得。

关羽从解白马之围获封"汉寿亭侯"到成"神",经受了900余年的漫长演变。先后曾有16位皇帝,23次为关羽颁旨加封,而且一次比一次高。关羽的"忠义仁勇信"感染和影响着一代又一代炎黄子孙。

城区街道西窑头村古时有一座老爷庙(即关帝庙,又称关岳庙)。所谓的老爷庙,实为关公庙。由于民间称关公为关老爷,当地民众尊崇关公,就把关公庙称为老爷庙,是一俗称,也显示一种亲近感。此庙创始年代不详,听先辈们传说,是两村三社为之(西窑头两社,东窑头一社)。究竟是合村时所筑,还是分开时所建,无法考证。根据有关文物考证"古建筑包括舞台在内一般重修年代周期规律多以百年计"。所以从老爷庙在民国元年重修的碑文时间推测,此庙大约是清嘉庆末年新建或者是重修扩建,更早就要追溯到清康熙末年了。

"天下之势,合久必分,分久必合",王朝更迭,时移世易,这是规律。东西窑头或许原本就是一个村,后几经分合,详情已无案可稽。但20世纪50年代初(1953年)

到60年代初（1961年），确有3次合分，史料凿凿，人所共知。无论合也好，分也好，两村的地缘文化，包括多数村民的从业性质都较为趋同，两村从古至今都从事着琉璃土陶生产，可以说，这一产业养育了东西窑头半数以上的村民，到现在灰陶琉璃已成为两村的支柱产业。人际关系更是亲近融洽，更为可喜的是历史上两村曾长期"同饮一井水，共用一井绳"。

至于为什么又称为关岳庙？这还要从西窑头村的李君茂枝重修此庙说起。

李君茂枝，清例授登仕佐郎，自幼聪颖好学，琴棋书画无所不能，尤精于针灸医术。毕其生，以良方济世、令绝症回春，妙手神奇、誉满乡梓。十里八乡百姓受益匪浅，为表敬意，赠其匾额者众多。其中有辛封村人张氏临盆难产，其家人深夜登门求治，他紧随其后赶到，一针下去救活了母子两代人。其家感恩不尽，携"针灸通神"金字牌匾，鼓乐奏鸣，由老县城东门进西门出，匾门示敬。李君一生恪守"业精于勤，苦读勤耕"之家训，自强自立，家景日升，随之更加热衷村政公益事业。有清例授承德郎、吏部侯铨分州、乙酉科副贡周自道撰文书丹的关岳庙碑文为记："河津县西、西窑头村北，旧有关公庙，岁久坍塌。元年，有村医人李君茂枝并周君正修等，邀同本村父老，公倡重修之议。佥曰，此善举也！李君于是毅然以修葺为己任，缘比年以针灸售医，所治辄愈，因藉此劝募主人，靡不乐从。翌年，所募捐资并诸同事捐募，共售若千金。先后经营凡三年工竣，计费用外，尚有百余金，又就中创立义学，以育村中子弟。甲寅秋初，社内经理首事人，公乞记于余，余观其所修之正殿及献亭、两廊、山门、舞台，并创建教员室于献亭两旁，增加山门前穿廊、屏门、石供桌，全堂伏仪兼讲堂、黑板、桌凳及需用什物，一切具备，轮换一新，倍觉壮丽。余因有请于诸君，谓若遵功令，关岳合祀制一（关庄缪侯、岳忠武王）之神牌，悬一关岳庙匾，不费巨资而体制更完备矣。时诸君欣然允诺无他"。从此东西窑头村民近水楼台先得月，逢年过节，即便平常之日，便随时可以到庙里烧香祭祀关岳二公，以至近邻、远亲，邻县、外省进香者络绎不绝，关岳庙从此香火旺盛无比。

故事讲到这里，老爷庙及关岳庙的来龙去脉，便一清二楚了。那么缘何又有"同饮一井水，共用一井绳"之说呢？

水为生命之源，井是文明之象征。

关岳庙竣工之后，李君茂枝，继续悯悲拔苦、济倡慈善。在关岳庙的西北处，（从河津老城出西郭门去禹门口的大道旁，正是当年薛瑄撰《游龙门记》必经之通衢），人工凿出一口水井。天遂人愿，这口井出水后，水质甘甜、泉水旺盛。奇怪的是，此前此后直到20世纪70年代，东西窑头两村在村内及村周边打了许多眼井，但皆为苦水，难以饮用。这也许就是人们常说的神灵造化，关岳二公的灵佑吧。从此东西窑头两村数千人，几十年来，就共同饮用这眼唯一的甜水井生活，直到20世纪70年代末。李君茂枝在水井出水后，又在井水旁设立茶帐，并用巨石凿了两口石槽，雇用本村一人照管，无偿提供给村民，特别是来往县城与禹门口的车马行人饮用，分文不取，持续三年之久。这也许是李君对关岳二公灵佑打出这眼甜水井的还愿之心吧，继而又慷慨解囊，与城北村吕鸿义及吴家关等村的善士朋友在二义庙创建育婴堂，专门收养被遗弃的孤儿。恻隐之心，仁之端也，为善最乐。他数十载慈心扶危、急公好义、乐善好施、泽被后世，在当地颇享盛誉，时任县长蔡光辉亲书"慈善兼优"四字门匾，以示彰显。

"施之以恩，报之以德；款之以情，还之以义。"社会和民众需要这样的理想人格和道德精神，庇护弱者、保佑良善。关羽，真神！

三、侯榔头拾金不昧事迹

清朝末年，宁家巷的侯榔头（小名），天不亮到村北地里干活。走到辛封峡，与去禹门口的官道交叉口时，脚下绊了一下，他弯下腰看时，是一个褡子（布袋），提起来很沉，打开一看里面全是银圆。估计是晚上去禹门口做生意的人丢的，他等了好长时间，也不见有人找，就扛回家来，放在他家南小院的一个磨盘底下。然后找人写了几张失物招领的启事，拿到老城，贴在十字街和东西城门口，并多方打听失主。后来失主（西关一个生意人）看到启事，找到窑头村侯家，核对了数目后，他就让失主拿走。失主当场给他酬金，他坚决不收。失主回家后，到木匠铺专门定做了一块6尺长，3尺宽，周边是5寸宽"富贵不断头"（一种花式图案）雕刻的金色边子，中间雕刻了"轻财重义"四个繁体、黑底金字的大牌匾，敲锣打鼓，鸣鞭放炮送到窑头村，挂在了侯家门楼上，村民无不称赞叫好。这件事影响了窑头村几代人，到现在还有人说道这件事。

四、米国俊书法传奇

米国俊（1870—1953年），排行老三，系清末秀才。他自幼好学，书法出名，尤以欧体见长。他除平时常被人邀请写牌匾外，每逢过大年亲朋邻舍邀请写对联者甚多，有求必应。他平生最爱喝酒，酒后笔兴大发，写对联的人再多，他毫不在意，全部收下，不慌不忙、若无其事。有时堆积如山，别人都为他着急，恐到时写不完，而他却胸有成竹，满不在乎。等他喝足美酒后，振作精神，思路大开，挥笔如神，再多的对联也是一气写完。久而久之，知他性格的人常常在他写的时间来围观欣赏，他反而更加起劲，字写得又好又快，人们看得眼花缭乱。古有"李白斗酒诗百篇，人称一代诗中贤"，米老颇有几分相像。

五、锣鼓曲谱轶事

锣鼓，古时主要用于征战助威、迎神庙会祭祀祈雨。近代以来，主要是为春节、元宵节及地方性重大庆典活动助兴服务。锣鼓器乐，在传统器乐中占据重要地位，也是人民群众特别是乡村大众生活中不可或缺的精神文化大餐。其内容丰富、形式多样。有的节奏欢快、热烈活泼；有的庄重肃穆、低调深沉。有的用于喜庆场合，锣鼓喧天，热闹非凡；有的则用于哀思场景，低沉压抑、严肃庄重。其中，有一项特殊用途的锣鼓乐曲，就是丧事锣鼓曲。这是农村家庭办理丧事必不可少的一项仪程。即出殡头天晚上和出殡当天在灵前表演的一项重要仪式（农村叫请锣鼓、跑锣鼓）。

各地的锣鼓曲谱十里一韵、八里一调。有的虽近在咫尺，但也千差万别、各具特色，呈现出"百花齐放，百家争鸣"之态。

窑头村的锣鼓曲谱历史悠久、源远流长。曲调高亢有力、气势恢宏大气。历经数百年的传承革新，达到了炉火纯青的境界。特别是丧事锣鼓，结构严谨、变化丰富，有章有节、有头有尾。急时如万马奔腾、暴风骤雨；缓时如闲庭信步、不疾不徐。

据传，窑头村的锣鼓曲谱早年由一姓陈的人所传授，此人后来移居西庄村，他的后人名叫陈树德。此鼓谱共教授五个村（东西窑头、西关、城北、高家湾），但各有差异。尤其是窑头村的锣鼓有所创新：一是在大鼓前，有一特别熟悉鼓谱的人坐一小板凳，手持小铰子，双手高举头顶，根据节奏插空敲击，既起了打节拍的作用，也使得沉闷的鼓声活泼、清脆悦耳起来，群众俗称"锣鼓里面加铰子"。二是近年来，把端阳锣鼓前奏曲取消，把乱刮风和端阳鼓的演奏连接起来，使得曲调更加紧促好听了。

另外，端阳锣鼓的由来，民间传说，一年春天，陕西韩城瘟疫成灾，男女老幼死者不计其数。五月有个卖杏老人到此，声称自己卖的杏能防治瘟疫，患者争相食用，果然灵验。人们问老人是何方人氏，老人言道：河东二郎庙旁有吾一洗脸盆，一洗足盆，见后便知。众人在河东龙门寻找数日，并未发现此物。只见河津老城西南角二郎庙旁有莲花池与泉井各一，四周风景秀丽、池水如镜。方知是瘟神爷显灵，拯救灾民。此后，人们为祭奠瘟神爷，就在莲花池旁的二郎庙偏房雕刻了木质瘟神爷像，精制坐轿一抬。每年五月初，附近的城关、杨家巷、东窑头、西窑头、高家湾、城北等村都要敲锣打鼓，抬着神像游街祭奠。后来就把这种锣鼓曲称作端阳锣鼓。

窑头村老一代敲大鼓的有赵老三（双锁爷爷）、王世英、周培良、周印科、李金照等。后起之秀有李殿中、周有生、周伟来、周崇德、李永祥、赵中民等人，2015年之后，每个巷道又培养了数名打鼓新秀，使得窑头村锣鼓代有传人。

西窑头锣鼓鼓谱汇总

符号说明:"千"代表钹;"九"代表铙;"铛"代表锣;"0"代表休止符。

(大队)
一、行进曲 第一种表现形势
(用于社火队伍在行进过程中,中速行进又紧又慢,节省体力且行而不乱)

2/4 6/4 2/4

| 千 千 ｜ 千千 千千 ｜ 千千 千0 ｜ 咚 咚 ｜ 千千 千0 ｜ 咚 咚 ｜ 千千 千0 ｜

| 咚 千千 ｜ 咚 千千 ｜ 咚千 咚千 ｜ 咚千千 ‖ (多次反复从中间断)

(大队)
二、行进曲 第二种表现形势 2/4 2/4

| 千千 九千 ｜ 千千 九千 ｜ 千千 千 0千 ｜ 咚咚咚 咚咚咚 ｜ 咚咚0 咚0 咚咚 ｜

| 千·咚 千·咚 ｜ 千咚0 咚 ｜ 咚咚 咚0 ｜ 千千 咚 ｜ 咚·咚 ‖ (同样不断反复)

三、(高跷旱船纸马)行进曲 4/4 6/4

A. | 千千 咚 千千 铛 ｜ 千千千千 千千 咚 ｜
   | 千千千千 千千千 咚咚 铛 咚 ｜ 千千千千 千千 咚咚 铛 铛 ‖

B. 高跷曲谱 (亦称绛州花鼓)

此曲系解放初期本村三位老人在绛州经商工作过,逢年过节时联手常回

估摸于本村青年一代又又传入三过村。

三位老人:李明轩 (李建录父亲)

李克荣 (李殿中祖父)

侯锡山 (侯四伟祖父)

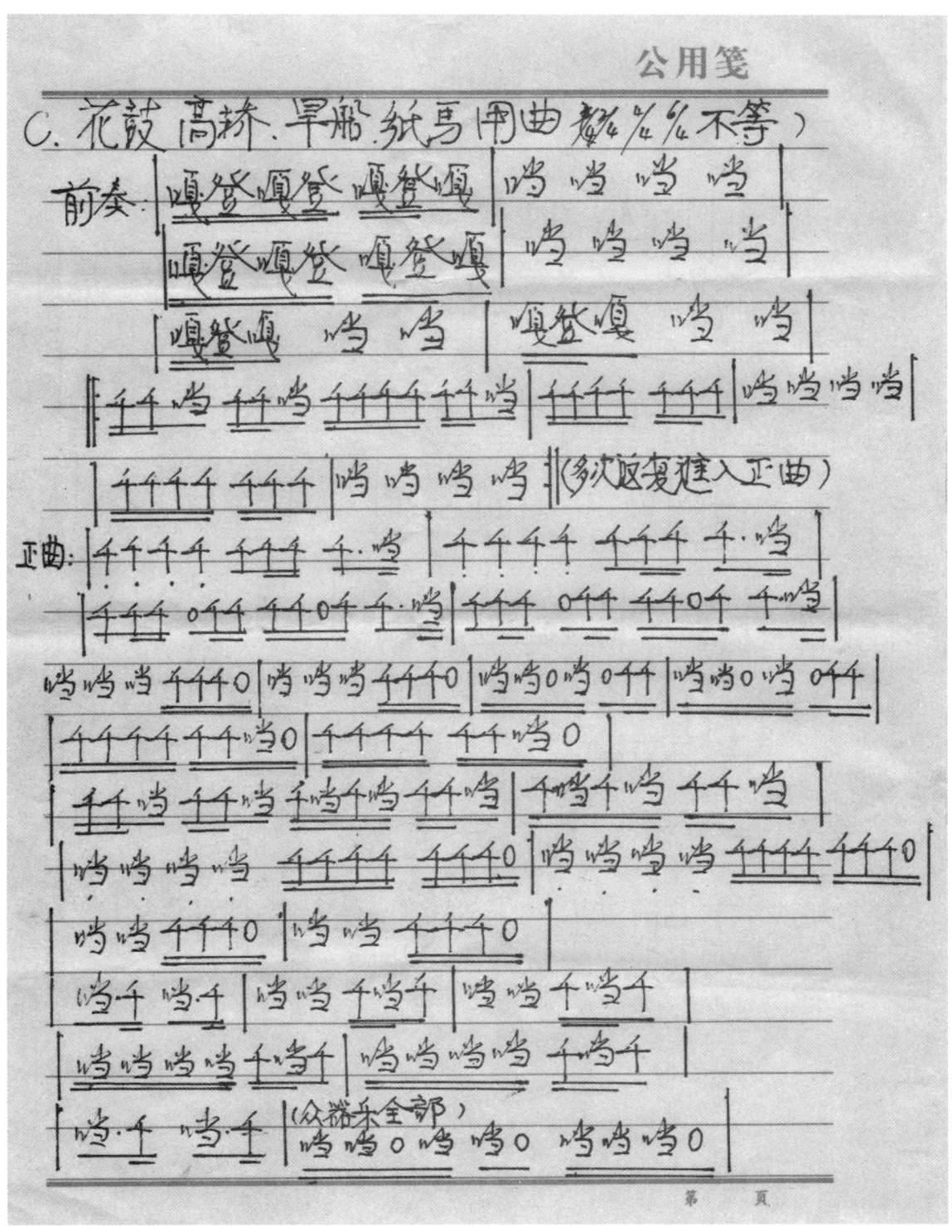

乱的风

（2/4 4/4）

下接端阳锣鼓

端阳锣鼓

(上接乱刮风) 1/4 4/4 2/4

传统十二批锣鼓鼓谱

一、路径曲： 2/4 3/4 4/4 5/4 6/4（依句组面定）

｜千 千千 千千 九九｜千 千千 千千 九九｜

千千 九九 千千 九九｜千千 吟 千千 咚 千千 咚｜

（以上曲谱多次返复最少不得低于三遍）

二、阳城鼓子：

千千 千千 0｜千千 千千 0｜千千 千 0 千千 吟｜

千千 咚千｜咚千千 咚千千｜咚 咚 咚｜

千千 咚 千千 咚｜千千 咚 咚 咚｜千千 咚 千 咚｜

千千 咚 咚 咚·千｜咚咚 0 咚 咚千｜

咚咚 0 咚 咚｜咚咚 咚 咚 0｜

三、六锤子：

六、擂鼓：

①雷鼓（梆棱）

千千九 千千九 | 千九 0九 千九 ‖ （最少三遍）

千千千千 千千千千 | 千千千千 千千千 | 呛 呛 呛 |

千千千千 千千千千 | 千千千千 千千千 | 呛 呛 呛 |

千千千千 千千千千 | 千千千千 千千千 | 呛 呛 呛 呛 |

呛呛呛呛 呛呛呛0 | 呛呛呛0 呛呛呛0 |

呛呛0呛 呛呛呛 | 呛·呛呛·呛 | 呛呛0呛 呛呛·

②四为首

千·千叶 呛呛呛0呛 | 千·千叶 呛呛呛0呛 |

千·千叶 呛呛呛0呛 | 千·千叶 呛呛呛0呛 |

呛 呛 呛 | 呛呛呛呛呛 |

呛呛呛 呛呛呛 | 呛呛0呛 呛呛呛 |

呛·呛 呛·呛 | 呛呛0呛 呛呛呛 |

千呛千 呛呛呛0 |

七、张家老过桥：

八 老汉推车

(梆棱)

[锣鼓经谱,大致记录如下:]

千0 千0 千0 千0 千千千 | 嘡0 嘡0 嘡0 嘡0 嘡嘡嘡

千0 千0 千0 千0 千千千 | 嘡0 嘡0 嘡0 嘡0 嘡嘡嘡

(梆棱)

千0 千0 千千千0 | 嘡0 嘡0 嘡嘡 嘡0 |

千0 千0 千千千0 | 嘡0 嘡0 嘡嘡 嘡0 |

千千千0 嘡嘡嘡0 | 千千千0 嘡嘡嘡0 |

千千嘡 千千嘡 | 千嘡0嘡 嘡嘡嘡0 |

千千嘡 千千嘡 | 千嘡0嘡 嘡嘡嘡0 |

嘡 嘡 嘡 嘡 | 嘡嘡嘡嘡 嘡嘡嘡 |

嘡嘡嘡 嘡嘡嘡 | 嘡嘡嘡嘡 嘡嘡嘡 |

嘡·嘡 嘡·嘡 | 嘡嘡0嘡 嘡嘡嘡 |

千嘡千 嘡嘡嘡 |

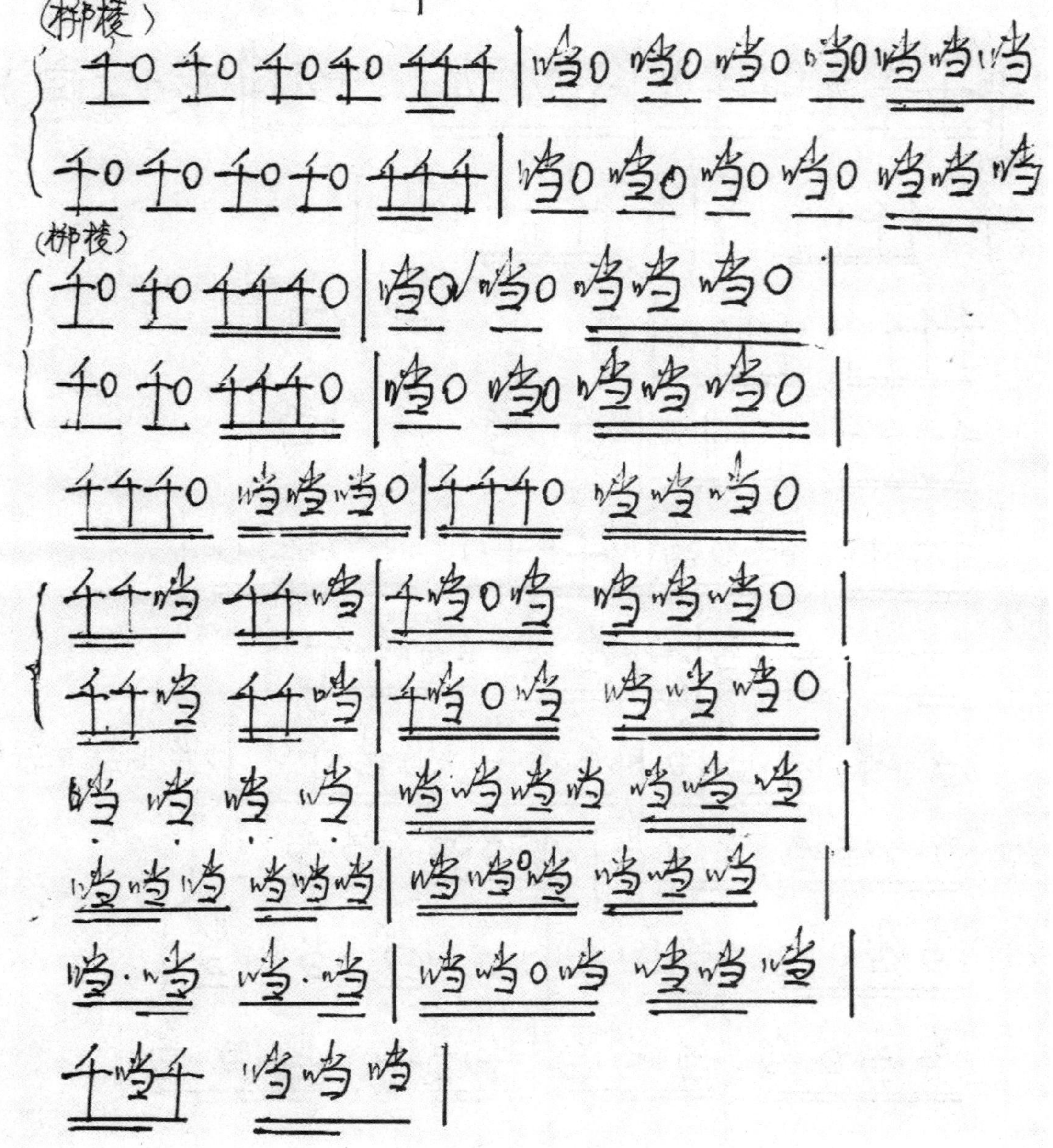

九 梆梆腔 (此批亦多为梆棱鼓手注意)

[sheet music notation]

十 老虎嗑牙（去蛋子）（鼓手注意梆棱）

十二、马子锣鼓

[锣鼓曲谱手写图]

以上曲谱由周仲德、周卫来、周海录等搜集整理，周仲德书写。

锣鼓各批名称顺口溜

周仲德

初起手路径走，阳城鼓子起了手。

六锤子千钧力，秦王点兵跟的急。

花锣鼓中速走，擂鼓底下四为首。

张阁老骑驴过了桥，老汉推车往前跑。

梆梆腔是汉子，老虎叩牙丢蛋子。

紧三锤慢三锤，马子锣鼓再一回。

十二批锣鼓曲谱赋

虽是民间艺术，韵律变化无穷。

内蓄千钧之势，恰似万马奔腾。

排山倒海之状，无边波涛汹涌。

鼓铍暗藏玄机，却又层次分明。

  锤锤催人奋进,层层各有不同。

  先辈所留遗产,有待我辈传承。

    为本村打鼓爱好者诵

  锣鼓好听十二批,不付辛苦难学会。

  尤其重点是打鼓,轻重缓急要费心。

  花槌鼓点有轻重,层次分明须牢记。

  振臂扬槌眼并用,莫忘空档有玄机。

  指挥若定群情奋,大小钹锣收眼底。

  学得精熟须苦练,功夫不负有心人。

第二节　民间俗语、故事、歌谣、谜语

  俗话谚语始终自觉地承担着一种社会教化功能,如知时节的春雨,随风潜入夜,润物细无声。谚语是人世间最宝贵的经验之谈,谚语是人生的向导。应该铭记:老百姓的话最浅显,但常常蕴含着很深的道理,是世世代代沉淀在人们内心最深处的东西。窑头村的老人们在长期的社会生活实践中发现、传承记述了许多民间故事、歌谣、俗语、谜语,这些都将成为一笔宝贵的精神财富。

一、故事

    姑娘巧嘴难老师

  古时,有一学校老师因为一个学生捣蛋,乱踩板凳,出了个对联,让这个学生来对,这个学生对不上,回到家里问姐姐。姐姐听后给弟弟说,你明天就这样

答……这个学生第二天到学校回答后，老师提出要到学生家里见他姐姐，学生就领老师到家里和姐姐对话。

师：驴踏板凳入骨响，

姐：兽打铜盆同锣声。

师：公鸡（zhi）不叫（zhao）母鸡（zhi）叫（zhao），

姐：公鸡（zhi）还是母鸡（zhi）要（河津人管生孩子叫"要娃"）。

师：墙（qie）上鲫鱼有几斤，

姐：当初挂它也没称（chen）。

师：男子头上三分火，

姐：妇人胸前有半斤。

师：要你外半斤有何用，

姐：奶大了我儿当先生。

老师自愧不如，唉声叹气溜回了学校。

巧嘴媳妇

某村有一媳妇能说会道，公公在外边夸儿媳，说全村没有人能说过她。巷（hang）里有个男人不服气，说："明天我去会会她"，他知道这家媳妇的公公叫"九子"，媳妇肯定不能说"九"字，所以他第二天进门就喊："九哥、九哥，九个人、九匹马、九哈棍，棍上挑九把子韭菜。请我九哥喝酒来，进酒房，喝烧酒，请我九哥玩九州。"

巧嘴媳妇答："三三人（三三得九），四五马（四加五还是九），八哈棍多一哈，棍上挑那林林草（像韭菜一样）；进混（酒）店，喝混（酒）茶，请我爹爹玩美景。"

这个男人心服口服，从此再也不敢难为巧嘴媳妇了。

哑妇开口

很早以前，有一村妇，嫌女儿说话太多，就教女儿说：你结婚时往你口袋里装块石头，石头不响，你不要说话。女儿结婚后，三年石头都没有响，所以三年都没有说一句话。夫家人全家愁眉苦脸，就想把媳妇休掉。一天，相公就赶着车送媳妇回家，准备休妻，走到半路上，车停在一棵杨树下歇凉，正好树枝上有个乌鸦叫，男人捡了块石子，用弹弓往树上就打，结果没打着，鸦雀子飞了，石头落下来，正好打在媳妇口袋里的石头上，当啷一响，媳妇立马开口说话了："嘴巴尖尖尾巴长，白杨树上歇阴凉（lie），相公射了你一弹弓，叽哩嗓唠你把命逃。"相公一听惊喜万分，媳妇原来会说话，赶紧把车掉转头往回赶。快进村时，刚好碰见公公扛着锄到地里锄地，见儿子把媳妇又拉了回来，满脸的不高兴。儿子见到父亲，猛一停车，媳妇口袋里的石头正好打在车盘上，"铛"又响了一下，只听媳妇又说："公公见儿冷飕飕，肩（zhang）膀上扛那（nai）攀地外锄"。走到巷（hang）里碾套边，又碰见嫂子在碾米簸糠，这时车一转弯，男人的鞭杆打在了媳妇口袋里的石头上，当啷一声响，媳妇又说："簸箕原是一把条，能工巧匠编得牢，如若不是'真君子'，把你壳王赶离朝；碾桩好似一颗柏，长在高山靠陡崖，虽然不是亲生子，母亲把你抱在怀。"这时，车已赶到自家门口，媳妇下车刚要进门，正好碰见母亲手里提着污水罐去喂猪，见儿媳又回来了，把脸一沉，污水罐往地下一摔（fa），破了的罐耳正巧打在儿媳口袋里的石头上，媳妇马上说道："婆婆见儿冷飕飕，折（隔着）门摔了罐底城，洒了儿媳一身腥，闪了你朝王（猪）一场空。"婆婆一听，喜出望外，赶紧笑迎媳妇进门，全家人高兴万分，再也不提休媳妇的话了。

多嘴长舌

过去传统习惯，女儿家不让随便出门。一天，这家的女儿想去游门，母亲不让去，正好这时有一相公路过，女儿赶紧藏到门后，相公在门外说："双扇门，单扇开，门后头立那（nai）花姐姐，脸上胭粉没（mu）见（zhan）面，光见（zhan）一双绣花鞋。"门后头的小姐听见后答道："相公相公你后走，奴家还你诗一首，本科状元不中你，都因你多嘴长（che）舌头。"外面的相公听了脸红脖子粗，赶快走开了。

懒媳妇跳河

初二龙抬头（扎龙爪）；初三三克；初四和钱搞伙；初五扎五谷星（粮不收）；初六六寡；初七出七草（出疮颗）；初八坐也发，睡也发，抱着枕头满地爬；初九久病难医；初十脚后跟疼；十一瘸；十二跛；十三死了夫家妈（mo）；十四抱着袄子跳河啦，想起还有个清明节，又回来睡在坑窝窝。

二、歌谣

织手巾

一把机子新上新，打上轱辘得织手巾。

头一下（ha）手巾织得长，上面织那"李三娘"。

第二下（ha）手巾织得巧，上面织那珍珠固玛瑙。

第三下（ha）手巾织得宽，上面织那"三娘教子"戴方冠。

第四下（ha）手巾织得端，上面织的那"王秀兰"。

第五下（ha）手巾织得山，上面织的那"王宝钏"。

第六下（ha）手巾织得细，上面织的那"李彦贵卖水"一场戏。

第七下（ha）手巾织得边，上面织的那"四郎探母"不做官。

第八下（ha）手巾织得大，上面织的是"存才"唱"挂画"。

第九下（ha）手巾织得屈，上面织的那"杀狗"来劝妻。

第十下（ha）手巾都织全，上面织的是喜凤莲。喜凤莲织得妙，蜜蜂蝴蝶嗡嗡绕。

巧手村姑

燕燕双尾（yi）巴，楼门底下（ha）种红花。一朵红花开起（kei）呀，三家子媒人都来（li）呀。媒人媒人你坐下（ha），叫我给你烧火做饭呀。和下（ha）那面，青石蛋；擀下（ha）那面，薄如纸；切下（ha）那面，一把得线。下（ha）到锅里莲花转，挑到筷子上打秋千，舀到碗里赛牡丹，吃到嘴里抽丝线。抽下（ha）一车（cha）子半，给你女婿纳袜子面，可巷外女人争着看。

三姐妹梳头

高高山上一葫芦油，姊妹三个赛梳头。大姐梳下（ha）外"十样景"；二姐梳下那"看河楼"；丢下三姐不会梳，一梳梳下个"单揍榛"。

颗粒不丢

高高山，低低山。高高山上一家子人，顿顿吃饭要关门，只有一顿没关门，喜虫子（麻雀）叼了一颗米。爸又撵，娃又赶，孙子在后头送盘缠。撵了十里半，不见喜虫子（麻雀）面，一家子弄下一身汗。

卖桃娶嫂嫂

喜虫子（麻雀）噪，鸦雀得叫，厦背后头一棵桃。哥哥担水妹妹浇，浇一浇，白（pia）水（fu）呀，一直浇到桃熟了，哥哥担（dang）上卖去了。卖下银钱娶嫂嫂，娶下嫂嫂纳袄袄。三天三夜纳一外袄，穿不上，脱不下，哥哥气的就要打。妹妹说："好哥哥，你不要打，三天三夜劝化她。哥哥要穿猫头鞋？还要嫂嫂做得来；嫂嫂要穿绸子裤，还要哥哥你开绸铺。"

无　　题

东风吹，西风刮，刮下一颗麦（mia），爸推碓，妈（mo）罗哩，娃娃要吃白（pia）馍哩。妈（mo）说白（pia）馍献爷（ya）哩，黑馍哄娃哩。

无　　题

咪咪猫，上高窑；金蹄蹄，银爪爪；上饽饽（树），掏鸦雀；忽喽喽，都飞了，老猫一下气死了。

三、俗话谚语

喜虫子噪，年到了，麻花果子炸下了。叫男人贴门神，叫女人拣菜捏馄饨，叫娃娃穿新袄，争核桃，争下一撩撩，倒到炕上滚跑了。

蒲草生得贱，巧手编成扇。虽然钱不多，能解身上汗。

扇子有风，拿在手中；有人来借，等到秋冬。

庄稼人，不得闲，面朝黄土背朝天。但愿五谷收成好，家家户户庆丰年。

朝耕于田，夜读于室。

三十亩地一头牛，老婆孩子热炕头。

千买卖，万生意，不如村头十亩地。

身是菩提树，心如明镜台。时时勤拂拭，莫使惹尘埃。

气不和时少说话，言多必有错；心不顺时莫做事，做事必失败。

知足是富人，平常是高人，无事是仙人，无心是圣人。

想开了自然微笑，看破了肯定放下。

野花不种年年有，烦恼无根日日生。

人一上百，形形色色。眼高手低，毛病太深。

不如意事常八九，敢与人言无二三。

穷不要忧愁，富不要夸，谁也不是常贫久富的家。

穷在闹市无人问，富在深山有远亲。

河津人说《玉匣记》章章有说头，民谚看了《玉匣记》不敢放响屁。

饮食有节，起居有常，作息有时。清心寡欲，少说多做，无忧无虑。

路虽远，行则必至；事虽难，做则必成。

庙小乾坤大，天高日月长。

门里出身，自带几分。

王羲之写字，手熟为妙。

有志者事竟成，吃亏是福。

多子多负担，枝条都压弯；肚子气个破，唇焦舌也干。——咏石榴

朝为田舍郎，暮登天子堂。

祭神如神在，不祭也不怪。

积善成德，神明自保。

瓜田不纳履，李下不整冠。

戏如人生，人生如戏。

春雨贵似油，下得满地流；滑倒解学士，笑煞一窝猴。

知人知面不知心。

留得青山在，不怕没柴烧。

车到山前必有路。

树挪死，人挪活。

一个篱笆三个桩，一个好汉三个帮。

亡羊补牢，为时未晚。

三个臭皮匠，顶个诸葛亮。

长棍短棍都有用处。

一个和尚担水吃，两个和尚抬水吃，三个和尚没水吃。

家家都有一本难念的经。

不当家不知柴米贵。

病从口入，祸从口出。

家有三件事，先从紧处办。

左手有不如右手有。

人往高处走，水往低处流。

男怕入错行，女怕嫁错郎。

好事不出门，坏事传千里。

这山望见那山高，到了那山没柴烧。

儿不嫌母丑。

一个萝卜两头切。

人心不足蛇吞象。

官向官，民向民，和尚向外寺里人。

龙生龙，凤生凤，老鼠生下会打洞。

磨刀不误砍柴工。

娶媳妇盖厦，提起害怕。

众人拾柴火焰高。

冰冻三尺非一日之寒。

有钱能使鬼推磨。

君子一言驷马难追，一言既出驷马难追。

亲兄弟明算账。

半大小子，吃死老子。

吃着碗里的，看着锅里的。

舍不得孩子套不住狼。

好狗不卧套（巷），好人不挡道。

好狗不咬上门亲。

人怕出名猪怕壮。

枪打出头鸟。

人为财死,鸟为食亡。

车到山前必有路。

天不转地转,地不转水转。

好马出在腿上,好汉出在嘴上。

是福不是祸,是祸躲不过。

宁看存才挂画,不坐民国天下。

一人当官,鸡犬升天。

清官难断家务事。

挂羊头,卖狗肉。

病来如山倒,病去如抽丝。

萝卜快了不洗泥。

狗急跳墙。

三个女人一台戏。

男大当婚,女大当嫁。

巧妇难为无米之炊。

蛤蟆没毛,另是一槽。

有心栽花花不开,无心插柳柳成荫。

不听老人言,吃亏在眼前。

宁为近邻,不为远亲。

天有不测风云,人有旦夕祸福。

大难不死,必有后福。

有理不在言高。

有理不在年高迈,无理枉活百岁人。

三天不打，上房揭瓦。

前人栽树，后人乘凉。

纸里包不住火。

雪地里埋不住死人。

八仙过海，各显神通。

擒贼先擒王。

浪子回头金不换。

柳木钻牛角，一物降一物。

狗咬吕洞宾，不识好人心。

隔山不算远，隔水不算近。

为人不说自不是。

人快不如家伙（工具）快。

嘴上没毛，说话不牢，千年文字会说话。

三十年河东，三十年河西。

粗衣裳家常饭，吃不俗来穿不烂。

千两纹银万两金，难抵父母在世恩。

四、农时谚语

四月忙刚搭镰，五月忙不见黄。

麦黄秋黄，绣女下床。

立夏种棉花，净叶没疙瘩。

一年之计在于春，一日之计在于晨。

清明前后，种瓜点豆。

秋分早，霜降迟，寒露种麦正当时。

早上结冰，中午消，冬浇小麦最最好。

人哄地皮,地哄肚皮。

人勤地不懒,人懒遍地草。

棉花锄三遍,疙瘩瓣成瓣。

桃三杏四李五年,枣树当年就见钱。

七月核桃八月梨,九月柿子红了皮。

七月十五枣红圈,八月十五挂枣杆。

庄稼一枝花,全靠粪当家。

种地不上粪,就是瞎胡混。

蚕老一时,麦熟一晌。

七十二行,庄稼为王。

种地没巧法,三年倒一茬。

巧种庄稼不如憨下粪。

天旱锄田,雨涝浇园。

收秋不收秋,就看五月二十六,五月二十六滴一点,要到城里买大碗。

春雨贵似油。

过了冬至,长一针指。过了腊八,长一杈把。

一九二九不出手,三九四九冻破石头,五九六九沿河插柳,七九八九雁来水流,九九艳阳耕牛走。

瓦渣云,饿死人。

云河东,一场空;云河西,黄河溢;云河南,水荡荡;云河北,冲倒芝麻漫倒谷。

天旱东风不下雨,雨涝西风刮不晴。

东画葫芦,西画(彩虹)雨。

初三不见月,窝里窝囊得半月。

春刮几场风,秋下几场雨。

夜晴没好天。

早烧不出门，晚烧行千里。

鸡儿上架早，明天天气好。

燕子钻天蛇遛套，蚂蚁搬家山戴帽，一场大雨就要到。

一场秋雨一场寒，三场秋雨就穿棉。

正月立春、雨水；二月惊蛰、春分；三月清明、谷雨；四月立夏、小满；五月芒种、夏至；六月小暑、大暑；七月立秋、处暑；八月白露、秋分；九月寒露、霜降；十月立冬、小雪；十一月大雪、冬至；十二月小寒、大寒。

正月晴，二月阴，三月雨，四月风，有钱难买五月旱，六月连阴吃饱饭。

九月九日下纯阳雨，纯阳不下等十三，十三不下干半冬。

八月十五滴一滴，正月十五雪打灯。

冬到寒食一百天，吃麦还有六十天。

正月二十二（雨水节），扎杏仁、绑笤帚。笤帚扫病，杏仁救命。

四月初一戴红花串。

五月初一绑花锁。

五月初五吹荷包、戴老虎。

五、谜语

一物生来白如银，头戴金盔两面分；要知我的名和姓，水晶宫里长成人。——豆芽

青竹竿，挑火炭，又中吃又好看。——红柿子

小着亲我爱我，大（te）了剥我晒我。老天嫌我恓惶，给了我一身白（pia）衣裳。——柿饼

青竹竿，顶楼楼，一年一窝刺猴猴。——酸枣

一母生来弟兄多，长大成人各巢窝；今生不能姻缘配，死后还阳做老婆。——蚕

青枝绿叶一颗桃，外面光来里面毛。——棉花桃

厦上一颗蒿，长得渐渐高，一镰搂不倒，刮风折断腰。——烟筒里的烟

一个饽（树）五枝，上头立个白母鸡。——手端白碗

一个馍笼，七个窟窿。——头

一个木碗子，里头搁那肉片子。——嘴

红油门，白沙拉，里头坐那红官牙。——嘴

一颗黑葡萄，一匝刺围了。——眼睛

一个窄窄胡同，合里放五个学生。——鞋里脚趾头

高高山上一捆柴，人人过来数不来。——头发

开门闭门，里头放一个秀人。——眼睛

一物三个口，人人都要有，没有这三个口，难见好朋友。——裤子

一只黄母鸡，旮里旮旯掏土吃。——笤帚

一头尖，一头翘，光喝水，不尿尿。——鸡

白（pia）公鸡（zhi），绿尾巴，脑袋插到地底下。——萝卜

四方盘，用纸缦，要端照，得九年。——纸糊的窗

红砖红砖垒红砖，不知道红砖有几千。——石榴

身穿绿纱袍，头戴红纱帽。——绿头苍蝇

一头牛，四个角。走到河边地，不吃搂的草，要吃人的脑。——枕头

纸糊窗，纸糊被，一窝娃得颠倒睡。——蜂窝

白石灰墙，白石灰厦，盒里搁着那焦黄杏（ha）。——鸡蛋

一个圆，一个长，姊妹两个一个娘，一个生在前三月，一个落在秋后亡。——榆钱

立点房院人木相公，内有胡同一条，骨相公来来往往，铜锣一面，丝相公三条，钢柱一颗，一丝悬空定公平。——戥子秤

20个学生一般高，同面商议搭天桥，天

戥子称

桥上头龙丝绕，扰动神仙桥下跑。——过去织土布折线子的情景

远看一只虎，近看没尾巴，腰紧七下带，嘴里吐黄沙。——手摇风车

嫌短了斩一斩，嫌细了刮一刮。——土窑洞

六、谷雨帖子

谷雨三月半，蝎子有千万，老君拍一口，永世不见面。

谷雨三月中，蝎子到门厅，手拿双宝剑，斩断无毒精。谷雨好，蝎子少，有一个，你吃了。

夜梦不祥，写在西墙，太阳一晒，化为吉祥。

天皇皇，地皇皇，我家有个夜哭郎，走路君子念一念，一夜睡到大天亮。

正蛇、二鼠、三月牛，四猴、五兔、六狗、七猪、八马、九羊头，十月虎，沿山走，十一月鸡，架上愁，腊月老龙不抬头。——此为明犯

申、子、辰，男正女腊；亥、卯、未，男二女八；寅、午、戌，男四女七；巳、酉、丑，男六女九。——此为暗犯

七、五行

木——东，东方甲乙木。

火——南，南方丙丁火。

金——西，西方庚辛金。

水——北，北方壬癸水。

土——中，中方戊己土。

东方代表植物，西方代表矿物，所以称所有物体为东西。

麟、凤、龟、龙，古代称为四灵，比喻品德高尚的人。

本节内容多为窑头村百岁老人齐素兰口述。

第十七章 人物

第一节 古代名人

侯鹤龄，岁贡生。事亲有至性。明嘉靖年间历任昌邑（今山东潍坊昌邑市）、观城（今山东省莘县）、深泽（今河北省深泽县）三县令，廉介公直，所至有惠政。慕薛文正公为人，搜求遗文（见《读书录》原稿），分类编辑，付刊行世。以继母病引归，卒，年九十余。敕表其坊曰"廉孝光昭"。

侯尊洲（周），明嘉靖年间任宛平县丞，由于辅政有方，政绩斐然，升任河南怀庆府知府。

赵辉（？—1642），字黄如，明崇祯甲戌进士。事继母以孝闻，慷慨负气节。授户部主事，两督仓储，力杜奸蠹，中贵惮之；转兵部郎中，备兵霸州（今河北省霸州，兵备副使）。崇祯十五年（1642年）清兵入霸州，辉偕知州丁师羲、里居参政李时芫等督士民固拒，援军不至，城遂破，辉整冠带从容殉难，赠光禄寺卿，荫子，予祭葬（墓茔在今艳掌村南）。季子埝，生员，同日殉节，祀乡贤、忠义。封赠辉父赵朴承德郎、兵部主事。清乾隆四十一年，辉谥节愍。

周梦麟，清乾隆年间人，曾授登仕佐郎。

周梦鸾，周梦麟胞弟，授为寿官。

周登庸，因生性豪爽，轻利重义，人称豪杰秀才，曾在周家老场院设堂办学，本县名人赠送牌匾以示褒扬。

米含起，为人刚直方正，乐善好施。时常周济相邻，孤寡借贷常常烧掉借条一笔勾销，与人排难解纷不计个人利害。其子天宪、天富，亦能助人婚葬、救灾恤邻。光绪三年河津大灾，除捐赈外，复赈邻友数十人。

第二节　近现代人物

周纯修，与其胞弟周懋修在绛州做生意。七十大寿时，绛州三十余家字号共赠一寿匾，上书八行正楷："惟我周兄，令德有名，治家勤俭，交友存诚，策名天府，兰桂峥嵘，兹登耆境，同祝长生"，足见其影响及名望。

米国祥，治家有方，极好村社之事，曾任西窑头村村长，威望甚高，村民习惯称其为"老村长"。

李茂枝（1861—1928年），清登仕佐郎，自幼聪颖好学，琴棋书画无所不能，尤精于针灸医术。毕其生，以良方济世，令绝症回春，妙手神奇，誉满乡梓。十里八乡百姓受益匪浅，为表敬意，多赠其匾额。其中有辛封村人张氏临盆难产，家人深夜登门求治，他紧随其后赶到，一针下去救活了母子两人。张家感激不尽，携"针灸通神"金字牌匾，鼓乐奏鸣，由老县城东门进西门出以示敬意。其人一生恪守"业精于勤，节俭勤耕"之家训，自强自立，家景日升。随之更加热衷村政公益事业。他以"针灸售医"筹资建起了"关岳庙"，并在庙内附设学校，还自费在关岳庙旁打了一眼水井，东西窑头两村数千人同饮这口唯一的甜水井生活了数十年。

李茂枝像

他悯悲拔苦，济倡慈善，慷慨解囊，与城北、吴家关等村朋友在二义庙创立"养济院"，专门收养被遗弃孤儿。数十载，怀慈心扶危，勇急公好义，乐善好施，泽被后世。在当地颇享盛誉，时任县长蔡光辉亲书"慈善兼优"四字门匾，以示表彰。

周如玺（1879—1945年），曾在绛州做生意，性情忠厚、诚实守信，生意越做越红火，后来在西安、兰州、绛州均有字号。

周如玺

周治南（1884—1971年），别名周拾子、周五十。生性耿直，急公好义，仗义疏财。当过二间间长，极好村社之事，闹社火、唱家戏总是带头捐资，并负责化妆。当时村社的锣鼓乐器及戏装均由他保管。师从吕银管，精于琉璃灰陶工艺，在河津颇有名气。1958年被山西省琉璃厂抽调到太原办厂当技工，一年后因年岁高辞职返乡，曾在河津公社琉璃厂工作。1961年回村创办村灰陶琉璃厂，曾参加曲沃琉璃庙、运城池神庙、荣河傅作义故居灰陶琉璃古建建设。1965年，与吕氏传人吕文焕共同设计烧制直径1.5米的《龙门新貌》《古龙门图》，参加了省地美术作品展览会，受到省地政府嘉奖，后被省有关部门珍藏。《河津轻工业志》《河津地域文化通览》均有记载。1968年村里建舞台，他义务为舞台烧制全套琉璃脊兽，深受村民赞扬。此公性格内向、少言寡语、心地善良、德高望重，极受村民尊重。

周治南

周万户，又名维新，天生聪颖，有拳脚功夫，精于民间医术，专治疑难杂症，病人不花钱或少花钱便能痊愈。精湛的医术加之勤于耕作、善于持家，相继置地200多亩，置房屋数十间，并在北方平开办钱号（祥盛悦），一时成为全村首户。

周保户（1896—1965年），又名维贞，大专学历，善书法。上大学期间攻读中西医结合专科，精通脉理、医术颇佳、名贯乡里，中华人民共和国成立前曾任河津县参议员。在太原上学期间，因家境不宽裕，难以为继，便利用课余时间上街为人代写诉状、卖字画，终于完成学业。

周福卯（1902—1965年），又名树兹，曾任窑头村村长。自幼父母双亡，与妹妹孤苦伶仃，靠二叔、三叔抚养成人。14岁到西关粮行当学徒，因稳重勤恳升为粮行掌柜。后在南午芹粮行工作，接触到一外地郎中，学了一些治病偏方，回村后常给村民治病，一般小病疗效颇佳，如婴儿夜啼、妇女乳头风、村民蝎子蛰等。

周宏道（1902—1938年），生性聪慧，学业突出，尤以英语见长。原拟上大学，因在校表现突出，绛垣中学毕业后即被绛州县邮政局录用，后调任大宁邮政局局长。回乡后曾任村长，颇有声望。

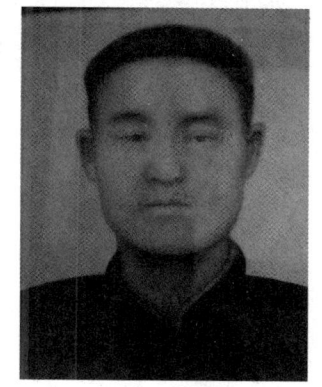
周宏道

米耀立，曾任山西和顺县县长、武乡县承审，在任期间卓有政绩，口碑颇佳。

米耀立

周维新（1907—1990年），又名凉芳、金铭、张晔、张德一等，中共党员。1926年在保定入党，长期在保定、天津、山东等地搞地下工作，在天津期间，1930年、1931年两次被捕入狱，后被判死刑，经其老师刘向明（本县西关人，时任天津高等法院书记官）营救，改名张晔逃离虎口。1932年在山东工作，第三次被捕，被党组织营救出狱后赴延安中央党校学习。历任冀鲁边区党委委员、组织部部长，山东海滨区党委副书记，华东区民运部长，渤海区党委书记兼政委。1949年参加全国政协筹备工作，任第一届政协委员。新中国成立后历任中共山东分区区委委员，山东省监察委员会副书记、组织部部长，中共华北区区委委员、农工部长，山东省政协副主席，山东省人大常委会副主任、党组书记等职。

周维新

侯万家

周金殿

吕鸿才

侯安家

侯万家（1908—1974年），师从本村周治南学习琉璃灰陶工艺，1968年村里建舞台，与周治南一起义务为舞台烧制琉璃脊兽一套，深受村民赞扬。

周金殿（1917—1995年），中共党员。1947年参加本村土改，曾参加平息杨明录叛乱战斗。窑头村第一任武委会主任，1950年入党，历任村初级社社长，村支部书记，河津公社陶瓷厂书记、煤矿主任。性格刚正，忠于职守，认真执行党的政策，为西窑头村发展做出了贡献。

吕鸿才（1916—1968年），中共党员。1947—1948年任农会委员，1949—1951年任农会主席，1952—1953年任村主任，1953—1956年任社长，1958—1960年任书记，1961—1966年任管委会主任，1969—1971年任第六生产队政治工作员。任期职间，建大队舞台，九孔窑洞库房及村委办公楼。建老大队、农中、代销店、库房、油坊、办公室（已拆），30多年来一直勤勤恳恳，为发展集体经济建功立业。

侯安家（1921—1994年），中共党员。1948年参加县大队，曾参加解放战争时期的三大战役之一——淮海战役，并立大功一次，多次受奖获军功章。参加解放华中南战役，并在西南剿匪战役中立大功一次，先后获各种奖章10余枚。1957年任云南某县武装部部长（县团级）。1958年回村后，长期担任生产队政治队长，性格耿直、少言寡语、清正廉洁、一心奉公，在村民中口碑极佳。

侯章录，在董其武部队任团长，新中国成立后曾率骑兵团赴朝作战。

张天才（1924—1983年），青年时期积极参加西窑头村土改运动，外出工作后，先后在霍州大张公社、上乐平公社、李曹公社任党委书记。1969年调回河津，先后任老窑头煤矿、薛虎沟煤矿书记。1978年任河津航运站书记，直至退休。

张天才

周金驹（1924—2000年），中华人民共和国成立之初参加工作，一直在河津县粮食系统工作，从1962年开始，任粮食局储运股股长，清正廉洁，口碑很好。

周景龙（1926—2008年），小名正娃，中共党员。1954年入党，读书不多，但生性聪明、博闻强识、性格温和、与人为善，从建国初到20世纪80年代一直担任村主要领导干部。1951年任村民兵指导员，1954年任初级社社长，1961年任河津公社陶瓷厂书记，长期担任村党支部书记、主任，公正廉洁、勤勤恳恳，深受广大村民爱戴、敬重，被群众誉为"人民的老黄牛"，村民多叫其"老书记""老黄牛"，也是窑头村的三老之一。团结带领村班子成员，组织村民发展村办企业，修建学校、办公场所、舞台及库房，为西窑头村经济发展、和谐稳定做出了突出贡献，在乡镇（公社）及村民中都享有很高的威望。逝世后全体村民送他一副挽联："村干、村长、村支书，数十年为村办事，鞠躬尽瘁，英灵永在；民主、民权、民之生，一辈子替民谋福，庶竭倾躯，浩气长存。"

周金驹

周景龙

周长印（1927—2008年），中共党员。1949年11月加入中国共产党。1948年参军，1964年参加全国会议受到毛主席接见，曾任陕西省延安人武部副部长、安塞县人武部副部长，1976年转业到河津任县法院副院长，在政法系统颇有名望。

周长印

侯恩福

周正科

侯恩福（1927—1993年），中共党员，1948年3月在山西省河津县一区区政府报名参加县大队，后升任连级。转业后任忻县地区粮食局人事科科长，1962年返乡，先后任村民兵连连长、村党支部副书记、民事调解员，1987年被聘为县法院陪审员。

周正科（1929—2009年），1956年入党。1951年入伍，1952年10月赴朝参加抗美援朝战争（汽车司机），作战勇敢，机智灵活，完成了多次急难险阻运输任务，并立功受奖。回国后转业到青藏公路管理局运输队，工作认真负责，爱护汽车，从未出过大的事故，圆满完成各项运输物资任务，1962年回村务农。

周印发（1936—2003年），1951年入伍，参加过抗美援朝战争，在部队时曾立过两次二等功。

侯志清（1927—2002年），1958年大跃进期间上北山大炼钢铁摔伤了腰，后上级决定照顾其在村口修自行车。

周快发（1928—2014年），1971年村里上电时，到曲沃拉电杆，脚被压伤。

李平禄（1930—1966年），1969年为集体赶大车拉麦，在军家坡被车压，因公牺牲。

侯茂江（1937—1968年），1968年9月开车送临汾干部到大寨参观，中途修车时因公殉职。

周启发（1962—2002年），担任电工期间检修线路时被电击牺牲。

第三节　新中国成立后本村任股级以上干部及中级职称以上技术人员

新中国成立后本村任股级以上干部及中级职称以上技术人员

姓　名	性别	职　称	职　务
侯伟建	男		运城市人大常委会副主任
周茂玉	男		太原市检察院检察长
侯建设	男	大校军衔	海军特装转运办事处副师职主任
李庆禄	男	高级政工师	兰州市自来水公司党委书记、总经理
周富印	男	高级工程师	天津市兵工厂高级工程师
周宗康	男	中教高级	河津中学数学教研组组长
李林娃	男		绛县铁路站站长
柴天收	男	中教高级	河津中学史地研究组组长
侯伟强	男		运城市土地局局长
周永杰	男	高级工程师	深圳华为集团部门经理
赵虎锁	男		山西铝厂秘书处处长
周国新	男		大同市同煤集团中学校长
周伟平	男	高级讲师	山西师范大学教员
周玉芳	女	高级工程师	移居加拿大
周雪娥	女	主任医师	河津市疾控中心副主任
周晓菲	女	编辑	光明日报社编辑
周春莲	女	中教高级	山西铝厂高级教师
王新荣	男	中教高级	河津中学教师
周青云	女	高级验光师	河津市眼科医院院长
周永清	男	副主任医师	西安市肿瘤医院医师

姓　名	性别	职　称	职　　务
张茂胜	男	高级工程师	山西铝厂工程师
周国强	男	高级工程师	宁夏临河电力公司副总经理
周　鹏	男		公安部某部研究所干部
周桂珍	女		太原市万柏林公安局警长
周喜珍	女	上校	北京市武警部队干部
周三红	男		中铝新材料公司办公室经理
赵晓刚	男		山西民生银行副行长
周振祥	男		小学校长（离休老干部）
周文建	男		河津市文教委员会主任
李建录	男	经济师	河津市卫生局局长
周文谦	男		河津市文联副主席
侯伟民	男		清涧镇人大主席
周茂军	男		河津市检察院副检察长
周永胜	男		河津市经信局副局长
米慎禄	男		太原市消防局科长
李云皋	男	工程师	兰州市供水集团建设工程公司书记、经理
侯云芳	女		运城市工商局纪检组长
侯国勤	男	农艺师	河津市农业资源区划与名优产品发展中心主任
周　宁	男		中国农业银行软件开发部科员
周世伟	男	经济师	山西省五交化公司科长
米　玲	女		河津市电视台总编室主任
周玉娥	女	中教一级	教师
周玉红	女	中教一级	教师
卢娟玲	女	中教一级	河津体校教师
周凤莲	女	中教一级	教师
周少敏	女	工程师	山西铝厂工贸公司
周少杰	男	工程师	山西铝厂监理公司科长

姓　名	性　别	职　称	职　务
吕六锁	男		河津市税务局清涧税务所所长
杜波	男		河津煤炭运销公司黄村站站长
侯建荣	男	中教一级	河津中学教师
米五立	男	中教一级	河津中学教师
周青水	男		山西铝厂检修分厂生产主任
周春红	女		河津市工商银行副行长
周玉梅	女	小教高级	教师
周晓峰	男		运城市商务局干部
米俊生	男		乡镇企业局副局长
米俊录	男		永济市工商银行行长
杜小军	男		河津市公安局干部
周向阳	男		河津市政府办副主任科员
郭蓓蕾	女		河津市政府办副主任科员
周晓鹏	男		深圳市纪委监委副科长
周思君	男		武警部队后勤学院保密室干部
侯茂生	男		河津市经营管理局副局长
侯建伟	男	工程师	河津市水资委办公室干部
侯金良	男		河津市发改局干部
侯金芳	女	中教一级	清涧中学教师
周思杰	女	中教一级	河津市实验中学教师
周全印	男	会计师	运城市建筑总公司财务副经理
李云龙	男		兰州市供水集团采购部工会主席
侯建珍	女	会计师	实验一校会计
周朝阳	男		河津市政府办公室党支部副书记
侯昌军	男		河津市第二高中后勤部副主任
周二红	男		山西铝厂新材料公司计控室主管
杜印龙	男		乡镇企业局股长

姓　名	性　别	职　称	职　务
周章立	男		新绛制药厂副厂长
周东存	男		河津市公安局干部
周茂管	男		河津市汽修厂书记
栗万昌	男		河津市汽修厂书记
周建芳	男		河津市司法局办公室主任
周建平	男		河津市城区办水管站站长
柴新胜	男		河津市档案局办公室主任
米建民	男		河津市工商银行计划科长
米加昌	男		河津市粮食局赵家庄粮站副站长
周亮梅	女		河津市西窑头学校教师

第十八章 村规民约

第一节 2000年左右的村规民约

为了维护社会安定和谐，促进全村各项事业的全面发展，经村民代表会议讨论通过，订立如下村规民约，望全体村民共同遵守。

1.热爱祖国，拥护中国共产党的领导，遵守国家法律法规，执行党和国家的路线、方针、政策。

2.遵守社会公德、家庭美德、职业道德，讲文明、讲礼貌、尊老爱幼、和睦相处，正确处理好村民之间的相互关系，不得惹是生非、拉帮结派，不得聚众闹事、打架斗殴。

3.弘扬正气，抵制歪风邪气，敢于同各种不良现象和违法犯罪行为做斗争，严禁赌博、吸毒、封建迷信等一切违法和不健康的活动，提倡勤俭节约，反对铺张浪费。

4.关心集体、关心他人、关心村里公共事业，积极参加村民会议，商讨公共事务。

5.维护村容村貌，搞好环境卫生，美化生活环境，优化宜人环境，严禁乱倒垃圾脏物。

6.积极履行各种义务，主动参与道路、交通、学校、水利等公益事业的修建维护工作，依法服兵役和参加民兵组织，承担抚养教育子女和赡养老人义务，禁止家庭暴力和虐待行为发生。

7. 自觉实行计划生育，树立晚婚晚育、少生优生、生男生女一样好，女儿也是传后人的婚育新观念，倡导一对夫妇只生育一个孩子，禁止无证生育和计划外生育。

8. 认真搞好土地延包工作，落实生产责任制，不得随便侵占土地，不得撂荒弃耕。

9. 搞好安全生产工作，注意防火防盗，注意交通安全，自觉服从对易燃、易爆、剧毒等危险物品和枪支、弹药、管制刀具的管理。

10. 爱护公物，不准侵占集体财物，不准损坏水利、交通、供电、电视、生产等公共设施，严格用水用电管理，禁止偷电偷水，不得私自铺设电线、水管。

11. 凡外来人员进驻本村的，也必须服从本村管理，尽到应尽义务和遵守本村规民约。本村村民外出的要办好《流动人口管理证》，并主动及时履行相关的义务。

本村规民约由村民委员会负责执行，村民代表大会负责监督。对违反以上有关条款的村民，村民委员会有进行依法处罚，批评教育等权利。

社会主义荣辱观

以热爱祖国为荣、以危害祖国为耻，

以服务人民为荣、以背离人民为耻，

以崇尚科学为荣、以愚昧无知为耻，

以辛勤劳动为荣、以好逸恶劳为耻，

以团结互助为荣、以损人利己为耻，

以诚实守信为荣、以见利忘义为耻，

以遵纪守法为荣、以违法乱纪为耻，

以艰苦奋斗为荣、以骄奢淫逸为耻。

第二节　新修订后的村规民约

为了维护社会稳定，树立良好的民风、村风，创造安居乐业的社会环境，建设文明绿色卫生新农村，经村民代表大会讨论通过，特制定以下村规民约。

一、社会治安

1.每个村民都要学法、知法、守法，自觉维护法律尊严，积极同一切违法犯罪行为做斗争。

2.村民之间应团结友爱、和睦相处，不打架斗殴、不酗酒滋事，严禁侮辱、诽谤他人，严禁造谣惑众、搬弄是非。

3.自觉维护社会秩序和公共安全，不扰乱公共秩序，不阻碍公务人员执行公务。

4.严禁偷盗、敲诈、哄抢国家、集体、个人财物，严禁赌博、严禁替罪犯藏匿赃物。严禁非法生产、运输、储存和买卖爆炸物品；经销烟火、爆竹等易燃易爆物品须经公安机关等有关部门批准。

凡外来人员进驻本村的，必须服从本村管理，遵守本村村规民约。本村村民外出的要办好《流动人口管理证》，并自觉遵守当地村规民约，尽到相应义务。

二、消防安全

1.家庭用火做到人离火灭，严禁将易燃、易爆物品堆放户内、室内，定期检查、排除各种火灾隐患。

2.加强村庄防火设施建设，定期检查消防池、消防水管和消防栓，保证消防用水正常。

3.对村内、户内电线要定期检查，损坏的电线要及时修理、更新，严禁乱拉乱接电线。

4.加强村民尤其是少年儿童安全用火用电知识宣传教育，提高全体村民消防安全知识水平和意识。

三、村风民俗

1.提倡社会主义精神文明，移风易俗，反对封建迷信及其他不文明行为，树立良好的民风、村风。

2.红白喜事由红白喜事理事会管理，喜事新办，丧事从俭，破除陈规旧俗，反对铺张浪费、反对大操大办。

3.积极开展文明卫生村建设，搞好公共卫生，加强村容村貌整治，严禁随地乱倒乱堆垃圾、秽物，修房盖屋余下的垃圾碎片应及时清理，柴草、粪土应定点堆放。

4.建房必须服从村庄建设规划，经村委会和上级有关部门批准，统一安排，不得擅自动工，不得违反规划或损害四邻利益。

四、邻里关系

1.村民之间要互尊、互爱、互助，和睦相处，建立良好的邻里关系。

2.在生产、生活、社会交往过程中，应遵循平等、自愿、互惠互利的原则，发扬社会主义新风尚。

3.邻里纠纷，应本着团结友爱的原则平等协商解决，协商不成的可申请村调解委调解，也可依法向人民法院起诉，树立依法维权意识，不得以牙还牙，以暴制暴。

五、婚姻家庭

1.遵循婚姻自由、男女平等、一夫一妻、尊老爱幼的原则，建立团结和睦的家庭关系。

2.自觉遵守计划生育法律、法规、政策，实行计划生育，提倡优生优育，严禁无计划生育或超生。

3.夫妻地位平等，共同承担家务劳动，共同管理家庭财产，反对家庭暴力。

4.父母应尽抚养、教育未成年子女的义务，禁止歧视、虐待、遗弃女婴，破除生男才能传宗接代的陋习。子女应尽赡养老人的义务，不得歧视、虐待老人。

本村规民约由村委会工作人员、党员和群众代表负责执行，全体村民互相监督。对违反以上有关条款的村民，村委会将视情节严重程度进行依法处罚、批评、教育，要求整改。

第十九章 大事记

秦时期窑头这块地方就有人群居住，并在此地烧砖制瓦。

元朝末年，窑头村已成雏形。宁姓一族最早在这里盖房建巷。

明朝初年，宁家巷已成规模，东西走向，巷西头建有观音庙，巷东建成过厅舞台。

明嘉靖年间（1522年），侯姓一族由河津孙彪里（樊村镇芦庄一带）迁至老城建成侯家胡同，后部分人迁居窑头村，建成南北走向的一条巷道，并建有侯家祠堂。

明时窑头村归永绥坊。

明末清初（约1644年），周姓一族由京畿地迁至窑头村，建成东西走向的周家巷。

清时窑头村归永绥里。

清中期，周家巷建成巷东头关门，巷西头过厅舞台，并先后建成4座周家祠堂，在巷东头建成一座观音堂。

约1712年，村里建成关公庙、大圣塔。

清中期，米姓一族由河津米家关（小关）迁来窑头村定居，建成东西走向的米家巷，并建有东西大门楼。

民国元年至三年，历时三年在原关公庙旧址建成关岳庙和舞台，还在关岳庙内设立河津西窑头国民学校。

民国三十二年（1943年），全县共有编村32个，西窑头为主村（治村）。

民国三十四年（1945年），关岳庙及附设在内的学校被日本人拆毁。

1947年下半年，在县委派来的工作队主持下成立农会，开始进行土地改革。

1948年，对误斗户成分进行复查纠偏。

1949年，在工作队培养下，侯灵家成为村里第一名共产党员。

1950年前后，窑头村极少数男女青年受一贯道的宣传蛊惑，深陷其中，有的因此遭受牢狱之灾，值得后代引以为戒。

1950年，张盛学成为正式党员，建立行政村，发动农民建立互助组。

1951年，动员村民支援抗美援朝战争，周正科、周印发等人赴朝参战。

1951年，建周家巷老学校北教室。

1952年，吕鸿才同志入党后，建立党小组，张盛学担任党小组长，实行粮食统购统销政策。

1953年，划乡，全县划为41个乡，其中有窑头乡及一个城关镇。

1953年，成立互助组，建立团支部，周全发任团支部书记。

1954年7月10日晚9时许，河津北坡一带大雨骤降，造成洪灾，窑头村受灾严重。

1954年，成立初级社。是年，周景龙任初级社社长，周景龙入党后，村里共有5名党员，党支部建立，周金殿任支部书记。

1955年8月20日晚，骤降暴雨，平地起水盈尺，沟壑洪水淹没棉秋作物，窑头村受重灾。

1955年至1957年，初级社转变为高级社。

1957年6月，阴雨连绵，小麦无法碾打出芽，窑头村受灾严重。

合作化时期，刘穆子成为县第一届劳动模范。

1958年，政社合一，窑头村属卫星公社，东西窑头为一个管理区。

1958年7月14日13时—17日19时，暴雨持续，洪水冲毁房墙，淹没庄稼。窑头村沿沙壕流下的大水冲倒米万群、周悦旺、周银福、张丙仁等家房屋。米万群家房属窑头村粮库，在抢救粮食中，李常居、周正海等人受伤。

1958年，合并高级社建立人民公社，下设管理区，是年盖原大队、大库房，创建后头园砖瓦窑。

1958年，吕鸿才任村党支部书记。

1958年，在原小学操场周福禄房西墙上挂银幕，窑头村人第一次看电影《刘巧儿》。

1959年，建立窑头乡，政府设在城北，张盛学任乡党委书记。

1960年，周景龙任村党支部书记。

1960年，全民吃食堂。

1961年，东西窑头合为一个管理区。

1961年，建立脊兽窑。

1962年，核算单位下放，建立代销店。

1963年，建立保健站，全县第一家广播专线通窑头村。

1964年，大队建立贫下中农协会。生产队设贫协组，进行当年四清，筹备建新村。

1964年，村里安装了电话。

1964年，在关岳庙遗址建学校，有5个教室和灶房、大门楼。

1964—1966年，完成广播专线建设，连获通信维护奖三次。

1968年，建大队九孔砖窑库房。

1969年，建老舞台。

1971年，周宗明任村党支部书记，老村上电。

1972年，新村上电，新村经县政府批准编为第八生产队。

1973年4月，周景龙任村党支部书记。

1975—1977年，周锁建任村党支部书记，盖村委办公楼，钻军家坡深井一眼。

1976—1979年，马吉昌任村工作队队长期间，筑宁家巷、周家巷、米家巷口洞桥，方便群众出行。

1977年，周景龙任村党支部书记。

1977年，县委派胡铁锁任村党支部第一书记。

1977年，新村建砖厂一座。

1978—1979年，周海录任村党支部书记期间，钻2号、3号深井。

1980年，钻坡底大滩深井一眼，办坡底砖瓦厂。

1981年，钻四号深井1眼。

1982年，周建廷任村党支部书记。

1982年，建坡底砖瓦厂一座。

1982年，西窑头实行家庭联产承包责任制。

1983—1984年，筹建大型轮窑一座。是年建教学楼一座，主体工程基本完成。

1983年，大队购回19英寸电视机一部，村民个人开始购买电视机。

1984年，周海录任村党支部书记。

1985年，周建廷任村党支部书记。

1985年，建小学教学楼一座，面积1080平方米。

1986年，周立生任村党支部书记期间，钻村民吃水的自来水井和5号井。

1987年，教学大楼竣工，上自来水。建洗煤厂一座。

1990—1991年，建教学大楼一座。

1991年，筹建厂校合办的玻璃纤维厂。

1991年，成立老年协会，周长印任会长。

1991年，被县委、县政府授予"集资兴学先进单位"称号。

1999年5月，周建廷任村党支部书记。

2003年，窑头村民参加新型农村合作医疗，每人交10元钱，看病可报销30%。

2006年，周宗强任村党支部书记。

2006年，获中共河津市委、河津市人民政府授予的"道路建设先进村"称号。

2006年1月1日，开始终止农业税征收。

2009年，规划建设住宅小区。

2010年，周根生任村党支部书记。

2011年，建起住宅小区4号楼。

2013年，建起游泳馆。

2013年，获中共河津市委、河津市人民政府授予的"重点工程建设先进单位"称号。

2015年，西窑头村筹划建设军家坡灰陶琉璃园区。

2016年，建西窑头文化活动中心。

2012—2017年，建起住宅小区1、2、3、5、7、8、9、10、11号楼。

2017年，村里安装天然气。

2017年，获城区街道工作委员会授予的"先进基层党组织"称号。

2018年，获运城市精神文明建设指导委员会授予的"运城市文明村（2016—2017）"称号。

附　录

一、农村集体产权制度改革

根据河津市和城区街道办关于农村集体产权制度改革政策精神，在西窑头村产权制度改革工作组组织指导下，2019年5月10日，西窑头村股份经济合作社第一次全体股东大会召开，选举产生了第一届股份经济合作社理事会和监事会组织机构。

1.理事会组织机构

理事长：周根生

常务副理事长：周茂杰

副理事长：周乃民　周　勇

理　事：侯天民　安丽娜　郝武斌

2.监事会组织机构

监事长：周青山

副监事长：周海录

监　事：周永光　李海龙　周卫来

二、西窑头村书画社

2019年5月28日，期盼已久的西窑头村书画社终于挂牌成立。河津市老年书画家协会主席武建军等人莅临参会祝贺，并参加揭牌仪式。

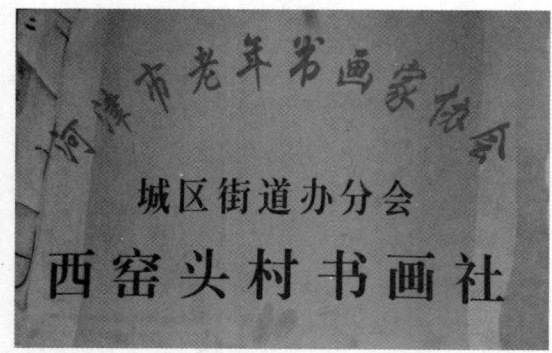

河津市老年书画家协会城区办分会西窑头村书画社组织机构

名誉会长：周根生

顾　　问：周文建　李建录　周文谦　周海录

会　　长：米俊平

副会长：柴海斌　周建红　李云虹　王建文

秘书长：周少庭

副秘书长：周凯杰　周青山　郭贵平　米雪生

会　　员：周仲德　周永光　李海龙　周建康　周青山　周祥荣　郭贵平　周凯杰　侯金峰　米世军　周亮锁　李云峰　吕长有　侯贵鹏　周卫来　侯四学　周赘锁　米红斌　张景梅　李云仙　刘春生　侯红宾　张贵生　周明智　周吉生　周居清　周宗强　赵虎建　侯金良

三、2019年本科院校录取本村学生情况

2019年西窑头村又有15名学生考入天津大学、山东大学、中国人民公安大学、太原理工大学、山西大学、昆明理工大学等十余所全国知名大学，西窑头村党支部、村委会已连续八年为考入本科的大学生发放奖学金。

2019年本科院校录取学生名单

姓 名	性别	入学时间	录 取 学 校	学历和学位	家长姓名
李宝婷	女	2019	天津大学	本科	李 杰
周晶昆	男	2019	山东大学	本科	周玉龙
杜泽宇	男	2019	中国人民公安大学	本科	杜楼生
武东泽	男	2019	太原理工大学	本科	武俊清
周舒欣	女	2019	山西大学	本科	周少平
李大根	男	2019	昆明理工大学	本科	李云汉
侯嘉宝	男	2019	运城学院	本科	侯雷清
赵润鑫	男	2019	山西大学商务学院	本科	赵云岗
李亚桐	女	2019	晋中学院	本科	李向泽
周博涵	男	2019	西安电子科技大学	本科	周永生
周毅波	男	2019	山西大同大学	本科	周国平
侯欣桐	女	2019	太谷农学院	本科	侯荣军
周文英	女	2019	山西中医药大学	本科	周荣强
刘一凡	男	2019	吉林动画学院	本科	刘云生
赵凯胜	男	2019	山西应用科技学院	本科	赵虎建

2019年本科院校录取学生合影

四、《西窑头村志》书稿评论

为了感谢各位领导、专家、学者、文友对《西窑头村志》的关心、关注和支持，特摘录部分评语，以表谢忱。

河津市人大常委会原副主任、河津市史志文化研究会会长任罗乐评语：《西窑头村志》资料翔实、文字流畅、体例规范、可圈可点，是一部不可多得的形象村志……拜读村志受益良多，愿早日成书，以作样板。

山西省人民政府文史馆馆员、《中国地域文化通览·山西卷》主编周敬飞评语：立意高远、文辞显世，勾起了人们对"家村"的思念；对深藏于心灵深处的人事记忆；对龙门那片诗意栖居的大地的热爱……讲村史、抒乡情、忆母爱，读后让人眼为之热，心为之动……"心生而立言，言立而文明，自然之道也。"发自内心的声音，是作者感情上的自然宣泄和思想上的执着追求，让读者领受其间蕴涵的事理……为龙门大地乡村文化的大观园里，又增添了一束鲜艳夺目的奇葩，让人爱不释手！

语文报社原副社长、编审、书法家赵建功评语：夜深了，一个人静静地看《烟火窑头村》，一点一点看，一层一层深入，从头到尾的烟火味，熏得我泪流满面、情难自禁！

离开家乡40多年了，乡愁越来越深、越来越长。李建录先生的文章，不紧不慢、渐渐推进、娓娓讲述家乡的故事，自始至终贯穿"烟火"这条主线，勾起读者无限的乡思，让人置身其中，生发深切的共鸣！

我和作者是乡党，村与村相距不过十里地。风俗习惯、民情世态也大致相同。不同的是，窑头村有着祖传的手艺，一代一代的村民，烧出了林林总总、千变万化的砖瓦艺术，建筑着、美化着我们的新时代，美化着我们的农村和城市。

文章没有华丽的语言，没有矫情的修饰，平铺直叙、丝丝入扣，却揪人心肺、让人心酸！

谢谢建录先生，用窑头村的烟火，勾起我无限的乡思，给人一次情感上的洗礼和陶冶！

国家一级编剧、中国民间文艺家协会会员张崇发评语：

  近邻几百年，祖辈早结缘；杨巷与窑头，天天打照面。

  村史落笔端，砖瓦铸诗篇；辉煌耀百代，撑起龙门天。

  建录笔如椽，辛劳作主编；字句细斟酌，追赶司马迁。

河津市人大原常委会委员、科委主任赵印立评语：《村志》文稿，窑头村民看了受鼓舞，同事看了生羡慕，老师看了感自豪。写得真好，读之是享受！

万荣县原副县长、运城市水利局书记、副局长米海荣评语：写得很好，真是文采飞扬、思想深刻，值得一读，福哉窑头！

中国人民解放军海军后勤部原设计局局长许吉昌评语：我生长的村庄距西窑头村咫尺之遥，曾在窑头学校上过学，吃住在米家巷一幢豪门深宅之中；侯家胡同有门老亲，儿时也曾你来我往，但我只知其村不知其史，细读村志文稿之后，如梦初醒。哦，我的临村——西窑头原来是这样，了不得！

还有一篇以纪实手法用心写成的散文，描述母亲拉起风箱冒出炊烟的情景，无不与之共鸣、感慨！文中所描绘的一幅幅画面，无不勾起我对孩提时那一幕幕往事的幸福回忆，既真实又亲切！文章从村民抽的旱烟、儿童放的花炮烟、母亲拉起风箱冒出的炊烟，一直写到村民烧砖制瓦脱贫致富的窑炉烟火。思路清晰、层层深入、语言优美、格局宏大，读来既给人以史诗般享受，又催人奋进，真是美哉窑头！

国务院新闻办公室三局原副局级调研员赵天祥评语：作者用细腻精致的笔法，透过自身的人生阅历，攫取一道深情的"烟火"话题，真切地从乡愁、母爱、村俗、社情等方面展现开来，赏心悦目、令人动容。这篇散文的奇特之处在于作者巧妙地把"烟火"二字作为切入点，由小到大，由浅及深，把细微诱人的烟火情怀，延伸扩张到衣食起居、发家致富、造福社会，到成就大业，奉献于家国的壮阔史观。从而激励人们追忆过往、启迪人生、展望世界、追梦未来，真可谓匠心巨作。

河津市原铁厂厂长、书记，交通局正科级干部张印生评语：

  朝代更替看沉浮，地灵人杰竞风流；

改开春光神州照,更上层楼有窑头。

审计局原局长张文民评语:文化如雨露,润物细如声。不读懂村落,就难以实现"乡村振兴";要读懂村落,先要读懂这个村落蕴含的文化基因;要读懂西窑头村的文化基因,就请细细品读《西窑头村志》吧!

城区街道吴家关村副书记张宾评语:童年的记忆,伟大的母爱。时代的变迁,浓浓的乡愁。

河津市总工会原主席史玉玲评语:拜读作品,仿佛回到了童年那种生活在乡土气息浓厚的美丽乡村的时代。虽然社会发展了,农村发生了很大的变化,但对过去的风土人情还是很怀念。窑头村在您的笔下,让我们看到了她丰富的历史内涵,对她也刮目相看了,好文章!

河津市档案局局长赵平评语:窑头的历史在烟火中沉淀,窑头的未来在烟火中升腾,主编文笔细腻,如风穿花丛,似水浸沙洲,更像一位站在山巅,阅尽沧桑的长者,讲述着故事,沉浸着幸福……

河津市楹联学会会员赵吉民评语:乡愁一缕寄烟火,万般滋味在文中。

文友评语:周先生在序文中,将《西窑头村志》的主编李建录的人格,归结为勤勉、善思、笃行六个字,简明而又深刻。中国知识分子历来秉持家国情怀,讲求道德文章,始终将承担社会责任、引领道德风尚,作为自己的使命和责任,也作为人生的理想和追求,李建录先生正是这样的人。

文友评语:文笔细腻、感情真挚、详略得当、回味无穷,难得的佳作!

文友评语:感谢你让我了解了山西运城的文化。仔细阅读,感知窑头村的名字不是一个潦草的"符号",看看长城的砖,看看窑头村的建筑,一砖一瓦都记载了五千年的中华文明……

文友评语:"烟火"记起回忆、勾起乡愁,同时也兴盛着产业、带动了经济。从这篇文章中看到了作者的文采,见证了窑头村的发展变迁。

文友评语:正是由于西窑头村的人民,始终坚守着"窑头"这个既不文也不雅的村名,才使得人们听得见乡音、闻得出乡味、记得住乡愁。此话说得何其好啊!

文友评语:读了序言,初步知道了《西窑头村志》保存了历史、记录了当代、传承了文明。对激发年轻一代的创业热情,增强当地人民群众的文化自信,都有十分积极的意义,希望能早日读到它,祝贺了!

文友评语:周先生的这篇序文有本土特色,有泥土气息,有时代特征。它将文化自信融入西窑头这个千年古村落的一街一户、一物一景之中,在平实的细节里呈现出了文化的深度与内涵,读后入眼、入心,难以忘怀!

文友评语:读周敬飞先生序文,河津西窑头村朴实的民风、勤劳的村民、创新的精神、文化的积淀、文明的影响都鲜活地呈现在眼前了,真有文以景成,景以文传之感!

文友评语:从序言中可以看到,西窑头村社会经济之所以能够持续发展,关键在于他们有一茬又一茬的好干部,正是他们带领群众在村级小舞台上闯出了一番大事业。

文友评语:读了周敬飞先生《西窑头村志》序文,有窥一斑而见全豹之感,可知河津市西窑头村文化根植深厚,文明传承久远绵长,让家乡人为之骄傲自信,陌生人读后也定会豁然开朗、心向往之,这样的村一定是国家和谐发展和长治久安的厚重基石。愿西窑头村发展更好、影响更广!

文友评语:周先生之序,言简意赅、概述全面。从政治思想方面、文化渊源方面、历史发展方面高度概括了《西窑头村志》一书的精华所在,肯定了它的社会价值。"我虽汗颜笔拙,却难辞盛情"字里行间透露出作者的谦虚,不愧为当代序文之典范!

文友评语:《西窑头村志》即将出版,值得祝贺!祝愿西窑头村人民,乘时代的东风,朝着幸福宜居的"现代田园城"目标奋力前行!

文友评语:编纂村志,是传承乡俗、诉说乡音、记住乡愁、疏解乡思,激活历史传统、唤起共同文化记忆的重要文化工程,希望能早日读到《西窑头村志》!

后　记

"文章合为时而著。"乱世求生存，治世求发展，盛世修方志，自古而然。

2017年春节，西窑头村党支部、村委会一班人，志存高远、与时俱进，倾心精神文明、着力文化建设，决定编纂《西窑头村志》。有识之士积极响应，广大村民热情支持，遂组成以支部书记周根生、时任村委主任周斌为正副组长的"村志编纂领导组"。聘请退休干部李建录等7位同志为编纂组成员。这班人，以修志为己任，栉风沐雨、夙兴夜寐、上下求索、秉笔直书。历时近三年时间，编纂完成了这部上迄村事发端的秦汉时期，下至改革开放的鼎盛年代（2018年），跨越2000余年，内容丰富、史料翔实、特点突出、启迪后人，洋洋洒洒数十万言的皇皇长卷。即将付梓的这本《西窑头村志》，填补了窑头村千余年无志书的空白。可以说是窑头村民数十代人梦寐以求的一件大事、喜事、盛事，实在可喜可贺！

"事非经过不知难。"对于历史来说，愈往前，就离我们愈遥远。其所遗存的资料也就愈稀缺、愈难觅、愈珍贵。而且修志，譬如织锦，经纬万端，积日累月缠其功，而临风舒之，然后光彩夺目；譬如登山，拾阶而上，攀藤牵葛陟其巅，而凌空望之，然后风景袭人。

从领命于这一艰巨任务开始，修志组全体成员就本着尊重历史、尊重证据、尊重事实的"三尊重"原则，抱着一种在纸上写史时，一定要格外虔诚，否则就是一种亵渎的态度。经过了"研究制定编纂方案""确定设计篇目结构""讨论拟定编写大纲"

"广泛征集相关资料""分类整理资料内容""按人分章编写详情""初稿汇集编纂成册""去粗取精减裁增删""送呈评议审定书稿"的严格程序。正因为事无巨细，毫不含糊、绝不马虎，凡事必须经过考证落实。所以，这本志书就写得极为认真、极为考究，甚至可以说是极为艰难。

编纂组一开始，就用了两个多月时间，奔赴市档案馆、党史办、市志办、组织部，详查细找复制史料；深入村民中，深挖广搜、访贤问老；走到野外洗碑索迹，寻觅有关史料；到南午芹、黄村等村及相关地方部门稽考佐证；甚至远赴徐州、兰州核查相关资料。从方方面面，不遗余力，用了近三年的时间，较为全面、系统、翔实地挖掘、整理、记述了窑头村2000多年的历史变迁（重点是清末以后100余年）、市廛变化、民生世相、发展进步的轨迹和这里的自然、政治、经济、文化和社会历史状况，以及当地的风土人情、特色产业、人文景观。

近三年时间中，编纂组人员尽管有无数夙兴夜寐、寒来暑往的辛苦；尽管有班子换届和无数的困难阻力，但我们每个人心中无时无刻不充盈着满满的参与感、兴奋感和充实感。苦乐无惧，乐在其中。尤其是编纂组的周文建同志，他虽年逾古稀，身体欠佳，但还是冒着酷暑，顶着寒冬，挑灯伏案，坚持写作。凭着他深厚的写作功底，最早完成了他承担的章节。赵虎锁同志年龄虽小，但学历最高（山西大学中文系硕士研究生），凭着他扎实的文字功力、渊博的文化知识，不仅完成了他分内的任务，还协助其他成员修改文字、充实内容，并通篇校准，润色了文字。周文谦同志还是在职正科级领导干部，他在百忙之中，工作之余，加班加点搜集资料，认真写作。侯建伟同志承担的自然资源、人口农业部分，内容繁多、数字复杂，需要做大量的调查访问工作，他牺牲节假日，废寝忘食、备受辛劳，以满腔热情全身心投入修志工作。侯金良同志母亲、岳母生病，几度住院甚至到北京治疗，他都没有放弃编纂工作。周少庭同志担任着村会计，事务繁忙，仍然忙里偷闲，积极参与写作。

这里更值得一提的是周国英老师，已八秩有余，他不顾年老体弱、腿脚不便，多次回村探讨村志编纂情况，并提供了许多鲜为人知的准确史料。周宗康老师年过耄耋，退休多年，体内还搭过多处支架，听说村里编纂村志，他在铝厂家属院把自己了解的情况，认认真真、一笔一画、密密麻麻写了十余页。这是何等的感人，怎么能不令人肃然起敬呢？可惜，这二位窑头村的耆宿生前未能见到这本浸染着他们心血的志书。周海录同志担任过二十多年支村委主要职务，可以说是窑头村的活字典。尤其是农业生产方面，他对情况了然于胸，数字了如指掌。所以，提供了很多宝贵的资料，大大推进了编纂进度。侯有生同志是一个热心肠的人，他听说村里要编纂村志，第一时间找到编纂组反映情况、提供素材。他家是灰陶琉璃世家，他又是窑头村灰陶琉璃制作工艺的传承人，所以他提供了许多窑头村灰陶琉璃产业的历史渊源和发展始末，非常有价值。周仲德同志舍弃休息，夜点明灯用好几个晚上把西窑头村世代流传的锣鼓曲牌整理成谱，并附之以曲牌各节名称、演奏原则、技巧要领，以便传承。他还因此感慨赋诗，精神可嘉。周宗昌同志是一位退休干部，住在窑头新村，听说收集村志史料，他主动回忆、调查整理了这个自然村几十年的珍贵资料亲自送到编纂组，其情感人。柴新胜同志在编纂组到档案局查找资料期间，全力以赴、配合协助，并给予借阅档案、扫描复印资料诸多方面的便利。

另外，还有周振祥、吕玉命、周生娃、周创星、周立生、周建廷、周宗明、周永光、周卫来、赵全家、周翠花、侯蔷韵、柴华斌、李云山、李云仙、周生荣、邵强、周梦瑶等同志也都为编纂村志提供了很大帮助，功不可没。

可以说这本村志的字里行间都渗透着编纂组人员的心血和汗水，一字一句都融入了广大村民的关切与支持，一章一节都蕴含着广大村民的心声和期盼，每一个人我们都不应忘记。

这里还要特别感谢市人大常委会原委员、科委主任赵印立老师，十余个昼夜抱病校对村志书稿，不放弃一个小错误，甚至一个错别字，一个标点符号。感谢张桂禄、米海荣、任罗乐、宁相管、周恩龙、张金龙、王欣、赵平、陈美敏、张瑞珍、崔安荣、米晓斌诸位新老领导，在我们编写村志过程中，给予及时的指导、大力的支持和帮助。

尤其需要感谢运城市委常委、河津市委书记鞠振，在日理万机中为村志倾心作序；感谢运城市委原常委、常务副市长王殿民为村志题词；感谢山西省人民政府文史研究馆馆员、《中国地域文化通览·山西卷》主编周敬飞先生以史家手笔拨冗为村志作序；感谢周茂玉同志热情支持，积极联系中国诗书画研究会副会长、山西省书法家协会名誉主席李太阳题签《西窑头村志》书名。感谢河津市委常委、秘书长、统战部部长吕武荣，城区街道党工委书记薛将军对村志编纂工作的鼎力支持！

"文章千古事，得失寸心知"。"居今之世，志古之道，所以自镜也"。作为升斗小民，我们的一举一动，或写这么一本村志并不能给这个偌大的村子带来什么惊人变化，也不一定能达到以古鉴今、以史资政、以文辅政的目的，更没有能力做到像司马迁那样伟大的记录者。但我们可以做一个平凡的传承者，把窑头村的真相传承，把窑头村民的情怀传承。找回那些被我们忽略、忘记，甚至丢弃的历史记忆和诸多乡愁。尤须牢牢记住我们村的灰陶琉璃发展史。因为有诗云"瓦缶胜金玉，布衣傲王侯"。

自古僻壤皆无史，今留一册在人间。我们费了九牛二虎之力，殚精竭虑、任劳任怨、兢兢业业、一丝不苟、"三上三下"、数易其稿，费尽心力投入修志工作。但终因时间紧、任务重，资料难觅、来源复杂。加之经验不足、水平有限，书中错误和遗漏之处，在所难免。敬请读者方家，不吝赐教，以便再版时拾遗补阙，纠谬补遗。

近三年时间，《西窑头村志》终于要同大家见面了。考卷算是交了，心力算是尽了，分数多少？成绩又如何？借用佛家的一句话收尾："只结善缘，不问前程！"

李建录

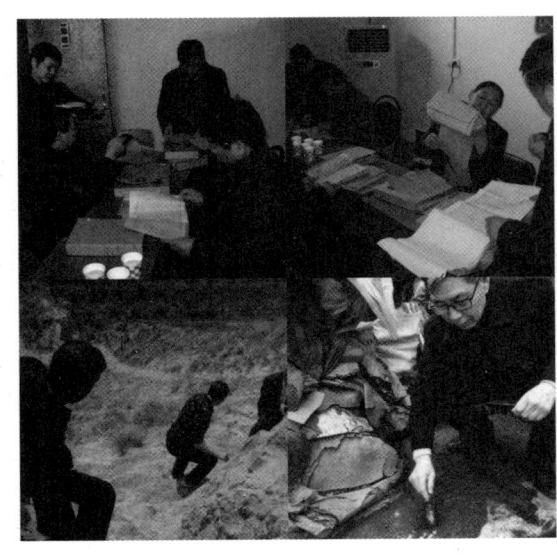

编纂组成员在档案馆以及野外查找收集资料

编纂组成员实地勘测海拔高度和经纬度